TERRY PRATCHETT

Aus der Tastatur gefallen

GOLDMANN
Lesen erleben

Buch

Diese Anthologie versammelt die besten und unterhaltsamsten Essays, Artikel und Reden Terry Pratchetts. Hier findet man alles, was den großen Scheibenweltschöpfer im Lauf seines Lebens bewegt hat: Erinnerungen an seine Großmutter, Gedanken zu Gandalfs Liebesleben oder die Frage, welche Bücher sein eigenes Werk inspiriert haben. Er spricht über seine Liebe zu Weihnachten, gibt Einblicke in seine Schulzeit oder verrät, zu welcher Tageszeit man am besten schreibt. Selbst die ernsten Themen, denen er sich widmet, sind stets durchdrungen vom Humor und der Lebensklugheit dieses wundervollen Autors.

Weitere Informationen zu Terry Pratchett sowie zu lieferbaren Titeln des Autors finden Sie am Ende des Buches.

Terry Pratchett

Aus der Tastatur gefallen

Gedanken über das Leben, den Tod und schwarze Hüte

Aus dem Englischen neu übersetzt
von Gerald Jung und Regina Rawlinson

GOLDMANN

Die Originalausgabe erschien unter dem Titel
»A Slip of the Keyboard. Collected Non-Fiction« bei Doubleday,
an imprint of Transworld Publishers, London.

1. Auflage
Taschenbuchausgabe Oktober 2018

Umschlaggestaltung und Gestaltung der Umschlaginnenseiten:
UNO Werbeagentur, München
Umschlagmotiv: © Ben Stansall/Stringer/Getty Images
Redaktion: Uta Rupprecht
mb · Herstellung: kw
Satz: Uhl + Massopust, Aalen
Druck und Bindung: CPI books GmbH, Leck
Printed in the Czech Republic
ISBN: 978-3-442-48729-5
www.goldmann-verlag.de

Widmung

Nachdem das Buch, das Sie hier in der Hand halten, mein gesamtes Schriftstellerleben abdeckt, ist es nur recht und billig, es den guten Seelen zu widmen, die über viele, viele Jahre an meinem Werk mitgewirkt oder mir sonst auf die verschiedenste Weise hilfreich* zur Seite gestanden haben.

Um nur einige wenige zu nennen: meine geschätzten Verleger und Verlegerinnen Colin Smythe, Larry Finlay, Marianne Velmans, Philippa Dickinson, Suzanne Bridson, Malcolm Edwards und Patrick Janson-Smith. Meine Obersten Hirtinnen der Wörter Katrina Whone, Sue Cook und Elizabeth Dobson. Meine werten Lektoren und Lektorinnen Simon Taylor, Di Pearson, Kirsten Armstrong, Jennifer Brehl und Anne Hoppe. Meine stets regen und kreglen Pressefrauen Sally Wray und Lynsey Dalladay. Den Herrn der Über-Fans Dr. Pat Harkin. Meine Freunde Neil Gaiman, Professor David Lloyd und den alten Halunken Mr Bernard Pearson. Den Geschäftsführer von Narrativia und noch größeren Halunken Rod Brown. Meine Schreibgenossen Steve Baxter, Jacqueline Simpson, Jack Cohen, Ian Stewart und meinen privaten Kartografen/Dramatiker/Strumpfhosenträger Stephen Briggs, den Mann der tausend Stimmen†. Meine Grafiker

---

* Oder doch zumindest wohlwollend – und fast immer begleitet von quälender Lustigkeit.

† Solange sie alle walisisch sprechen.

Paul Kidby, Josh Kidby und Stephen Player und meine bezaubernden Heinzelfrauen Sandra und Jo Kidby. Jason Anthony für *Discworld Monthly*, Elizabeth Alway für die Gilde der Fans und Jünger und Steve Dean für sein renommiertes Magazin *Wizard's Knob*.

Besonders hervorheben muss ich auch das Oberhaupt der Diebesgilde, den Allesbeschaffer Josuah Boggis/Dave Ward* und den Pub Queen's Head wegen der Soleier und der vorzüglichen Kartoffel-Gemüse-Pfanne.

Und jeden, der jemals das Chaos einer Discworld Convention er- und überlebt hat, ob nun als Teilnehmer oder als Mitglied des Organisationsteams, doch vor allem den Gründer und verantwortlichen Leiter Paul Kruzycki.

Und überhaupt jeden, der mir auf meinem Weg geholfen und mir keine Steine in den selbigen gelegt hat, aber am allermeisten Rob, der still vor sich hin werkelt und ohne den …

Danke euch allen, die ihr da seid. Danke.

---

* Nicht Zutreffendes bitte streichen.

Inhaltsverzeichnis

Ein weltfremder Träumer

Tage des Zorns

Und zum Schluss …

Vorwort
von Neil Gaiman

Ich möchte Ihnen etwas über meinen Freund Terry Pratchett erzählen, und das ist nicht leicht. Ich werde Ihnen etwas erzählen, was Sie vielleicht noch nicht wissen.

So mancher, der einem leutseligen Mann mit Bart und Hut begegnet ist, bildet sich ein, er habe Sir Terry Pratchett kennengelernt. Doch da täuscht er sich gewaltig.

Auf einer Science-Fiction-Convention wird einem oft jemand zur Seite gestellt, der sich um einen kümmert und dafür sorgt, dass man von A nach B kommt, ohne sich zu verlaufen. Vor einigen Jahren habe ich mal einen Mann getroffen, der Terry irgendwann auf einer Convention in Texas betreut hat. Er bekam feuchte Augen, als er daran zurückdachte, wie er Terry aus dem Vortrags- in den Ausstellungssaal und wieder zurück begleitet hatte. »Was für ein lustiger alter Kauz Sir Terry doch ist«, sagte er.

Und ich dachte: *Nein. Weit gefehlt.*

Im Februar 1991 waren Terry und ich mit *Ein gutes Omen,* einem Buch, das wir zusammen geschrieben haben, auf Lesereise. Wir können Ihnen Dutzende Nicht-nur-witzige-sondern-auch-wahre-Geschichten von unseren Erlebnissen auf der Tour erzählen. Auf einige davon spielt Terry in diesem Buch an. Die folgende Geschichte ist wahr, aber keine, mit der wir gerne hausieren gehen.

Wir waren in San Francisco. Nachdem wir in einer Buchhandlung ein gutes Dutzend Exemplare unseres Romans signiert hatten, sah Terry sich unseren Terminplan an. Als Nächstes stand ein einstündiges Liveinterview bei einem Radiosender auf dem Programm. »Laut Stadtplan sind es bloß ein paar Blocks«, sagte Terry. »Und wir müssen erst in einer halben Stunde da sein. Wir gehen zu Fuß.«

Das begab sich vor langer, langer Zeit, liebe Kinder, als es noch kein GPS gab, keine Mobiltelefone, keine Taxi-Apps oder ähnlich nützliche Erfindungen, die uns blitzschnell verraten hätten, dass der Sender keineswegs nur ein paar Blocks, sondern mehrere Kilometer entfernt war und dass die gesamte Strecke bergauf und größtenteils durch einen Park verlief.

Unterwegs riefen wir von jeder Telefonzelle, an der wir vorbeikamen, im Sender an, um Bescheid zu geben, dass wir es bis zum Beginn der Livesendung leider nicht rechtzeitig schaffen würden und – Ehrenwort! – so schnell marschierten, wie wir nur konnten.

Ab und zu gab ich eine aufmunternde, optimistische Bemerkung von mir. Terry ging nicht darauf ein, sein Schweigen brachte deutlich zum Ausdruck, dass alles, was ich sagte, die Sache eher noch schlimmer machte. Währenddessen musste ich mir ständig die bissige Feststellung verkneifen, dass uns dieses Debakel erspart geblieben wäre, hätten wir uns einfach in der Buchhandlung ein Taxi rufen lassen. Wenn man eine Freundschaft nicht aufs Spiel setzen will, bleibt manches besser ungesagt – dazu zählte das, was mir auf der Zunge lag.

Schwitzend und schnaufend kamen wir mit ungefähr vierzig Minuten Verspätung zu unserem einstündigen Interview auf dem Berg am Ende der Welt an. Gerade ging eine Eilmeldung über den Sender: In der Stadt schoss ein Mann bei McDonald's wild um sich. Nicht gerade der ideale Aufhänger für ein Gespräch über ein witziges Buch, in dem es um Tod und Weltuntergang geht.

Außerdem waren die Radioleute verständlicherweise sauer auf uns. Es macht keinen Spaß, improvisieren zu müssen, weil sich die Studiogäste verspäten. Ich glaube nicht, dass unsere fünfzehn Live-Minuten sehr witzig waren.

(Später erfuhr ich, dass Terry und ich von dem Sender in San Francisco für mehrere Jahre auf die schwarze Liste gesetzt wurden, weil Radiobosse es weder schnell vergessen noch leicht vergeben, wenn man ihren Moderator vierzig Minuten lang im luftleeren Raum hängen lässt.)

Wie auch immer. Als die Stunde vorbei war, hatten wir die Sache hinter uns. Wir fuhren mit dem Taxi ins Hotel zurück.

Terry wütete stumm vor sich hin: vor allem wohl gegen sich selbst, aber auch gegen die Welt, die ihm verschwiegen hatte, dass die Entfernung zwischen Buchhandlung und Radiosender viel größer war, als es auf dem Stadtplan den Anschein hatte. Weiß vor Wut saß er neben mir auf der Rückbank des Taxis, eine geballte Ladung Zorn, die jederzeit hochgehen konnte. Vorsichtig versuchte ich, beruhigend auf ihn einzuwirken, machte eine Bemerkung wie: Es sei doch zum Schluss noch gut ausgegangen, es sei keine absolute Katastrophe gewesen, er könne sich langsam wieder abregen.

Terry sah mich an. »Unterschätze mir diesen Zorn nicht«, sagte er. »Das war der Motor, der *Ein gutes Omen* angetrieben hat.«

Er hatte recht. Beim Schreiben war er ein Getriebener, der alle anderen mitriss.

In Terry Pratchetts Schreiben steckt ein tief sitzender Zorn, der ihn befeuert und die Scheibenwelt am Laufen hält: Zorn auf den Grundschuldirektor, für den, als Terry erst sechs war, schon feststand, dass der Junge zu dumm sei, um später den Übertritt auf eine höhere Schule zu schaffen. Zorn auf selbstgefällige Kritiker und auf Leute, die meinen, ernst wäre das Gegenteil von witzig. Zorn auf seine ersten amerikanischen Verlage, die sich nicht genug für den Erfolg seiner Bücher in den USA einsetzten.

Der Zorn, dieser Motor, der ihn antreibt, ist immer da. Wenn für Terry im Schlussteil dieses Buches der letzte Akt beginnt, als er erfährt, dass er an einer seltenen Frühform der Alzheimerkrankheit leidet, richtet sich der Zorn gegen andere Ziele: gegen sein Gehirn und seine Gene, aber vor allem gegen ein Land, das ihm und anderen Menschen mit ähnlich aussichtslosen Leiden verbietet, über den Zeitpunkt und die Art ihres Abtretens selbst zu entscheiden.

Mir kommt es so vor, als ob sich Terrys Zorn aus seinem tiefen Gerechtigkeitssinn speist.

In diesem Gerechtigkeitssinn wurzeln seine Arbeit und sein Schreiben, dieses Streben hat ihn aus der Schule heraus zum Journalismus und weiter in die Presseabteilung des Southwestern Electricity Board gebracht und schließlich einen der meistgeliebten und meistverkauften Schriftsteller der Welt aus ihm gemacht.

Terrys Sinn für Gerechtigkeit ist auch der Grund dafür, dass er sich in diesem Buch, während er vordergründig ganz andere Dinge behandelt, die Zeit nimmt, gewissenhaft jene zu würdigen, die ihn beeinflusst haben – zum Beispiel Alan Coren, den Pionier der humoristischen Kurzform, von dem Terry und ich uns im Laufe der Jahre so manches abgeguckt haben, oder auch den grandiosen Wälzer, die unerschöpfliche Fundgrube *Brewer's Dictionary of Phrase and Fable*, und seinen Herausgeber Reverend Ebenezer Cobham Brewer, den Mann mit dem glücklichen Händchen. Für eine Neuausgabe hat Terry sogar einmal ein höchst amüsantes Vorwort geschrieben, und wenn einer von uns ein Nachschlagewerk von Brewer entdeckte, das er noch nicht kannte, rief er aufgeregt den anderen an. (»Sag mal, hast du Brewers *Dictionary of Miracles: Imitative, Realistic and Dogmatic* schon im Regal?«)

Obwohl die für das vorliegende Buch ausgewählten Texte Terrys gesamtes schriftstellerisches Leben abdecken, vom Schuljungen bis zum Ritter im Reich der Literatur, sind sie aus einem Guss. Keiner von ihnen ist gealtert, vielleicht mit Ausnahme einiger Kommentare zu bestimmter Computer-Hardware. (Ich vermute, dass Terry Ihnen ganz genau sagen könnte, wo sein Atari Portfolio abgeblieben ist – wenn er ihn denn nicht längst für einen guten Zweck gespendet oder einem Museum gestiftet hat. Genauso, wie er bis auf den Penny genau wüsste, was ihn der handgelötete Zusatzspeicher gekostet hat, der die Kapazität des Atari auf die schwindelerregende Höhe von einem Megabyte emporschraubte.) Die Stimme in diesen Essays ist Terrys eigene: warmherzig, sachkundig, vernünftig, voll trockenem Humor. Bei flüchtigem, nicht allzu genauem Hinsehen könnte man ihn tatsächlich für einen lustigen alten Kauz halten.

Aber diese Lustigkeit ruht auf einem Fundament aus Zorn. Terry Pratchett wird nicht gelassen in die (gute?) Nacht gehen. Er tritt rasend ab, gegen Dummheit und Ungerechtigkeit wütend, gegen menschliche Torheit und Kurzsichtigkeit und natürlich auch, aber beileibe nicht nur, gegen den Tod des Lichts. Doch neben dem Zorn ist da auch die Liebe, Engel und Dämon, die Hand in Hand in den Sonnenuntergang gehen. Die Liebe zu uns Menschen in all unserer Fehlbarkeit, die Liebe zu geliebten Dingen, zu Geschichten und vor allem die Liebe zur menschlichen Würde.

Drücken wir es anders aus: Zorn ist Terrys Antrieb, doch seine Herzensbildung gibt ihm die Richtung vor. Sie sorgt dafür, dass er den Zorn aufseiten der Engel einsetzt. Besser gesagt, für uns alle, für die Orang-Utans.

Terry Pratchett ist kein lustiger alter Kauz. Nicht mal ansatzweise. Er ist viel, viel mehr.

Weil Terry nun viel zu früh ins Dunkel geht, fange auch ich an zu wüten: gegen die Ungerechtigkeit, die uns … was raubt? Noch zwanzig, dreißig Bücher? Regalmeter an Einfällen und Wortwitz, an alten und neuen Freunden, an Geschichten, in denen die Menschen das tun, was sie am allerbesten können, nämlich ihren Kopf anstrengen, um sich aus einer kniffligen Lage zu befreien, in die sie sich ohne Sinn und Verstand selbst hineinmanövriert haben? Noch ein, zwei Bücher wie dieses, mit journalistischen Texten, Agitprop und sogar dem einen oder anderen Vorwort? Aber in Wahrheit machen mich diese Verluste weniger zornig als wehmütig. Als jemand, der das Entstehen einiger Terry-Pratchett-Bücher aus nächster Nähe miterleben durfte, begreife ich, dass jedes davon ein kleines Wunder ist, und ich weiß, dass er uns reicher beschenkt hat, als wir es uns jemals erhoffen durften. Wir wollen nicht unverschämt sein, denn das gehört sich nicht.

Ich wüte, weil ich in naher Zukunft meinen Freund verlieren werde.

Und ich frage mich: »Was würde Terry mit diesem Zorn machen?«

Dann greife ich zum Stift und schreibe.

NG

New York, Juni 2014

Der Störer mit dem Stift

Über Buchläden, Drachen, Fanpost, Sandwiches, schriftstellerisches Handwerkszeug, verglimmenden Grimm und alles, was den Beruf des Profischreibers ausmacht.

Denkfortschritte

***20/20 Magazine*, Mai 1989**

Ein kleiner Text über das Schreiben. Dem aufmerksamen Leser dürfte nicht entgehen, dass mir zu der Zeit schon Einfach Göttlich *im Kopf herumging. Es handelt sich um eine ziemlich akkurate Beschreibung des beim Schreiben ablaufenden kreativen Prozesses …*

Aufstehen, frühstücken, Computer anschmeißen, auf den Bildschirm starren.

Weiter auf den Bildschirm starren.

Immer noch auf den Bildschirm starren, dabei aber die Ohren spitzen, ob der Briefträger kommt. Mit ein bisschen Glück bringt er einen großen Sack Post, damit der Vormittag schön ausgefüllt ist. Das letzte Manuskript ist gerade an den Verlag rausgegangen. Nichts zu tun. Riesiges Vakuum in der Mitte der Welt.

Die Post kommt. Ein Brief auf Hollie-Hobbie-Papier mit der Bitte um ein Autogramm.

Na gut, na gut, dann recherchieren wir eben was. Für den nächsten Scheibenweltroman brauchen wir Informationen über Schildkröten. Irgendwie schwant mir, dass darin eine sprechende Schildkröte eine tragende Rolle spielen wird. Weiß selber nicht, warum; die Schildkröten sind einfach aus den Tiefen des Unterbewusstseins aufgetaucht. Wahrscheinlich ausgelöst durch das Erwachen der eigenen Schildkröten aus dem Winterschlaf, den sie gerade im Gewächshaus abschütteln.

Finde in einer Kiste im Gästezimmer ein Buch über Schildkröten.

Muss in nächster Zeit unbedingt neue Bücherregale schreinern lassen. (Da hatte nämlich einer die clevere Idee, die Regale in der Garage vorzufertigen … alle Teile präzise zugeschnitten, mit Geodreieck und allem Pipapo, grundiert, lackiert, dann die Bretter ins Haus geschleppt, mit echten Holzdübeln und Leim zusammengesetzt, Hunderte Bücher ordentlich in Reihen aufgestellt. Spannendes naturwissenschaftliches Experiment: Was macht Holz, das wochenlang in einer kalten, feuchten Garage gelegen hat, wenn es sich plötzlich in einem warmen, trockenen Zimmer wiederfindet? Um drei Uhr morgens bekam ich die Antwort: Jedes einzelne Teil schrumpft um 3 Millimeter.)

Eine interessante Fußnote in dem Schildkrötenbuch erinnert mich daran, dass die berühmteste Schildkröte der Weltgeschichte wohl die ist, die einem berühmten griechischen Philosophen auf den Kopf fiel. Wie hieß der Knabe noch gleich? Unter Schildkrötenwerfern kennt ihn jeder. Werde von dem unwiderstehlichen Drang übermannt, der Sache auf den Grund zu gehen, inklusive der Frage, was wohl die Schildkröte davon gehalten haben mag. Ich glaube, der Knabe hieß Zenon, bin mir aber sicher, der war's nicht.

Bis ich herausgefunden habe, dass es Aischylos war, sind zwanzig Minuten rum. War kein Philosoph, war Tragödiendichter. Bei ihm gewann das frühe Drama einen hochreligiösen Sinn, es diente als Forum für die Lösung zutiefst moralischer Konflikte und brachte die Erhabenheit von Denken und

Sprache zum Ausdruck. Ein pfeifendes Zischen und gute Nacht, Johanna. Interessehalber schlage ich auch noch Zenon nach. Ach so, das war der, von dem die Weisheit stammt, dass man, wenn man der Logik folgt, eine Schildkröte nicht fangen kann.

Das hätte er mal dem Aischylos sagen sollen.

Lese noch was über Gebetsmühlen und, warum auch immer, über William Blake. Zwischendurch ruft eine Frau an und will wissen, ob wir die Zahnarztpraxis sind.

Gleich kriege ich definitiv etwas getan. Der schöpferische Motor läuft schon warm.

Ich lege los und sichere erst mal jede Menge Zeug auf Diskette. Das ist das Schöne am Computer. In der schlechten alten Schreibmaschinenzeit konnte man, wenn die Kreativität mal lahmte, höchstens einen Bleistift spitzen oder mit einer Stecknadel den Typenhebel des E sauberprockeln. Aber seit es den Computer gibt, bieten sich unendlich viele Möglichkeiten zum Herumfriemeln. Man kann Makros austüfteln, die Echtzeituhr akkurat einstellen und was nicht sonst noch alles, aber auf jeden Fall ist es ehrliche Arbeit.

Vor Tastatur und Bildschirm zu sitzen ist Arbeit. Tausende Büros funktionieren nach genau diesem Prinzip.

Hätte zu gern gewusst, wieso der Adler die Schildkröte ausgerechnet auf den Dramatiker fallen gelassen hat. Bestimmt nicht, um sie aufzuknacken, wie das Buch behauptet. Adler sind doch nicht blöd. Warum sollte sich ein Adler in Griechenland, das nur aus Steinen besteht, mit minutiöser Genauigkeit ausgerechnet den nackten Schädel des Aischylos aussuchen? Und wie spricht man Aischylos überhaupt aus?

Aussprachewörterbuch in Kiste auf dem Speicher.

Leiter in der Garage.

Auto müsste mal wieder gewaschen werden.

Mittagessen.

Wirklich kein schlechtes Pensum für einen Vormittag.

Zurück an den Bildschirm.

Starre auf den Bildschirm.

Wieder ruft eine Frau an, will wissen, ob wir Eden sind. (Das paradiesische Motel ein paar Häuser weiter hat, von einer Ziffer abgesehen, die gleiche Telefonnummer wie wir).

Starre auf den Bildschirm.

Gerate ins Sinnieren. Vielleicht konnte der Adler gar nichts dafür, vielleicht war er im Einsatz und hatte schon zu viele Missionen geflogen. Natürlich, man wird aus der Adlerluftwaffe geschmissen, wenn man sich vor dem Abwurf einer Schildkröte erst noch Gedanken über unschuldige Philosophen macht. Platsch-22. Nein.

Starre auf den Bildschirm.

Nein. Völlig klar, das Ganze war auf dem Mist der Schildkröte gewachsen. Hatte es auf den Stückeschreiber abgesehen, vielleicht waren in seinem neuesten Stück die Schildkröten schlecht weggekommen, vielleicht war sie mit tempoistischen Witzen beleidigt worden, oder sie hatte gesehen, dass er eine Brille mit Schildpattgestell trug: Du dreckige Ratte, hast meinen Bruder auf dem Gewissen. Deswegen den Adler entführt, sich an die Beine des verzweifelten Vogels geklammert, wie die Schildkröte in dem alten Logo von Friends of the Earth, halblaut das Ziel durchgegeben, Vektor 19, biep-biep-biep, Geronimooooo …

Starre auf den Bildschirm.

Überlege, ob so ein Adler noch was anderes hat, woran sich eine Schildkröte festklammern könnte.

Lese die Biologie der Vögel nach, Enzyklopädie in der Kiste auf der Treppe. Mannomann.

Abendessen.

Starre auf den Bildschirm. Drehe und wende Ideen hin und her. Schildkröten, Glatze, Adler. Hm. Nein, ein Stückeschreiber kann's nicht sein. Was für eine Sorte Mensch wäre einer Schildkröte auf den ersten Blick zuwider?

Mitternacht …

Starre auf den Bildschirm. Nehme schemenhaft wahr, dass die rechte Hand Tasten gedrückt und eine neue Datei angelegt hat. Atme langsam ein und aus.

Schreibe 1943 Wörter.

Ins Bett.

Und da dachte ich den ganzen Tag, ich kriege nichts zustande.

Palmtop

***Independent*, 9. Juli 1993**

Ein tragbarer *Computer? Dass ich nicht lache. Mein Olivetti hätte sich sehr gut als Schiffsanker gemacht. Vermutlich laufen die alten Kisten sogar noch – ich habe sie gut gepflegt. Obwohl ich eigentlich keine Verwendung mehr für sie habe, kann ich mich nicht überwinden, diese Technik-Fossilien wegzuwerfen.*

Ich erinnere mich noch gut an meinen ersten tragbaren Computer. Er wog 15 Pfund und hatte ein separates Netzteil, das in vieler Hinsicht an einen kleinen Backstein erinnerte. Das verdammte Ding hat mich fast umgebracht.

Der nächste war ein Leichtgewicht von 8 Pfund, doch auch er besaß einen (nicht ganz so großen) Backstein. Zumindest hielt ich ihn für ein Leichtgewicht, bis ich damit einmal quer durch einen Flughafen hetzen musste.

Allmählich ging mir ein Licht auf. Was ist denn das Entscheidende an einem tragbaren Computer, das A und O, der springende Punkt, des Pudels Kern? Dass man das Ding tragen kann. Was nützt einem ein Gerät, das nicht mal in einen Aktenkoffer passt, wenn man noch andere Sachen mitnehmen will? Auch ein Achtpfünder ist nicht tragbar. Er ist eine Zumutung.

Ich habe nie verstanden, warum in einer Produktbesprechung das Gewicht eines tragbaren Geräts nicht als Allererstes behandelt wird. Meistens findet man es im Kleingedruckten, ganz unten auf der Seite. Und warum? Weil sich die Kritiker von glänzenden Disketten und leuchtenden Bildschirmen hypnotisieren lassen. Ich finde, sie sollten so ein Teil mal einen Tag lang mit sich rumschleppen, weil sie in einer Künstlergarderobe, einem Hotel oder Taxi damit arbeiten müssen.

Ich bin mit Science-Fiction-Romanen großgeworden, in denen es von Typen nur so wimmelte, die einen Westentaschencomputer besaßen, der nicht nur sprechen, sondern auch noch den Terminkalender für sie führen und zudem ganze Planeten verwalten konnte. Diese Kerle haben sich nie einen Leistenbruch gehoben. Ich sah gar nicht ein, wieso ich mir einen zuziehen sollte. Was mich quälte, war das Gegenteil eines Zukunftsschocks. Ein Zukunftsdämpfer? Ich möchte keine Arme, die bis zu den Knien reichen, ich hätte bloß gern einen Computer, den ich mitnehmen kann.

So betrat ich die Welt des Palmtop.

Überall stolpert man über Fachbegriffe. Früher hatte man entweder einen großen Rechner, der auf dem Schreibtisch stand, oder einen (mehr oder weniger) tragbaren. Heute gibt es Ultraportables, Sub-Notebooks, Personal Digital Assistants, Palmtops und Pocketbooks, allesamt schwammig definiert nach Größe und Gewicht sowie nach Lust und Laune des Namensgebers. Kurz gesagt, sie sind klein und leicht.

Angesiedelt sind sie alle im Zwischenreich zwischen Laptops (den bereits erwähnten Tragbaren, wobei die meisten der neuen Geräte wesentlich mehr können als meine alten und nur noch um die sechs Pfund auf die Waage bringen – plus einen ziemlich kleinen Backstein) und Taschenrechnern.

Der Erste, den ich mir vor einigen Jährchen zugelegt habe, war der Atari Portfolio. Er wog etwa ein Pfund und besaß eine fest installierte Software, darunter als Köder für den Yuppie neben dem üblichen »elektronischen Filofax« ein einfaches Textverarbeitungsprogramm sowie einen Taschenrechner, eine Tabellenkalkulation und ein Telefonbuch. Die Textverarbeitung war okay; ich habe Hunderte von Seiten damit geschrieben, wenn auch nicht besonders schnell. Aber perfekt war sie nicht.

Die wichtigste Regel lautet: Auf das Gewicht kommt es an. Die zweitwichtigste: Welches Zubehör muss man zusätzlich kaufen?

Sir Clive Sinclair gelang es als Erstem, einen Computer zu einem Preis von unter 100 Pfund auf den Markt zu bringen, indem er den Computer neu definiert hat. Sein Gerät benötigte keinen eigenen Bildschirm, keinen internen Massenspeicher, keinen standardmäßigen Kommunikations-Port und auch keine für längeres Tippen ausgelegte Tastatur – solange man bereit war, es an einen Fernseher anzuschließen, Programme auf einem normalen Kassettenrekorder zu speichern und sehr, sehr langsam und vorsichtig zu schreiben. Mehr als 1 kB Speicherplatz benötigte es nicht. Also hatte es auch nicht mehr.

Seitdem habe ich mich immer vor Maschinen gehütet, die ohne Zusatzteile nicht mehr als ein nützliches Spielzeug sind. Den Portfolio musste man, wenn man halbwegs genügend Speicherplatz wollte, mit einem Add-on-Modul aufrüsten. Um drucken zu können, brauchte man ein verhältnismäßig großes Plug-in-Modul, dazu kam ein weiteres, wenn man eine serielle Schnittstelle wollte. Sonst kriegte man aus dem Ding nichts raus.

Theoretisch ließ man diese Teile zu Hause. Aber ich arbeite

viel auf Reisen, und man wird sehr nervös, wenn man zwischendurch nichts ausdrucken oder auf einem anderen Gerät abspeichern kann.

Außerdem brockte man sich damit bei der Sicherheitskontrolle am Flughafen Scherereien ein. Mit dem eigentlichen Rechner kamen die Security-Leute klar, aber die Kiste mit den rätselhaften Plastikstöpseln irritierte sie. »Dann zeigen Sie uns doch mal, wie das funktioniert«, sagten sie. »Aber gerne doch«, antwortete ich. »Dafür bräuchte ich bloß eine Steckdose und einen Laser-Drucker.«

Für meinen Geschmack kam in den Produktbeschreibungen der kleineren, leichteren Geräte viel zu oft das Wort »optional« vor. »Optional« bedeutet, man muss dafür bezahlen, dass die Kiste tut, was sie soll.

Nach zweijähriger Suche landete ich schließlich beim Olivetti Quaderno – auf dem ich jetzt auch diesen Artikel schreibe. Er hat mich ungefähr 600 Pfund gekostet und muss im vergangenen Jahr wohl als einer der ersten auf den Markt gekommen sein. (Pioniere werden bestraft. Mein Agent, der sich ein paar Monate später auch einen zugelegt hat, bekam ein externes Diskettenlaufwerk gratis obendrauf. Nachdem inzwischen Berichte über ein aufgerüstetes Modell die Runde machen, ist der Preis weiter in den Keller gegangen.) Der Olivetto Quaderno ist im Grunde der PC I, den ich mir 1987 gekauft habe, aber auf DIN-A5-Größe eingedampft, nur einen Zoll hoch und knapp über zwei Pfund schwer. Das kleine Netzteil und den Akku habe ich nicht gewogen – dass sie etwas wiegen, ist mir, ehrlich gesagt, nie aufgefallen. Auf jeden Fall passt er in meinen Aktenkoffer. Locker. Aber vor allem kann ich damit die gesamte Software benutzen, die ich über die Jahre unter Irrungen und Wirrungen zusammengetragen habe.

Es laufen darauf speicherresidente Programme wie SideKick und das unvergleichliche Info Select. Und WordPerfect 4.2 (die klassische Version). Das Display ist größer als ein Briefkastenschlitz, und ich muss mir keine Software aufs Auge drücken lassen, die jemand anderer für mich ausgesucht hat. Der Quaderno besitzt eine 20-Megabyte-Festplatte. Da passt ein ganzer Roman drauf, den man immer bei sich hat, wenn man daran arbeiten will. So wie jetzt gerade.

Ja, aber was ist mit der *Tastatur*?, höre ich Sie fragen. Sie ist auf jeden Fall um einiges besser als die sämtlicher vergleichbaren Geräte, die ich ausprobiert habe, und ich kann darauf blind tippen. Während beispielsweise die Tasten beim H-P 95LZ von Hewlett-Packard, den ich ansonsten durchaus brauchbar fand, nicht viel größer als bei einem Taschenrechner waren.

Oder es heißt: Und läuft er auch unter Windows? Jeder passionierte Windows-Nutzer würde das bestreiten. Windows verlangt einen hochauflösenden Bildschirm, einen 386er Prozessor, einen ziemlich großen Arbeitsspeicher und einen Nutzer mit Festanstellung, der den lieben langen Bürotag Zeit hat, mit den Farben herumzuspielen oder sich tolle neue Icons auszusuchen. Das muss ich nicht haben. Weil der Quad keine Hintergrundbeleuchtung hat, ist der Bildschirm relativ duster. Man muss also für ausreichend Licht sorgen.

Aber es gibt ihn – hier und heute. Er ist kein Spielzeug. Ich kann meine unfertigen Texte überallhin mitnehmen, genau wie meinen Terminkalender und die Tabellen, und zwar in Versionen, mit denen ich mich auskenne und die wie eine sanfte Welle zwischen dem Quad und dem Bürorechner hin und her schwappen. Sicher, der Bildschirm ist ein bisschen dunkel, aber er sieht aus wie der kleine Bruder der Monitore, mit denen ich vertraut bin. Wenn es sein müsste, könnte ich ständig mit ihm arbeiten.

Adieu Backsteine. Dieser Computer ist tatsächlich *tragbar*.

Auf dem Ayers Rock habe ich ihn dann doch nicht benutzt. Aber ich hätte es verdammt noch mal gekonnt.

Das treffende Wort

Beitrag für das Londoner Literaturfestival
***The Word*, 2000**

*O Mann, wie soll man da noch den Überblick behalten? Sobald man sich in Großbritannien als Autor den Ruf erworben hat, nicht allzu unfreundlich zu sein, wird man von den Zeitungen mit Anfragen bombardiert, ob man nicht ein »kurzes Textchen« für sie schreiben möchte. In Schriftstellerkreisen heißen solche Beiträge »Mein Lieblingslöffel«-Artikel. Irgendwo bildet sich irgendwer ein, so was wäre gute Publicity. Vor einigen Jahren wurde im Rahmen eines großen britischen Literaturfestivals unter großem medialen Getöse eine Umfrage nach dem Lieblingswort der Nation veranstaltet. Das Folgende ist meins.**

Es ist ein glücklicher Zufall, wenn ein lautmalerisches Wort auf eine Sache passt, die man eigentlich nicht hören kann. Schimmern, schillern, glitzern, glimmen – so und nicht anders würde das Licht klingen, wenn es könnte. Ein Glitzern ist scharf und schnell, es glitzert; und wenn eine ölige Oberfläche ein Ge-

* Was zum Lieblingswort der Nation gekürt wurde, weiß ich nicht mehr. Vermutlich »Beckham«.

räusch machen würde, dann mit Sicherheit schillern. Wonne klingt nach einem weichen Baiser, das auf einem warmen Teller zergeht.

Aber ich entscheide mich für:

RAUNEN

… das mit »Rune« verwandt ist und mit »raunzen«, ein gedämpftes Geräusch. Das Gemurmel des Wassers, das Rauschen leisen Windes. Doch es schwingt auch Verschwörerisches, Geheimnisvolles darin mit. Man sieht Menschen vor sich, die sich einander verwundert zuwenden. Ja, Raunen ist das Geräusch, das man hört, nachdem das Schwert aus dem Felsen gezogen wurde und bevor der Jubel losbricht.

Wie man Profiboxer wird

Vorwort zum *Writers' & Artists' Yearbook 2006*

Mein erstes *W&AYB* habe ich mir mit dreizehn oder vierzehn gekauft. Gebraucht. Sorry. Aber ich hatte mir gerade für zehn Shilling ein sehr gut erhaltenes (gebrauchtes) Exemplar von *Brewer's Dictionary of Phrase and Fable* geleistet, eine kostspielige Angelegenheit für einen Jungen mit begrenzten finanziellen Mitteln. Irgendwie dachte ich wohl, dass ich das Jahrbuch besitzen müsste, wenn ich Schriftsteller werden wollte, und dass sich das darin enthaltene Profiwissen anstrengungslos und wie von selbst auf mich übertragen würde.

Ich las es mit großer Ernsthaftigkeit.

Ob es nützlich war? Ja, doch – auch wenn ich als bekennender Science-Fiction-Fan die Materie schon ein bisschen kannte. Die meisten Autoren des Genres waren früher selbst Fans, und die meisten Fans wollen später Autor werden. Auf jeder größeren Science-Fiction-Convention (und zwar lange, bevor Literaturfestivals zum neuen Rock 'n' Roll hochgejubelt wurden) traf man etablierte Schriftsteller, die, auf eigene Kosten angereist, einem ganzen Saal voller hoffnungsvoller Möchtegernautoren die Grundlagen des Gewerbes beibrachten. Das nennt man Räuberleiterhalten.

Ich schrieb alles mit. Zum Glück bin ich nie in die Verlegenheit geraten, den grandiosen Tipp eines renommierten Autors beherzigen zu müssen. Ich gebe ihn trotzdem weiter: »Verfolgen Sie die Fachpresse. Wenn ein Lektor in einen anderen Verlag wechselt, schicken Sie Ihr kostbares Manuskript unverzüglich an das Lektorat, aus dem er ausgeschieden ist, und legen einen an ihn adressierten Begleitbrief dazu. Beziehen Sie sich auf ein gemeinsames Projekt und schreiben Sie so etwas wie: ›Lieber X, vielen Dank für Ihr ermutigendes Schreiben. Über Ihr Interesse an meinem Buch habe ich mich sehr gefreut. Inzwischen sind sämtliche Änderungen, die Sie vorgeschlagen haben, eingearbeitet …‹ Natürlich ist das Schreiben nirgendwo aufzufinden. In einem Verlag findet man nie etwas wieder. Aber wenigstens könnte Ihr Brief das Lektorat so in Panik versetzen, dass tatsächlich jemand das Manuskript liest.«

Nachdem ich alle guten Ratschläge gehört und gelesen hatte, übergab ich das Manuskript meines ersten Romans einem Kleinverleger in meiner Heimatstadt, den ich von irgendwoher kannte und bei dem ich das Gefühl hatte, er wäre ein anständiger Kerl. Es hat ihm gefallen. Weil ich bis dahin vollkommen unbekannt war und er noch nie Belletristik verlegt hatte, sprang für uns beide nicht viel dabei heraus. Bei den nächsten beiden Büchern auch nicht. Der vierte Roman war der erste Titel der Scheibenwelt-Serie. Man kann nicht gerade behaupten, dass er sich wie warme Semmeln verkaufte, aber doch immerhin wie geschnitten Brot. Nach einigem Zögern brachte Transworld ihn als Taschenbuch heraus. Ein paar Jahre später machte ich meinen ehemaligen Verleger zu meinem Agenten, und das Leben wurde sehr, sehr ausgefüllt.

Ich hatte Glück. Unglaubliches Glück, wenn ich mir vorstelle, was alles hätte schiefgehen können. Aber wenn der schlappohrige Glücksspaniel an den Hosenaufschlägen schnuppert, hilft es, wenn man ein Halsband und eine Schnur einstecken hat. Beziehungsweise, wie in meinem Fall, einen Nachfolgeroman.

In Briefen, E-Mails und aus dem Publikum wird mir von Lesern immer wieder die gleiche Frage gestellt: »Haben Sie ein paar Tipps, wie man Schriftsteller wird?« Man spürt förmlich das Glitzern in ihren Augen, die Hoffnung, dass man dieses eine Mal das Visier hochschiebt und ihnen die Landkarte zum Heiligen Gral aushändigt oder, besser noch, die URL. Wenn ich dann anmerke, dass dabei auch Grammatik, Rechtschreibung und Zeichensetzung eine Rolle spielen, registriere ich einen Hauch von Verunsicherung, wenn nicht gar Empörung. (»Haben die dafür nicht im Verlag ihre Leute?«, lautete einmal die Gegenfrage.) Eine Empörung, die sich auch gegen das gemeine Universum richtet, das keine Rücksicht darauf nimmt, dass man einfach keine Zeit für so etwas hat.

Also gebe ich lieber Tipps, wie man Profiboxer wird. Natürlich kommt es auf die richtige Ernährung sowie auf tägliches hartes Training an. Denken Sie auch an Ihre Fußarbeit, damit Sie im Notfall schnell verduften können. Gehen Sie jeden Tag ins Fitnessstudio, und damit meine ich jeden Tag Ihres Lebens, an dem Sie sich überhaupt irgendwie auf den Beinen halten können. Nutzen Sie jede Gelegenheit, sich einen guten Profikampf anzusehen. Oder noch besser, sehen Sie sich einfach so viele Kämpfe wie möglich an, weil man auch von Boxern, die ihr Handwerk nicht verstehen, etwas lernen kann. Hören Sie nicht darauf, was sie sagen, beobachten Sie lieber, was sie machen. Und vernachlässigen Sie die Ernährung, das Training und die Fußarbeit nicht.

Kapiert? Mit der Schriftstellerei verhält es sich im Grunde genauso, bloß, dass sie mit Boxen nichts zu tun hat.

So einfach ist das.

Brewer's Boy

Vorwort für *Brewer's Dictionary of Phrase and Fable*, Milleniumsausgabe, 1999

Vermutlich hat jeder Mensch etwas, woran er seinen Erfolg festmacht. Bei mir ist es die Tatsache, dass man mich gebeten hat, dieses Vorwort zu schreiben. Irgendwie schließt sich dadurch der Kreis. Zu dem ersten Brewer, *den ich mir antiquarisch gekauft habe, sind inzwischen etliche Regalmeter hinzugekommen.*

Reverend Ebenezer Cobham Brewer wollte den Menschen Wissen vermitteln; zu seinen Werken gehören A Guide to Knowledge, *ein Lexikon der Wunder und das* Reader's Handbook of Allusions, References, Plots and Stories. *Aber unsterblich gemacht hat ihn* Phrase and Fable. *Dieses Buch ist … aber sehen Sie selbst.*

Ich habe nachgeschaut. Mein alter Brewer *steht noch immer neben dem Wörterbuch. Und nun lesen Sie weiter.*

Ich war ein *Brewer's* Boy. Mit zwölf Jahren zog ich im Antiquariat mein erstes Exemplar aus dem Regal. Es ist bis heute noch erstaunlich gut in Schuss, wenn man bedenkt, wie ich es malträtiert habe.

Der Brewer führte mich in die Mythologie und Geschichte der Antike ein, aber das war noch längst nicht alles. Er ist nämlich eine wahre Schatztruhe an Glücks- und Zufallsfunden. Man findet darin vielleicht nicht, wonach man gesucht hat, macht dafür aber unerwartete Entdeckungen, die meistens noch viel interessanter sind. Einen einzelnen Eintrag zu lesen ist wie eine einzelne Erdnuss zu essen: praktisch unmöglich. Es gibt jede Menge andere nützliche Bücher. Aber im Anfang war der Brewer.

Er ist schwer zu beschreiben. Man könnte ihn ein Kompendium nennen (ein Wort, das in meiner Uraltausgabe weder mit K noch mit C zu finden war, dafür gibt es aber »Complutensische Polyglotte«, die Mühe hat sich also trotzdem gelohnt.) Ein Handbuch der Sagen, Legenden und Zitate, der historischen Nebenpfade, des Slang und von vielem mehr. Eine treffendere Bezeichnung für ihn wäre »Universalgelehrter«, im wahrsten Sinne des Wortes. Seine Blütezeit erlebte der Brewer in den Zeiten vor Trivial Pursuit, als die Menschen noch glaubten, aus dem geduldig zusammengetragenen Wissen über die kleinen Dinge würde automatisch das Wissen über die großen Dinge erwachsen – und man selbst dadurch ein besserer Mensch werden.

Für die vorliegende Milleniumsausgabe wurde *Brewer's* aktualisiert. Sie enthält neben Attila dem Hunnen nun auch Gandalf (und warum auch nicht?). Die eine oder andere langweiligere Nymphe und auch einige klassische Obskuritäten wurden herausgenommen, um für sprachliche Neufunde Platz zu schaffen. Wer vom *Brewer's* als zu obskur eingestuft wird, ist auf dem Olymp des Obskuren angekommen, und es tut weh, von solchen Einträgen Abschied nehmen zu müssen. Der ernsthafte Brewerist kann nur hoffen, dass sich der Verlag Cassell vielleicht eines Tages zu einer Recyclingausgabe überreden lässt, damit diese ausrangierten Schätze nicht unwiederbringlich verloren sind.

Aber heute ist morgen schon gestern. Eines Tages werden die Fab Four (fragen Sie Ihren Vater) auf einer Stufe stehen mit… ach, mit den ganzen anderen Sachen, für die sich kein Mensch mehr interessiert. Bei dem Tempo, mit dem Veränderungen heutzutage vonstattengehen, sind sie schon jetzt halb in der Versenkung verschwunden. Es ist lehrreich, ihnen dabei zuzusehen, wie sie sich zu den Fabeltieren und römischen Senatoren gesellen und nach und nach vom Staub der Jahrhunderte zugedeckt werden. Wir sind die Antike des nächsten Milleniums.

Brewer's Dictionary of Phrase and Fable ist das erste Buch, in das man schaut, wenn man nicht weiterweiß, und die letzte verzweifelte Hoffnung, wenn weniger brauchbare Nachschlagewerke nicht helfen. Ohne den Brewer ist kein Bücherschrank, keine WELT vollständig. So einfach ist das.

Paperback Writer

Guardian, 6. Dezember 2003

Mag sein, dass es am Internet liegt, aber wenn es ums Schreiben geht, fängt jedes Gespräch mit der Frage »Woher?« an. Woher nehmen Sie die Ideen/die Figuren/die Zeit? Dabei schwingt unausgesprochen eine Aufforderung mit: Her mit den Koordinaten für den Heiligen Gral.

Bestenfalls belegt man sein Gegenüber daraufhin mit einer Salve von Klischees, die nur deshalb zum Klischee verkommen sind, weil sie … nun ja, weil sie wahr sind und funktionieren. Bei den diversen Autoren, die ich zu diesem Thema gehört habe, kam früher oder später die gleiche Handvoll Klischees heraus. Auch bei mir. Obwohl man ahnt, dass eigentlich etwas ganz anderes erwartet wird. Aber die Leute stellen immer wieder die gleichen Fragen, in der Hoffnung, dass man das Geheimnis eines Tages aus Versehen doch noch preisgibt.

Immerhin, diese Zeitung hat mir ein Honorar gezahlt. Sich bezahlen lassen: schon mal ein guter Tipp von mir.

Mit dreizehn Jahren war ich auf meiner ersten Science-Fiction-Convention. Wie lange das her ist? So lange, dass dort alle Sportsakkos trugen. Alle außer Michael Moorcock.

Die meisten Science-Fiction-Autoren haben als Fans angefangen. Sie betätigen sich gern als Räuberleiterhalter für den Nachwuchs. Ich kenne kein anderes literarisches Genre, in dem die etablierten »Namen« so versessen darauf sind, sich die Konkurrenz selbst heranzuzüchten.

Als ich von der Veranstaltung zurückkam, stand mein Entschluss fest: Ich wollte Schriftsteller werden. Immerhin hatte ich schon Arthur C. Clarke die Hand gegeben, jetzt hieß es nur noch: Ärmel hochkrempeln.

Sobald ich ein Buch beendet habe, fange ich mit dem nächsten an. Wenn ich mich recht erinnere, war das ein Tipp des verstorbenen Douglas Adams, der sich allerdings zum Leidwesen der Fans an seinen eigenen Rat nicht gehalten hat.

Die letzten Monate eines Projekts sind eine Strapaze. E-Mails schwirren hin und her, man muss einem amerikanischen Lektor die Feinheiten (und vor allem die Unfeinheiten) des britischen Englisch verklickern, der Autor starrt auf einen Text, den er schon so oft gelesen hat, dass er für ihn jeglichen Sinn verloren hat, bastelt und schreibt um und drückt schließlich doch irgendwann auf SENDEN.

Dann ist es weg, und in diesen modernen Zeiten bleibt einem nicht mal mehr der therapeutische Effekt des Ausdruckens. Eben noch Schreibender, im nächsten Augenblick Geschrieben-Habender. Und genau dann, wenn das warme, rosige Gefühl, ein Buch fertiggestellt zu haben, nach und nach verfliegt und sich der schwarze Abgrund einer Wochenbettdepression vor einem auftun will, fängt man mit dem nächsten an. Außerdem ist es ein guter Vorwand, seine Nachschlagewerke nicht wegzuräumen, keine unwichtige Überlegung in einem Büro, wo das eine Buch gern mal als Lesezeichen für ein anderes herhalten muss.

Das nächste Projekt ist noch lange kein Buch. Man hat vielleicht einen Aufhänger, einen Namen, einige Sätze, aus denen eine Szene entstehen könnte, ein Gespräch, eine Handvoll Zeitungsausschnitte, ein paar Lesezeichen in einem alten Geschichtswälzer. Vielleicht tippt man sogar probehalber zwanzig Seiten. Man lässt sich nicht hängen. Man kniet sich wieder voll rein. Man arbeitet an einem Buch.

Außerdem justiert man seinen inneren Empfänger. Nachdem man das neue Buch angepeilt hat, geht es mit der Recherchearbeit los, wobei man alles Mögliche verwertet oder verwurstet, sei es eine beiläufige Bemerkung im Fernsehen oder ein Buch über ein vollkommen anderes Thema, aus dem einem genau im günstigsten Augenblick die Antwort auf eine historische Frage entgegenspringt. Oder man sitzt beim Abendessen zufällig neben einem Botschafter, der nur zu gern darüber plaudert, welche rechtlichen Fragen ein Mord in einer Botschaft aufwirft, wenn der Täter vom Botschaftsgelände flüchtet, also technisch gesehen in ein anderes Land. Auch dieser Leckerbissen wird sogleich der Handlung einverleibt.

Menschen sind hervorragende Informationsquellen, es gibt kaum bessere. Von einem ehemaligen Polizisten erfährt man mehr über die Polizeiarbeit als aus jedem Lehrbuch. Eine alte Dame, die in den 1930er Jahren als Hebamme gearbeitet hat, meilenweit vom nächsten Arzt entfernt, kann Geschichten erzählen, bei denen einem das Blut in den Adern gefriert. Oder ein pensionierter Postbote erläutert, warum man bei der Briefzustellung nicht nur vor dem vorderen Ende von Hunden auf der Hut sein muss.

Außerdem speichert man nebenher natürlich ständig unwillkürlich Informationen. Bei keiner Recherche kommt mehr heraus als bei der, die man leistet, während man glaubt, dass man sich einfach nur des Lebens freut. Auf dem Literaturfestival in Hay-on-Wye fand ich, direkt unter den Augen der anderen Autoren, das Buch *The Cyclopedia of Commercial and Business ANECDOTES; comprising INTERESTING REMINISCENCES AND FACTS, Remarkable Traits and Humours* (und so weiter und so fort: 64 Wörter lang). Auf fast jeder Seite stößt man auf kostbare Nuggets: Preserved Fish (= Fischkonserve) war ein berühmter New Yorker Finanzier. Schön sind natürlich auch die von mir so genannten Sekundärentdeckungen, wie zum Beispiel die klammheimliche Freude eines viktorianischen Autors, der sich in einer Abhandlung über eine berühmte deutsche Bankiersfamilie zu Sätzen aufschwingt wie: »Soon there were rich Fuggers throughout Lower Saxony.« (Bald gab es in ganz Niedersachsen reiche Fugger.) Wobei der ungebildete – oder gemeine – Engländer den Namen Fugger etwas anders aussprechen würde. Und nicht zuletzt wäre da noch der aufschlussreiche Einblick in die Köpfe von Menschen, für die Geld nicht Mittel zum Zweck, ja, nicht einmal Mittel zu noch mehr Mitteln ist, sondern das, was für kleine Fische das Meer bedeutet.

Im Laufe der Jahre habe ich das eine oder andere gelernt. Unter anderem, was der beste Ort und die beste Zeit sind, um ein Buch zu planen: das Bett, gleich nach dem Aufwachen. Ich glaube, mein Gehirn wird nachts von einem besseren Schriftsteller mitbenutzt. Nun kommt alles darauf an, dass man ein Notizbuch bereitliegen hat. Und natürlich darauf, dass man hellwach ist. Wäre ich letztens hellwach gewesen, hätte ich vermutlich auf den Zettel neben meinem Bett mehr als nur »MegaPED« geschrieben. Sicher verbirgt sich darin der Schlüssel zu einer Handlungsidee, aber fragen Sie mich bloß nicht, worum es gehen sollte. Ich hab's nur aufgeschrieben.

Und wenn Sie dann das Gefühl haben, dass in Ihnen ein

Buch entsteht, schreiben Sie schleunigst den Waschzettel. Das ist der Klappentext. Ein Autor sollte sich nie zu gut dafür sein, seinen eigenen Klappentext zu verfassen. Die Essenz eines Buchs auf eine halbe Seite einzudampfen hilft, sich auf das Wesentliche zu konzentrieren. Das Geheimnis der Schriftstellerei besteht zu mehr als der Hälfte daraus, das Buch aus dem eigenen Kopf zu locken.

Ratgeber für Buchhändler

Juli 1999

Dieser Text war ursprünglich nicht zur Veröffentlichung gedacht, sondern für die lieben Menschen bei Ottokar's. Leider gibt es diese Buchhandelskette nicht mehr, aber die Ratschläge haben auch fünfzehn Jahre später nichts von ihrer Gültigkeit verloren.

Fangen wir folgendermaßen an: Auf den ersten Blick lohnt sich eine Signierreise für einen Autor nicht besonders, und zwar je beliebter der Autor, desto weniger. Läuft die Tour gut, ist sie anstrengend; läuft sie schlecht, ist sie anstrengend, frustrierend und eine Lektion in Demut. Ich bin mir nicht sicher, ob sich dadurch wirklich viele Bücher zusätzlich an den Mann oder die Frau bringen lassen. Im Grunde läuft es doch darauf hinaus, dass die Bücher, die in der Stadt X verkauft werden, hauptsächlich in der Buchhandlung Y über die Theke gehen. Signierstunden haben keinen Einfluss auf die Bestsellerliste – Bookwatch zum Beispiel passt die Meldungen der Geschäfte, in denen Signierstunden stattgefunden haben, nach unten an, damit sie die nationalen Absatzzahlen nicht verzerren. Ein gut verkäuflicher Autor müsste sich schon mächtig ins Zeug legen, um seinen Ranglistenplatz zu beeinflussen. Die Mahlzeiten finden zu den unmöglichsten Zeiten oder gar nicht statt. Man lebt aus dem Koffer. Die Welt rauscht an einem vorbei.

Natürlich spricht auch einiges für das Signieren, aber die Pluspunkte werden in erster Linie von den Buchhandlungen eingeheimst (wenn der Umsatz stimmt) oder vom Verlag (der damit seine Geschäftsbeziehung zur Buchhandlung oder zur Buchhandelskette pflegt). Für die Autoren dagegen kommt meistens nur eins dabei heraus: ein verdorbener Magen.

Wir lassen uns darauf ein, weil man uns zwingt, weil wir eitel sind, weil wir es schon immer gemacht haben, weil wir irgendwie glauben, es gehöre sich so, oder weil wir, auch das kommt vor, einfach Spaß daran haben. Bei einigen von uns geht es auch um das Gefühl, dass unser Werk erst dann wirklich in der Welt ist, wenn wir damit auf Tour gehen. Wie bei einem Musiker, um ein Beispiel aus einem anderen Zweig der Unterhaltungsbranche zu nennen. Man kann im Aufnahmestudio noch so viel Arbeit hineinstecken, Rock 'n' Roll wird es erst auf der Bühne, vor Publikum.

Was die Buchhandlung vom Autor erwarten darf

Dass er pünktlich ist, höflich zu den Mitarbeitern (bei dem einen oder anderen Autor muss man in dieser Hinsicht Abstriche machen), freundlich zu den Kunden, und dass er sich nicht vor dem vorgesehenen Ende der Signierstunde aus dem Staub macht.

Doch dann beginnt schon die Grauzone. Soll der Autor auch ältere Werke signieren? Telefonisch vorbestellte Bücher? Bestellungen anderer Filialen? In jedes Buch eine Widmung schreiben? Und falls die Signierstunde gut läuft, so lange die

Stellung halten, bis auch noch der letzte Käufer in der Warteschlange zufrieden nach Hause gedackelt ist?

Im Zweifelsfall würde ich bei diesen Fragen für ein Ja plädieren. Aber weil so eine Signierreise eine anstrengende Terminhatz ist und überhaupt der ungesündeste Zeitvertreib, den man sich jenseits der Olympiade im Schmalzessen nur vorstellen kann, sollten diese Punkte besser bereits im Vorfeld behutsam mit dem Verlag abgeklärt werden.

Was darf der Autor von der Buchhandlung erwarten?

In den letzten elf Jahren war ich fünfzehn Monate »auf Tour«. Hier ein paar Beobachtungen, die ich zusammengetragen habe:

Vor der Veranstaltung

Sind Bücher da? Nicht lachen! Manchmal gibt es das Buch tatsächlich nicht – oder nicht in ausreichender Zahl. Hin und wieder landet man immer noch in einem altmodischen Laden, der für eine Signierstunde sage und schreibe fünfundzwanzig Exemplare extra bestellt.

Es schadet nicht, wenn die Mitarbeiter schon mal etwas von dem Autor gehört haben und wissen, weshalb er da ist.

Zur Begrüßung darf der Gast ein bisschen mehr erwarten als ein: »Warten Sie da, ich hole wen.« Oder auch ein: »Ach? War das heute?« Denken Sie daran: Ganz gleich, wie erfolgreich ein Autor auch sein mag, hinter seiner coolen Fassade bibbert er wie ein kahlrasierter Affe. Über ein freundliches Lächeln freut er sich wie ein kleines Kind. Angenommen, er hat sich wie ein braver Junge mehr als rechtzeitig vor Veranstaltungsbeginn bei

Ihnen eingefunden, dann können Sie ihm auch noch mit anderen Dingen eine Freude machen, beispielsweise mit einem

...Stuhl in einem Büroraum (jedenfalls mehr Freude als mit einem Hocker in einer Abstellkammer), wo er bei einer Tasse Tee ein bisschen runterkommen kann. Ich nutze diese Zeit gern, um schon mal Vorbestellungen oder Bücher aus dem Sortiment zu signieren, und lasse mir dabei die neuesten Klatschgeschichten erzählen. Ein Autor freut sich immer, wenn er erfährt, dass die Signierstunde eines Kollegen eine noch größere Pleite war. (Falls Ihnen nach Schabernack zumute ist, können Sie natürlich auch einen Erzrivalen Ihres Gastes in den höchsten Tönen loben und ihm dabei zusehen, wie seine Miene zu Stein erstarrt. Das ist spaßig, aber nicht ratsam.)

Ich selbst schreibe für gewöhnlich nur in Ausnahmefällen eine Widmung in die Vorbestellungen, weil dafür meistens schlicht und einfach die Zeit nicht reicht, aber für Sie als Buchhändler empfiehlt es sich, vorher beim Verlag nachzufragen, wie es der jeweilige Autor damit hält. Das sinnvolle Mantra auf ein solches Ansinnen lautet: »Aus Zeitgründen können wir keine Widmungen in Vorbestellungen garantieren.« Ich sage lieber gleich nein, wenn mit einem großen Ansturm zu rechnen ist. Dann macht sich niemand falsche Hoffnungen. So praktisch es auch ist, sich Bücher für andere Filialen gleich mitsignieren zu lassen, versteifen Sie sich nicht darauf. Wenn es zeitlich irgendwie machbar ist, sind die meisten Autoren gern dazu bereit. Aber stellen Sie sich nicht stur und tun Sie nicht so, als hätten Sie selbst rein zufällig sechshundert Exemplare auf Lager. Das ist ein alter Trick. Immer schön fair bleiben.

Wenn Sie von den lokalen Medien wegen eines Interviews angesprochen werden, geben Sie dem Verlag um Himmels willen so früh wie möglich Bescheid. Am besten leiten Sie die

Anfrage direkt an die Presseabteilung weiter. Vielleicht lässt sich ja ein Termin einschieben, aber natürlich nur, wenn man vorher davon weiß. Es kann heikel werden, wenn plötzlich ein Interviewer aufkreuzt (der etwas murmelt wie: »Das war mit irgendwem abgesprochen«) und ein zwanzigminütiges Gespräch führen will, während die Leute Schlange stehen. So etwas gehört sich nicht.

Werbung *für* die Veranstaltung sollte *vor* der Veranstaltung gemacht werden. Mir wäre es auch lieber, ich müsste das nicht extra erwähnen.

Die Veranstaltung

Gibt es einen Tisch und einen Stuhl? Nein, leider wieder kein Scherz. Einmal war für mich weder noch bereitgestellt, und auch sonst habe ich in Buchhandlungen schon auf oder an den seltsamsten Möbeln Platz nehmen müssen. Wenn ich Tisch und Stuhl sage, meine ich einen echten Tisch und einen echten Stuhl, keinen Hocker an einem Regal, sodass man sich ständig die Knie anstößt. Überlegen Sie einfach, auf welcher Sitzgelegenheit Sie es selbst stundenlang bequem aushalten würden.

Machen Sie sich auch ein paar Gedanken darüber, wo Sie den Tisch aufstellen. Ich habe am liebsten eine Wand, ein Regal oder sonst etwas im Rücken. Dann kann mir nämlich der schniefende Jugendliche im blauen Anorak nicht zwei Stunden lang über die Schulter glotzen. (Und so einer ist immer dabei.) Das stört.

In manchen Buchhandlungen setzt man den Autor gern in die Nähe des Eingangs. Das ist im Winter keine gute Idee – wenn Sie nicht wollen, dass der Autor friert. Schützen Sie ihn vor den schlimmsten eisigen Böen! Findet die Signierstunde in einem Einkaufszentrum statt, wird man hin und wieder auch vor der Buchhandlung platziert. Bei einem VIP-Autor, der riesige Menschenmassen anlockt, kann das durchaus funktionieren, aber für den großen Rest ist es die Hölle. Außerdem ist es immer zu laut, und man wird von einem griechischen Chor umringt – alten Mütterchen, die mit stierem Blick halblaut vor sich hin knurren: »Wer issn der? Wer issn der? Isser aussem Fernsehen? Wer issn der?«

Eine Blumenvase auf dem Tisch? Nette Geste, aber irgendeiner kippt sie garantiert um. Nehmen Sie sie lieber runter, bevor die Signierstunde anfängt.

Viele Autoren haben ihre eigenen Stifte dabei, aber es schadet nie, ihnen zur Reserve noch ein paar hinzulegen, und am besten auch einen Filzstift, der auf glatten Oberflächen schreibt. Bitte keine angekauten Kulis – denen fehlt das gewisse Etwas. Manche Autoren sind dankbar, wenn man ihnen das Buch an der richtigen Stelle aufklappt, andere betrachten eine solche Hilfe als ihr gutes Recht. Jeder ist anders. Aber nach meiner Erfahrung sind die meisten schon zufrieden, wenn man sie in Ruhe signieren lässt, und verlangen nichts weiter, als dass ein Mitarbeiter dafür abgestellt wird, sie vor dem Irren mit dem Hackebeil zu beschützen.

Vergessen Sie auch die Schlange nicht. Lassen Sie die Menschen nach Möglichkeit nicht im Regen anstehen. Offenbar ist eine Warteschlange für einige Buchhändler so etwas wie eine Ansammlung lästiger Störenfriede, die bestraft gehören, und keine lange Reihe von Kauflustigen. Ich dagegen würde jederzeit noch einmal in dem (kleinen) Buchladen signieren, dessen Besitzer, nachdem ihm an einem kalten Novembertag nichts anderes übrig geblieben war, als die Kunden vor der Tür warten zu lassen, kurz entschlossen über die Straße gesprungen ist und in der Bäckerei gegenüber 210 warme Teilchen zum Vorzugspreis organisiert hat. Das hatte Stil und war wahrscheinlich auch noch gut fürs Geschäft.

Frauen mit kleinen, laut plärrenden Kindern sollten einen vorderen Platz in der Schlange bekommen, damit keine Trommelfelle in Mitleidenschaft gezogen werden. Bei Rollstuhlfahrern habe ich des Öfteren erlebt, dass sie nicht nur nichts dagegen haben auszuharren, bis sie an der Reihe sind, sondern geradezu erpicht darauf sind. Wie sagte mal einer zu mir? »Schließlich kann ich wenigstens sitzen.« Trotzdem sollte man eine lange Schlange unauffällig im Auge behalten, für den Fall, dass doch mal jemand dabei ist, für den das Warten eine Belastung ist.

Wenn Sie in Ihrer Buchhandlung einen Fernsehstar zu Gast haben, der ein Werk à la »Das Jux-und-Dollerei-Weihnachtsbuch« promoten will, verkneifen Sie sich einen Kommentar, wenn der Promi während der Signierstunde in seinem Machwerk schmökert. Möglicherweise sieht er das Buch zum ersten Mal. Bieten Sie ihm nicht an, ihm bei den mehrsilbigen Wörtern auf die Sprünge zu helfen.

Halbleeres Haus? Oder sogar ganz leeres? Wenn überhaupt niemand gekommen ist, muss etwas komplett schiefgegangen sein. Vor allem, wenn Sie für die Veranstaltung auch noch tüchtig die Werbetrommel gerührt haben. Wahrscheinlich können Sie nichts dafür. Lassen Sie den Autor nicht allein versauern, sondern reden Sie mit ihm, verstecken Sie die Messer und trösten Sie ihn, dass es bei der Signierstunde von Miss X sogar noch katastrophaler gelaufen ist.

Volles Haus? Vor lauter Erleichterung signieren die meisten Autoren die Bücher sämtlicher Leute, die sich vor dem offiziellen Ende der Veranstaltung in die Schlange eingereiht haben. Viele machen so lange weiter, bis man ihnen kein Buch mehr hinlegt oder die Zeit knapp wird. Man munkelt, dass es auch Kollegen geben soll, die nach dem Ende der Signierstunde ohne Rücksicht auf Verluste den Stift fallen lassen. Wenn die ihre Leser unbedingt verprellen wollen, können Sie ihnen auch nicht helfen. Bleiben Sie gelassen. Vielleicht müssen sie noch zu einem anderen Termin oder haben schon eine sehr lange Woche hinter sich. Eine gute Pressestelle hätte genügend Zeit eingeplant, aber gegen einen Sechsmeilenstau auf der Autobahn ist niemand gefeit.

Hege und Pflege des Autors

Da eine Signierstunde oft während der Mittagszeit stattfindet, hätte man gegen einen kleinen Imbiss davor oder danach nichts einzuwenden. Im Gegenteil. Es darf ruhig ein simples Sandwich sein, auch wenn der Autor vielleicht schon seit Wochen nur von Broten lebt und Ihnen für etwas so Exotisches wie eine Ofenkartoffel auf Knien danken würde. Sollte er sich Räucherlachs oder Champagner einbilden – tja, entscheiden Sie selbst. Ich will Ihnen da nicht dreinreden, aber vergessen Sie nicht, dass Sie mit einer Anzeige rechnen müssen, wenn Sie jemandem einen Feuerlöscher über den Schädel ziehen.

Jeder Autor hat besondere Vorlieben, was das Essen und Trinken angeht, die auf dem Weg von Buchhandlung zu Buchhandlung mittels Flüsterpost immer weiter ausgeschmückt werden. Mir sagt man eine Schwäche für Sushi, australischen Chardonnay, Kumquats, Mokkabohnen, die kleinen blauen Dinger aus dem Lakritz-Konfekt und Gin & Tonic nach. Ich verstehe es selbst nicht. Manche Veranstalter fahren die leckersten Sachen auf (damit sich die Mitarbeiter hinterher über die Reste hermachen können). Das ist gut für die PR, aber nicht unbedingt für einen Autor auf Tour, dessen Magen sich zur Acht verknotet hat.

Signieren des Sortiments
Eine abgespeckte Signierstunde. Der Autor und der PR-Mensch vom Verlag schauen in Ihrer Buchhandlung vorbei, weil sie sowieso in der Stadt sind, und dann wird alles signiert, was Sie auf Lager haben. Solche Stippvisiten dürfen Sie nicht unterschätzen. Freundlichkeit und Entgegenkommen zahlen sich aus. Richten Sie alles so aus wie bei einer »echten« Signierstunde, bloß ohne Kunden. Das vergisst Ihnen der Autor nie. Glauben Sie mir. Man hat mich bei diesen Gelegenheiten seinen Groll über die »Mogelpackung« schon spüren lassen und darauf gepocht, beim nächsten Mal wieder angemessen berücksichtigt zu werden.

Sorgen Sie bitte dafür, dass es einen Ansprechpartner gibt oder dass die Mitarbeiter zumindest über den Besuch informiert worden sind. Wenn der Autor mit einem Satz wie »Weswegen sind Sie noch mal hier?« begrüßt wird, können Sie sich auf frostige Blicke gefasst machen. Wie soll jemand, der schon mit so einer Miniveranstaltung überfordert ist und dem Autor das Gefühl vermittelt, bloß ein Störer mit Stift zu sein, eine große Signierstunde auf die Beine stellen können?

Freundliche Verabschiedung
Sorgen Sie dafür, dass jemand da ist, der den Autor verabschiedet. Sie wären erstaunt, wie viele Buchhandlungen anscheinend davon ausgehen, dass ein Autor so etwas wie eine automatische Signiermaschine ist. Wie oft stand ich nach einer langen Signierstunde schon mit meiner PR-Frau ratlos in einem menschenleeren Laden, weil sich das gesamte Personal irgendwohin verdrückt hatte, um in Ruhe die Einnahmen zu zählen.

Schriftsteller sind leicht zu beeindrucken, vor allem auf Signiertour. In manchen Städten hat mir eine bestimmte Buchhandlung derart imponiert, dass ich nur noch dort signiere. Dabei fällt natürlich auch die Organisation einer guten, erfolgreichen Signierstunde ins Gewicht, was allerdings nicht unbedingt bedeuten muss, dass die Kunden kilometerlang anstehen. Manchmal reicht schon das Gefühl, dass sich der Buchhändler wirklich Mühe gegeben hat. Man erinnert sich an den Laden mit dem »tollen Kaffee/der originellen Schaufensterdeko/den netten Leuten« und kommt gern wieder. (Was sich unter Autoren schnell herumspricht, glauben Sie mir.)

Manchmal bekommt man zum Schluss noch verschämt ein kleines Geschenk in die Hand gedrückt. Das ist nett, aber wirklich nicht nötig. Ein echter Autor erwartet so etwas nicht. (Wenn er mit leichtem Gepäck reist, kann es ihn sogar in Verlegenheit stürzen.) Falls Sie die Spendierlaune überkommt, bieten Sie ihm an, sich ein Buch auszusuchen. Das kommt immer gut an. Aber im Grunde geht doch nichts über ein schlichtes Dankeschön.

Null Problemo

SFX, Juni 1998

Das wunderbare, renommierte und vor allem einflussreiche britische Magazin SFX bat mich um einen Bericht über eine Signierreise durch Australien. Ich gebe zu, ich habe eine Collage aus mehreren »echten« Berichten zusammengebastelt.

Ach ja, die aktuelle Pressefrau in Australien ist wirklich überhaupt kein Drache.

Australien besaß die beste inoffizielle Nationalhymne der Welt. Wo auch immer das Lied *Waltzing Matilda* erklang, und sei es im tiefsten brasilianischen Sumpf, wussten die Menschen, dass bald Schwärme junger Männer und Frauen mit knallroten Gesichtern und den schwersten Rucksäcken der Welt bei ihnen einfallen würden. Und was machten die Australier, als sie tatsächlich die Möglichkeit hatten, einen Ersatz für *God Save the Queen* zu wählen? Sie entschieden sich für *Advance Australia Fair.* Es gibt kaum eine hygienischere Hymne, sie besingt Sonnenschein und frische Luft und ruft nicht dazu auf, anderen Ländern eins auf die Mütze zu geben, aber sie klingt so … bieder. Wieso wurde *Waltzing Matilda* nicht gewählt? Es wäre nicht seriös genug gewesen. Australier geben sehr viel auf die Meinung anderer Leute.

An einem Swimmingpool in Ayers Rock habe ich das folgende Gespräch mit einem Australier geführt:

Aussie: »Und? Was sagt ihr Tommys dazu, dass wir eure Königin abservieren wollen?« (Damals tobte in Australien die Debatte »Demokratie oder Monarchie«.)
Ich: »Das stört uns nicht. Wir spielen selber mit dem Gedanken.«
Aussie: »Es stört euch nicht?«
Ich: »Nein. Soll uns recht sein.«
Aussie: »Aha … euch Tommys stört es also nicht …«
Ich: »Nicht die Bohne.«
Aussie: »Hm. Tja.«

Ich bin ihm am selben Tag noch ein-, zweimal über den Weg gelaufen. Er wirkte irgendwie missmutig. Anscheinend störte es ihn, dass es uns nicht störte, weil er nicht schimpfen konnte, das ginge uns, verdammt noch mal, gar nichts an.

Australien ist nämlich, da gibt's kein Vertun, noch immer bis ins Mark englisch. Man merkt das überall, vor allem in den Leserbriefspalten der Zeitungen. Da findet man die gleiche unterschwellige Angst, dass womöglich irgendwo irgendwer mehr bekommt, als ihm zusteht, die gleichen dumpfen Ressentiments, die gleiche Tonlage. Man kommt sich vor wie zu Hause. Ich liebe das Land und war seitdem bestimmt schon ein Dutzend Mal wieder da.

Meine erste Australientour 1990 war ein echtes Aha-Erlebnis. In den Verlagsverträgen geht es immer um die Verwertungsrechte im Vereinigten Königreich und im Commonwealth. Als Autor sagt man ja, ja und unterschreibt. Aber wenn man dann rüberfliegt, hat man es plötzlich mit richtigen, echten Menschen zu tun. Mal sehen, was waren die Höhepunkte der ersten Tour? Also, ich komme in dem winzigen Örtchen Toowoomba in die gerammelt volle Buchhandlung, und auf dem Signiertisch erwarten mich ein Vegemite-Sandwich und eine Tasse Milo. Australischer geht's nimmer. Etwas Ähnliches wäre der Würfelhusten gewesen, aber davon bin ich verschont geblieben. Eukalyptusbonbons gab's keine. Aber ich bin ja auch kein Koala. Apropos, ich wurde von einem Koala angepinkelt. Das kann passieren. Ein Taxifahrer ist mir mit meinem Wechselgeld hinterhergelaufen. Das passiert einem in keinem anderen Land der Welt. Und wir haben auf diesem riesigen Kontinent, der mir bis dahin bloß als kleines Wörtchen auf Seite 28 der Tageszeitung untergekommen war, bergeweise Bücher durch die Gegend geschleppt.

Seitdem fliege ich fast jedes Jahr für eine Lesereise hin, manchmal in Verbindung mit einer SF-Convention in Australien oder Neuseeland. Und nach jeder Tour schreibe ich auf, was wir unternommen haben, was schief- (oder auch glatt-) gegangen ist und alles, was ich mir für die Zukunft merken will.

Es wäre einigermaßen selbstmörderisch, einen dieser Berichte zu veröffentlichen. Deswegen habe ich sie nur ein bisschen ausgeschlachtet …

In *Heiße Hüpfer* habe ich mich bemüht, klarzustellen, dass es sich beim Scheibenweltkontinent Viericks selbstverständlich nicht um Australien handelt. Er ist bloß australisch angehaucht. Dies ist also der Bericht über eine Lesereise, die in einem Land, das es nicht gibt, niemals stattgefunden hat. Aber irgendwo hat sich alles ganz genauso abgespielt. Ich habe es nur etwas anders arrangiert, damit kein Unschuldiger zu Schaden kommt. Und damit meine ich mich.

Tag 1

Los geht's! BA009, 23.25 Uhr ab Heathrow. Habe mir *Mars Attacks* angesehen, eine einzige Zeitverschwendung. Schade, dass der Mars uns nicht früher attackiert hat, dann wäre uns dieser Film erspart geblieben. Weil Rowan Atkinson und Mel Smith ebenfalls mitflogen, herrschte in der Kabine, wie nicht anders zu erwarten, eine eher vornehme Friedhofsatmosphäre, sodass ich tatsächlich schlafen konnte.

Tag 3

(Tag 2 wird bei der Ankunft vom Zoll konfisziert, aber man kriegt ihn beim Abflug wieder zurück.)

Nach der Landung schlapp, aber ansonsten okay. Ins Hotel, eingecheckt, sechs Stunden geschlafen, danach das Gefühl, als wären sämtliche Sinnesorgane falsch verkabelt. Was man auf jeder Lesereise unbedingt dabeihaben muss, sind eine kleine Taschenlampe und ein Notizbuch. Man übernachtet jeden Abend in einem anderen Zimmer. Nicht genug damit, dass man sich nicht mehr erinnert, wo sich das Bad befindet, man weiß auch nie, wo der Lichtschalter ist. Solange einem der Jetlag noch in den Knochen steckt, weiß man noch nicht mal, ob man der richtige Mensch ist. Da kommt einem dann das Notizbuch sehr zustatten.

Aufstehen, duschen, ein paar Interviews absolvieren, und schon ist es Zeit für die Lesung mit anschließender Signierstunde.

Was ursprünglich von einer Handvoll Fans als kleines Plauderstündchen ersonnen worden war, ist auf Drängen des PR-Drachen, der meine Tage am liebsten von vorne bis hinten verplant, zu einer Veranstaltung mit 400 Leuten in einem riesigen Saal ausgeartet. Eine nette Truppe.

Jemand gratuliert mir zu meinem stoischen Humor. Bringe es nicht übers Herz, ihm zu gestehen, dass ich nur deshalb keine Miene verziehe, weil Teile meines Körpers glauben, es wäre erst fünf Uhr in der Frühe.

Tag 4

Am Morgen wieder Medienleute, von denen ich einige bereits kenne. Beim Interview eines besonders eifrigen Kerlchens ist das Mikro des Aufnahmegeräts von der ersten bis zur letzten Sekunde falsch eingestöpselt. Weil ich nicht unhöflich sein will, sage ich nichts, und als er es selbst merkt, führen wir eben das ganze Gespräch einfach noch mal.

Mittag: Signierstunde in kleiner Sortimentsbuchhandlung.

Ein winziger Laden, um die 25 Quadratmeter würde ich sagen, mit einer sehr gemischten und wohlwollenden Schlange, für die ich ziemlich genau die dafür angesetzten anderthalb Stunden brauchte. Es ist eine von den Buchhandlungen, deren Besitzer anscheinend jeden Kunden mit Namen kennen und ihn, wenn sie ihn einen Monat nicht gesehen haben, wahrscheinlich zu Hause anrufen, um sich nach seinem Wohlbefinden zu erkundigen. Also genau so, wie man sich eine Buchhandlung wünschen würde. Bekam einen Banana-Daiquiri serviert.

Danach gleich weiter zur University of Jeswikennguruu in Worralorrasurfa.

Eine Zweistundenschlange. Einer hat ein Wallaby dabei, damit es mich bestaunen kann. Ein Fan schenkt mir eine Tüte getrocknete Buschtomaten, weil ich sie, wie jeder weiß, so gern esse. Ach, und einen Banana-Daiquiri gibt es auch. Irgendwer hat ein Kängurubaby auf dem Arm.

Danach ein Telefoninterview mit einer Journalistin, die einen Vorankündigungsartikel für eine der nächsten Signierstunden schreiben will. Sie hat zwar noch nie einen Scheibenweltroman gelesen, bekennt sich aber verlegen dazu, mit jemandem zusammenzuleben, der sie alle kennt. Und ihr Stellen daraus vorliest.

Weiter zu einer kleinen, aber feinen Privatbuchhandlung, Kontaktpflege in dem hübschen Garten hinter dem Haus. Was zum Knabbern und hey: ein Banananana Dakry. Über uns schwingen sich Possums von Baum zu Baum, es sei denn, sie heißen Wombats. Ich kann mich kaum wieder losreißen. Der Besitzer ist einer dieser herzensguten Menschen, die einem am liebsten ihr gesamtes Sortiment schenken würden, aber irgendwie schaffe ich den Absprung schließlich doch.

Tag 5

Verdammt, der Lüfter meines Laptops hat den Geist aufgegeben. Telefonat mit dem Wasabi-Händler vor Ort. Es könnte mit der Reparatur bis morgen klappen, bloß sind wir dann schon wieder woanders. Es könnte ein Softwareproblem sein, meint der Techniker, eine Lösung gibt's im Diskussionsforum der Firma, aber die Zeit drängt … 10 Uhr: Buchhandlung in einem Shoppingcenter in Subsuburbia.

Schöne lange Schlange. Entdecke unter den ersten Kunden einen Fan, den ich schon mal gesehen habe. Erkläre ihm mein Problem. Er zischt ab. Eine Stunde später steckt er mir eine Diskette mit dem frisch heruntergeladenen Reparaturprogramm zu. Signiere ihm alle seine Bücher, null Problemo.

13 Uhr: Kleiner Buchladen, Wooralorrasurfa.

Genügend Fans für eine 75-Minuten-Schlange. Ein Werbegag: Sie können sich mit mir fotografieren lassen. Eine alte Dame hat mir eine ganze Schachtel voll Origamischildkröten gebastelt. Null Problemo.

Tag 6

8.10 Uhr: Flug nach Arthur.

11.00 Uhr: Interview mit großem Radio-Zampano (anscheinend erste Medienliga). Rechne mit Abneigung auf den ersten Blick, komme dann aber doch ganz gut mit ihm aus. Er verschont mich mit den üblichen doofen Fragen, und unsere zwanzig Minuten laufen gar nicht so übel. Es kann nämlich peinlich sein, von einem Journalisten interviewt zu werden, der gleichzeitig ein Fan ist, weil sich Insiderfragen im Rundfunk nun mal nicht besonders gut machen. Fragen wie: »Und was ist mit Rincewind? Kommt er noch mal zurück?« Dann hört man regelrecht, wie hunderttausend Leute ihr Radio anstarren und sagen: »Wovon zum … redet der da?«

Weiter zu einem kleinen, aber piekfeinen Buchladen in Suburbia.

Der Laden hat sich konsequent allem Scheibenweltlichen verschrieben. Hier gibt es die Clarecraft-Figuren und sogar importierte Videos. Keine Ahnung, wie viele Leute gekommen sind, weil alle so begeistert sind und reden wollen und dann auch noch ein Trupp Schauspieler im Kostüm auftaucht, der demnächst *MacBest* aufführen will. Ein Heidenspaß das Ganze; jede Lesereise sollte einem mindestens einmal so etwas bieten. Ich darf Oma Wetterwachs küssen. Das können nicht viele Menschen von sich behaupten. Oder höchstens mit leise quakender Stimme.

Weiter zur großen Fantasybuchhandlung.

Eine lange Schlange aus Forbidden-Planet-Typen, schwer mit Einkaufstüten bepackt. Eine nette Frau hat einen Banana Daiquiri in einer Kühlbox mitgebracht. Eine andere öffnet einen Geigenkasten, auf dessen schwarzem Samtpolster ein blank poliertes Sensenblatt ruht.

Ob ich ihr das Blatt signieren würde, damit sie meinen Namen hineinätzen lassen kann? Was hättet ihr gemacht, Jungs und Mädels?

Weil die Zeit nicht reicht, folgt mir das Schwanzende der Schlange bis zur großen Großbuchhandlung ein paar hundert Meter weiter und stellt sich am Schwanzende der Schlange an, die sich dort bereits gebildet hat. Unter den Wartenden ist auch Ruby, die sich als meinen allergrößten Fan bezeichnet und es durchaus sein könnte, sowie eine Frau, die mich bittet, ihr eine Widmung für ihren Psychiater in die Bücher zu schreiben. Ich tue ihr den Gefallen und rate ihr, den Psychiater zu wechseln.

Schnell noch mal zurück in die Fantasybuchhandlung, um das Sortiment zu signieren. Wir beobachten eine Frau dabei, wie sie unauffällig die leere Bierdose hinausschmuggelt, aus der ich vorhin getrunken habe. Die Frage nach dem Warum verkneifen wir uns lieber.

In ein sehr edles kleines Hotel eingecheckt. Finde einen Brief vom Manager vor, der mir zu jeder Tages- und Nachtzeit seine Hilfe anbietet.

Abendessen mit Lektoren, zu Fisch und Fritten. Aber nicht irgendwo, sondern in Doyles Fish Restaurant, wo es Barramundi und Pommes frites gibt. Ein Barramundi ist das, was ein Kabeljau im nächsten Leben wird, wenn er in diesem ein braver Kabeljau gewesen ist.

Zurück ins Hotel. Finde einen Brief vom stellvertretenden Manager vor, in dem er mir zu jeder Tages- und Nachtzeit seine Hilfe anbietet. Um zwei Uhr morgens wache ich auf, weil mir jemand – genauer gesagt, der Nachtportier – einen Brief unter der Tür durchschiebt, in dem er mir zu jeder Tages- und Nachtzeit seine Hilfe anbietet. Wer länger als zwei Wochen in diesem Hotel wohnt, muss wahrscheinlich jemanden vom Personal heiraten.

Tag 7

Zu einer großen Sortimentsbuchhandlung in Nochnsuburbia.

Achtzig bis neunzig Leute, schätze ich. Einer hat sich als Tod verkleidet und bekommt zur Belohnung ein großes Poster. Zumindest vermute ich, dass er verkleidet ist. Man kann ja nie wissen.

Weiter zu einer neuen Fantasybuchhandlung in Undnochnsuburbia. Lange Schlange. Eine Frau versucht, mich heimlich zu bestechen, damit ich ihren Sohn in einem meiner nächsten Bücher auftreten lasse. Blöderweise heißt er John (oder Sam oder Tony … kann mich nicht genau erinnern). Erkläre ihr, dass seine Chancen mit einem Namen wie Donnerbö oder Chalzedon besser stünden.

Ab zum Flughafen, weiter nach Vulcana.

Die Hotels auf einer Lesereise sind wie eine Schachtel Pralinen – man weiß nie, ob man die ekelig Harte erwischt, an der schon alle anderen rumgelutscht haben. Manchmal kriegt man ein Zimmer mit Vierzigwattfunzeln, manchmal eine Suite, die so groß ist, dass man irgendwann bei der Rezeption anrufen muss, um zu fragen, wo das Bett steht. Heute Abend habe ich Glück – die Badewanne ist so groß, dass man sich der Länge nach darin ausstrecken kann.

Tag 8

Morgens Medientermine, dann zur Uni, große Lesung im größten Hörsaal, organisiert vom Bibliothekar, der ein Fan ist. Während er mich vorstellt, mache ich hinter seinem Rücken Orang-Utan-Bewegungen und schenke ihm danach einen

»Bibliothekare sind uuukay«-Button. Anschließend Signierstunde; werde Opfer eines heimtückischen Manuskript-Abladers. Will sagen, als ich mit dem Signieren fertig bin, liegt plötzlich ein dicker brauner Umschlag auf dem Tisch, mit einem Zettel, auf dem steht, dass ich dem Autor meinen Kommentar zukommen lassen soll. Seufz.

16.00 Uhr: Kleine, aber astreine Fantasybuchhandlung. Die Besitzerin ist ein Ass, deshalb signiere ich immer wieder gern bei ihr. Lange, freundliche Schlange, auf dem Tisch eine ganze Schüssel mit schwarzen Jelly Beans, weil man unmöglich nur eine essen kann. Eine Frau ist für die Signierstunde extra mehr als vierzehn Stunden mit dem Zug angereist. Hab ihr, als ich wieder zu Hause war, ein Poster geschickt.

Ab zum Flughafen, Maschine nach Mistauch. Als Bordverpflegung gibt es Chicken Papricarsh. Null Problemo. Na ja, vielleicht doch das eine oder andere.

Tag 9

Frühstück mit ’nem Journalisten, der in Wahrheit ein verkleideter Fan ist und sich bloß als Journalist ausgibt, damit er nicht in der Schlange warten muss, ein paar echte Interviews und weiter:

Signierstunde in Wumbabamallo.

Man hat keine Kosten und Mühen gescheut, sich aber – leider – auch einen besonderen Clou einfallen lassen. Irgendein kluger Kopf hat die grandiose Gleichung Fantasy = Horror = Särge aufgemacht und folgerichtig einen echten Sarg auf Rollen herbeigeschafft, der mir als Signiertisch dienen soll. Was einige Probleme und Fragen aufwirft, nicht zuletzt die des guten Geschmacks. Zudem sind Särge zwar zum Drinliegen oder Davorknien gemacht, aber nicht dafür, dass man an ihnen sitzt, und weil dieser auch noch Räder hat, rollt er beim Signieren bis auf

Armeslänge von mir weg. Schließlich entscheiden wir uns dann doch für einen stinknormalen, aber praktischen Tisch. Den Sarg stellen sie für Anne Rice weg, die sich mit Särgen besser auskennt.

Und weiter:

Noch eine große Fantasybuchhandlung, Zittyzenta.

Schöner Laden. War bis jetzt auf jeder Tour hier. Trotzdem jede Menge Leute, auch mit älteren Büchern. Und ein Banana Dakry. Ach ja, und ein Grufti. Viericks scheint eine blühende Grufti-Szene zu haben, falls »blühend« in diesem Zusammenhang das richtige Adjektiv ist. Gruftis sind klasse. Ohne einen Grufti ist es keine anständige Signierschlange. In Worralorrasurfa gibt es sogar Surfer-Gruftis.

Zurück ins Hotel. Hurra, eine Suite mit Rundumblick auf die Erdkrümmung.

Tag 10

Damit an meinem freien Tag auch ja keine Langeweile aufkommt, haben sie mir aus England einen Packen Druckfahnen hinterhergeschickt. Lese sie durch und schreibe drei Seiten mit Korrekturen voll. Weil das Hotel ein Business Centre besitzt, soll ich sie auf einem hoteleigenen Drucker ausdrucken und dann nach England zurückfaxen. So weit der Plan.

Aber der Plan geht nicht auf. Der Mitarbeiter, der sich mit der Technik auskennt, ist nicht da. Nach einer aufregenden Bastelstunde entdecke ich, dass die Drucker-Switchbox verkehrt herum verkabelt ist. Ach ja, und der Drucker neben diesem Gerät ist natürlich auch nicht der Standarddrucker. Das stellt sich heraus, als ich von oben einen Anruf kriege: »Der Laserjet im Direktionsbüro spuckt die seltsamsten Sachen aus. Kennen Sie vielleicht einen Hauptmann Mumm?«

Tag 11

Flug auf die Purlich-Insel.

Mittags: Ausgesprochen gut besuchte Signierstunde. Weil sich nur selten ein ausländischer Autor hierher verirrt, schleppen alle alles an.

Weiter ans andere Ende der Insel.

Lesung mit Signierstunde im Country Comfort Hotel, organisiert von der Buchhandlung vor Ort. Was für ein hinreißender Name für ein Hotel.

Anschließend wirklich früh zu Bett, denn an

Tag 12

muss ich um 4.30 Uhr aus den Federn, wegen Flug nach Crowtown. Aargh! Es gab einen zeitlich wesentlich günstigeren Flug, aber der ist ausgefallen. Das ist kein Leben auf der Überholspur mehr, das ist schon ein Leben im Gegenverkehr.

Im Hotel erst mal für ein Stündchen aufs Ohr gelegt. Mal abgesehen von ein paar Interviewterminen stehen heute noch vier Signierstunden auf dem Programm, damit sich keine Buchhandlung ungerecht behandelt vorkommt. Was bedeutet, dass ich in zwei fast nebeneinanderliegenden Läden signiere, wodurch sich die Zweistundenschlange schön verteilt. Danach gibt es in einem Shoppingcenter-Imbiss Sushi, wofür die Icksianer eine besondere Vorliebe haben. So was kriegt man in England nicht zu sehen – Frauen, die wie die eigene Urgroßmutter aussehen und California Rolls und Sashimi schnabulieren. Mit der Gabel!

Einmal um die Ecke in eine kleine Spezialbuchhandlung, wo man ebenfalls weder Kosten noch Mühen scheut. Auf der *Rollenden-Steine*-Tour kam ein Motorradfahrer auf einer Harley in den Laden gebraust, und für die *Hohle-Köpfe*-Tour haben sie extra einen 180 Kilo schweren Golem bauen lassen. Der Besitzer hat echt was drauf – sogar an einen Eimer mit Eiswürfeln hat er gedacht, für den Fall, dass mir vom Signieren das Handgelenk wehtut.

18.00 Uhr. Abmarsch zu einer Lesung, die einer der Vormittagsläden organisiert hat. Es haben sich so viele Leute breitschlagen lassen zu kommen, dass wir einen großen Saal vollkriegen. Und wieder wird signiert. Ein paar Manuskript-Ablader. Ein Fan hat eine Flasche Wow-wow-Soße mitgebracht, hergestellt nach dem Rezept aus *Scheibenwelt von A–Z.*

Lunch mit dem Buchhändler an einem Meat-Pie-Floater-Imbisswagen, damit ich auch diese berühmte einheimische Spezialität kennenlerne. Verzichte aus Sparsamkeitsgründen auf den Gourmet Pie Floater für $ 3,60 (der besagtes Fleisch enthält) und entscheide mich für die Variante ohne Schnickschnack für $ 3.30.

Pikant, pikant. Null Problemo.

Tag 13

Langer Flug nach Sand City. Eine Suite in einem Hotel, wow. Aber irgendwie seltsam. Ein großes Zimmer, möbliert wie ein kleines Zimmer. Sitzgarnitur und Couchtisch und drum herum ein Hektar Auslegeware.

Signierstunde in einem Shoppingcenter. Ich bekomme oft zu hören: »Mann, auf deinen Reisen musst du aber viel von der Welt zu sehen kriegen.« Doch was man am meisten sieht, sind Einkaufszentren. Dieses hier ist ein schickes.

Obwohl die Buchhandlung vorab riesige Menschenmengen gemeldet hat, bin ich mit der Schlange in einer knappen Dreiviertelstunde durch. So kann's kommen.

Zurück ins Hotel, Interviewtermin. Für die Durchquerung

der Teppichbodenlandschaft bis zur Couch brauchen der Journalist und ich ein Taxi.

18.30 Uhr: Lesung/Signierstunde.

Eine der gelungensten Veranstaltungen der Tour. Ein volles Haus – ungefähr 250 Leute. Bin ziemlich locker drauf und habe deshalb das Gefühl, dass es sehr gut gelaufen ist. Anscheinend lässt sich fast jeder mindestens ein Buch signieren.

Auf dem Rückflug meldet sich der Kapitän der 747 über den Bordfunk: »Guten Abend, hier spricht Ihr Kapitän Roger Rogers.« Unter lauter verschwitzten Geschäftsreisenden, die sich die Gratisgetränke hinter die Binde gießen, bin ich der Einzige, der diese Perle der Namensgebung zu schätzen weiß.

Conventionelle Weisheiten

Vorwort zum Programmheft der dritten australischen Scheibenwelt-Convention, April 2011

Die australische Scheibenwelt-Convention 2011 war grandios. Nicht besonders groß, aber oho, denn es wurde ungeheuer viel geboten. Sie gab den Maßstab vor, an dem sich von da an alle Scheibenwelt-Conventions messen lassen mussten.

Trotzdem wird mir heute noch ganz nostalgisch ums Herz, wenn ich an die allererste Scheibenwelt-Convention zurückdenke, die 1996 in einem (miserabel) umgebauten Kaufhaus in Manchester stattfand. Wie die Fans hereingeschlappt kamen und Bauklötze staunten, als sie sahen, dass sie nicht allein waren. Sie sind ein liebenswerter Haufen, trinkfest wie eine Rugbymannschaft und kampflustig wie ein Schachklub.

Ladies und Gentlemen,

herzlich willkommen zur dritten australischen Scheibenwelt-Convention!

Mancher von Ihnen wird vermutlich zum ersten Mal auf einer Convention sein; in Großbritannien sind ungefähr die Hälfte der Teilnehmer Neulinge. Als 1996 im englischen Manchester die erste Scheibenwelt-Convention stattfand, kamen ungefähr tausend Leute, von denen jeder damit rechnete, der einzige Fan zu sein. Es gab mehrere Diskussionsforen, Alkohol, tolle Kostüme, Alkohol, ein Galadiner (bei dem unter anderem das vielleicht letzte echte englische Curry aus Vorimmigrationszeiten aufgetischt wurde, bestehend aus Steckrüben, Sultaninen und Urin) und natürlich Alkohol. Als die drei Tage vorbei waren, verdrückte so manch einer eine Träne. Es wurden viele Freundschaften geschlossen, die bis heute gehalten haben, was in der Fanwelt nicht gerade häufig vorkommt.

Die Scheibenwelt-Conventions (in diesem Jahr finden weltweit fünf davon statt) werden heutzutage nur noch durch die Aufnahmekapazität der größten anmietbaren Hallen begrenzt; in Großbritannien und den USA sind das ungefähr tausend Teilnehmer. Meine erste Convention bei euch Gegenfüßlern habe ich in Neuseeland besucht, nur wenige Jahre nach meiner ersten Lesereise 1990 ans umgekehrte Ende der Welt. Seitdem habe ich es mir nicht nehmen lassen, in regelmäßigen Abständen wiederzukommen. Der Verlag war so froh und glücklich, dass ich tatsächlich gern vierundzwanzig Stunden in einem Flugzeug sitze, dass er mich noch bis vor Kurzem ungefähr alle zwei Jahre hergeschickt hat. Häufig hat mich auch meine Frau begleitet. Es konnte dann vorkommen, dass ich erst auf Lesereise und später im Jahr auf Urlaub hier war. Das ging so weit, dass ich mir in Perth eine Hose kaufen, zum Ändern geben und drei Monate später abholen konnte. Ja, mir macht das Reisen wirklich Spaß, vor allem, seit ich mir das Upgrade in die erste Klasse gönne!

Offen gestanden freue ich mich darauf, auf dieser Convention meinen Spaß zu haben, und ich hoffe, Ihnen geht es ebenso. Ich unterhalte mich so gern, dass man mich manchmal regelrecht mit Gewalt zu den offizielleren Teilen der Veranstaltung wegzerren muss, und deshalb freue ich mich über jeden Fan, der mir die Zauberworte »Was möchten Sie trinken?« zuraunt.

Ein kleines, peinliches Detail: Ich bin jetzt über sechzig, sodass bei mir jeder Drink, den mir die Leute netterweise aufnötigen, kaum mehr als ein Durchlaufposten ist. Wenn Sie also sehen, wie ich zielbewussten Schrittes das Klo ansteuere, sprechen Sie mich lieber nicht an, falls Ihnen Ihr Leben lieb ist. Kaum zu glauben, aber wahr: Als ich einmal dem Ruf der Natur gefolgt bin, hat mir doch tatsächlich jemand ein Buch zum Signieren unter der Tür durchgeschoben.

Apropos Signieren: Bitte lesen und befolgen Sie die Hinweise des Veranstalters; eine Signierstunde ist sehr anstrengend, und durch das jahrzehntelange Signieren ist meine Hand stark geschwächt. Aber sie ist immer noch kräftig genug, um ein Glas zu heben.

Ich freue mich auf die Convention – und das dürfen Sie mir wirklich glauben.

Viele Grüße,
Terry Pratchett,
Wiltshire, UK – Februar 2011

Von Herzen, mit Umweg über die Leiste

Rede auf der Noreascon 2004, WorldCon

Ich hatte eine richtig schöne Rede auf meinem Computer vorbereitet, aber dann wollte die Datei bei der Veranstaltung nicht aufgehen, sodass ich mich mit dem begnügen musste, was ich noch in Erinnerung hatte. Das Wichtigste bei einer Rede ist der erste Lacher; wenn man den hingekriegt hat, frisst einem das Publikum aus der Hand.

Mein Name ist Terry Pratchett. Wenn Sie das überrascht, haben Sie jetzt gerade noch Zeit, unauffällig zu verschwinden.

Vor über sechs Monaten habe ich eine fundierte wissenschaftliche Abhandlung geschrieben, die ich Ihnen heute vortragen wollte. Aber wie heißt es so schön? Unverhofft kommt oft. Und nachdem ich Sie nun alle hierhergelockt habe, möchte ich Ihnen von meiner Operation erzählen. Ich hatte nämlich auf einmal sehr hohen Blutdruck und musste drei Monate lang Pillen schlucken, die kein bisschen halfen, im Gegenteil, der Blutdruck ging sogar noch weiter rauf. Darauf nahm ich andere Pillen, die wirkten, und hatte die nächsten drei Monate niedrigen Blutdruck. Doch bei diesen Pillen handelte es sich um starke

Betablocker, und die, meine Brüder und Schwestern, sind der Hammer. Es fühlte sich an wie ein heißer Waschlappen auf dem Hirn.

Dann die Diagnose: Weil es in meiner Familie keine Herzkrankheiten gibt und ich einen niedrigen Cholesterinspiegel habe, nicht rauche, (fast) keine harten Sachen trinke, kein Übergewicht habe und regelmäßig Sport treibe, musste ich logischerweise herzkrank sein. Was sonst? Als ich mich darüber beschwerte, hieß es: »Tja, Pech gehabt, selbst Pappkameraden werden vom Blitz getroffen.« Sie wogen meine Brieftasche und befanden sie als viel zu schwer für einen Mann meines Alters, und ab ging's zum Angiogramm, wo sie einem auf dem Weg über die Leiste ins Herz gucken. Nun, Herz und Leiste sind manchmal auch auf andere Weise verbunden, aber ich hatte doch irgendwie das Gefühl, dass es ein ziemlicher Umweg war. Man kriegt ein Mittelchen, das einen schläfrig macht, und dann kann man sich die ganze Prozedur im Fernsehen anschauen.

»Hätten Sie einen bestimmten Musikwunsch?«, fragten die Ärzte. Darauf ich: »Äh, ich weiß nicht … haben Sie was von Jim Steinman da?« Darauf sie: »Klar.« Sie legten »Bat Out Of Hell« auf und machten sich an die Arbeit. Ich sah ihnen dabei zu. Und da war auch schon mein Herz auf dem Monitor, und im Einnicken dachte ich noch: »Wie cool! Das Letzte, was ich im Leben zu sehen kriege, ist mein schlagendes Herz!«

Dann musste ich Stents eingesetzt kriegen. Sie wissen schon, diese zusammenklappbaren Dinger. Sicher haben Sie die juristischen Streitigkeiten zu dem Thema verfolgt, falls Sie Herzprobleme haben, so wie ich, aber meine Stents sind anscheinend okay. Bei dieser Operation geht's dann schon ein bisschen mehr zur Sache. Vorher muss man ein Aufklärungsgespräch mit dem Chirurgen führen, und man bekommt zu hören: »Keine

Sorge, es ist ganz einfach, Sie sind nach einem Tag wieder draußen, ach, und übrigens, würden Sie mir noch dieses Papier hier unterschreiben?«

»Sicher, wofür ist das denn?«

»Damit erlauben Sie uns, Sie, falls es nötig werden sollte, gleich in einem Aufwasch am offenen Herzen zu operieren. Mein Sohn ist übrigens ein großer Fan von Ihren Büchern.«

Ich sagte: »Wenn Ihr Sohn weiter ein glücklicher Leser bleiben soll, darf ich Ihnen dann zu besonderer Vorsicht morgen raten?«

Und wieder wurde ich in den OP geschoben und glitt sanft in einen angenehmen Dämmerzustand. Wachte in meinem Zimmer auf, wer weiß wie viele Stunden später, und fand eine Krankenschwester an meinem Bett vor, die in meiner Leistengegend herumdrückte. Was soll ein Mann dazu sagen? »Wo waren Sie, als ich achtzehn war?« Ich entschied mich für: »Was ist passiert? Ist alles gut gegangen? Sitzen die Stents?«

»Ja, die sitzen perfekt, kein Problem«, sagte sie, »aber wir mussten eine arterielle Blutung stoppen.«

Tja, die Sache ist nämlich die … wenn man aus einer Vene blutet, tröpfelt es. Wenn man aus einer Arterie blutet, spritzt es bis an die Decke. Dann kam der Chirurg rein und sagte: »Prächtig, prächtig, alles prächtig.« Aber irgendwie hatte seine Stimme einen nicht so prächtigen Unterton, also hakte ich zur Sicherheit noch mal nach: »Ist auch wirklich alles gut gegangen?« Darauf er: »Na ja, es war schon ganz schön spannend.«

»Wie lange lag ich denn auf der Bahre?«, wollte ich wissen, und er meinte: »Ach, so etwa anderthalb Stunden, aber nennen Sie es bitte nicht Bahre.« Ich sagte: »Spannend ist wohl ein ärztlicher Euphemismus für: ›Sie wären uns fast hopsgegangen‹?«

»Na ja«, sagte er, »Sie haben nicht so gut auf das Kontrastmittel reagiert, aber wir haben Ihnen« – (ich kann mich nicht genau erinnern, aber es klang wie Nitroglyzerin) – »gespritzt, und dann war alles … bestens.« Offenbar verengen sich meine Arterien, wenn ich gestresst bin. Wie mein Stammbaum über fünf Millionen Jahre der Evolution mit dieser Besonderheit wachsen und gedeihen konnte, werden wir nie erfahren. Jedenfalls haben sie dann meine Medikamente umgestellt, und jetzt geht's mir gut.

Schließlich meinte der Arzt noch: »Aber eins haben wir nicht verstanden. Sie haben andauernd was von Sandwiches geredet. Sie wollten sich auf dem OP-Tisch aufsetzen, der, nebenbei bemerkt, keine Bahre ist, und Sie haben ganz aufgeregt gerufen: ›Da ist er – mit den Sandwiches!‹«

Darauf ich: »Ja, ich erinnere mich, da stand ein Mann in der Ecke, mit einer Art Tablett, mit Sandwiches drauf.«

»Was für welche waren es denn?«, wollte der Arzt wissen, und ich sagte: »Weiß ich doch nicht! Sie haben mich ja nicht zu ihm gelassen! Und dann hing wieder diese große Nase über mir, und irgendwas wie die Stimme des Herrn sagte: ES GIBT KEINE SANDWICHES …«

»Ja«, sagte er, »das werde wohl ich gewesen sein.«

Tja, so war das, liebe Brüder und Schwestern. Gern hätte ich herausgefunden, ob es Gurkensandwiches ohne Kruste waren. Das heißt nämlich, dass man in die Hölle kommt. In England bedeutet ein Käsesandwich, dass man auf dem Weg in den Himmel ist. Aber leider war es nur eine Nah-Sandwich-Erfahrung, und ich habe überlebt. Doch es ist immerhin schön zu wissen, dass man, egal, wo die Reise hingeht, eine Wegzehrung dabeihaben wird.

Wie auch immer, wenn einem so was passiert, fängt man an nachzudenken und stellt die Fragen, die einem schon lange auf den Nägeln brennen, wie zum Beispiel: »Was ist denn nun eigentlich der Sinn des Ganzen?«, oder: »Ist es wirklich zu spät, sich einen Porsche zu kaufen?«

Aber vor allem: »Was ist denn nun eigentlich der Sinn des Ganzen?« Und wissen Sie was? Ich habe keine Ahnung. Allerdings bin ich mir ziemlich sicher, dass Sie sich von den Sandwiches fernhalten sollten.

Vor zwei Wochen hatten wir eine Scheibenwelt-Convention in England, eine richtig große, wie alle zwei Jahre. Diesmal kamen massenweise Amerikaner. Die Amerikaner erkannte man ganz leicht daran, dass sie sich meistens in der Bar aufhielten und Lieder grölten wie: »Wir rollen mit der Ollen durch den Klee, juchhee!« Sie waren aus Kalifornien entsprungen, wo man solche Lieder ja noch nicht mal denken darf.

Es war großartig und total international und auf 750 Teilnehmer beschränkt, was für eine Convention in England ganz schön viel ist. Am Sonntagabend blickte ich hinab in den Saal, wo die Leute einen Riesenspaß hatten. Sie waren größtenteils kostümiert erschienen und erschufen die Scheibenwelt kontinuierlich neu … und ich sah, dass es gut war.

Als eine Art Experiment hatte man ein Gildensystem aufgezogen, und die Gilden mussten miteinander um Punkte kämpfen. Da sitzt man dann zum Beispiel ganz harmlos herum, und ein süßer kleiner Fratz, neuerdings Mitglied der Assassinengilde, baut sich vor einem auf und kräht: »Schnipp, schnapp! Du bist tot! Macht zwei Dollar.«

»Nein«, erkläre ich der Kleinen, »so läuft das nicht. Man kann einer Leiche kein Geld abknöpfen.« Sie überlegt kurz und meint: »Mein Freund Keith« (ein weiterer Knirps winkt freundlich herüber), »der ist in der Alchimistengilde und macht dich für drei Dollar wieder lebendig.« Während schon die Leichenstarre einsetzt, klaube ich ein paar Spielgeld-Münzen hervor, worauf sie mich liebreizend anlächelt und sagt: »Und für fünf Dollar mach ich dich nicht noch mal tot.«

Es war ganz erstaunlich, wie dieses Ankh-Morpork-System sich im Laufe der Convention entwickelte. Nach wenigen Stunden schon hatte das Oberhaupt der Kaufmannsgilde das Geld seiner Mitglieder unterschlagen, um damit die Ermordung des Oberhaupts der Assassinengilde zu finanzieren, weil er an dessen Stelle treten wollte, und am zweiten Tag wurde Falschgeld in Umlauf gebracht. Fantastisch! Ankh-Morpork war zum Leben erwacht. Und ich blickte hinab in den Saal, wo die Leute so viel Spaß hatten und sich vor Mordlust über den Haufen rannten, und ich dachte: »Mein Werk ist vollendet …«

Mein nächstes Buch heißt *Ab die Post.* Darin geht es um einen Betrüger, Verbrecher, Hochstapler, der im Lauf der Geschichte von seinem schuldhaften Tun Abstand nimmt und begreift, dass er nicht nur anderen Sand in die Augen streut, sondern auch sich selbst. Nachdem er die erste Fassung gelesen hatte, sagte ein Freund zu mir: »In allen Büchern steckt ja auch immer ein bisschen was Autobiografisches, nicht wahr?« Solche Sachen sagen einem nur Freunde.

Und tatsächlich bin ich so etwas wie ein Betrüger. Ich bin Ehrengast auf dieser Convention. Als ich ein Kind war, da waren Ehrengäste Giganten aus Gold, eine halbe Meile hoch. Sie hatten Namen wie James Blish, Brian Aldiss, Arthur C. Clarke … Ich bin knapp eins siebzig und ausgewachsen.

Ich wünschte, ich könnte behaupten, ich hätte ein bestimmtes Ziel verfolgt, als ich die Scheibenwelt-Serie begann. Dabei war es einfach nur ein Jux. Anfang der Achtziger war wirklich jede Menge schlechte Fantasy im Umlauf. Allerdings auch recht viel gute, aber insgesamt gab es einfach zu viele dunkle Herrscher, beziehungsweise stark pigmentierte Herrscher, wie wir sie heute nennen. Ich fand, dass es dem Genre guttun würde, alles nicht ganz so bierernst zu nehmen. Dabei kamen dann *Die Farben der Magie* und *Das Licht der Phantasie* heraus. Und sie verkauften sich! Damit hatte ich im Leben nicht gerechnet. Also schrieb ich *Das Erbe des Zauberers*. Ein Drittel des Romans habe ich an nur einem Wochenende verfasst. Und zwar, nachdem eins der Kernkraftwerke, für die ich als Pressesprecher fungierte, in die Luft geflogen war. Na ja, nicht so richtig. Es hatte bloß ein Leck. Und auch nur ein ganz kleines. Kaum zu sehen. Und es ist keiner dabei draufgegangen. Das können Sie mir glauben.

Nervös ist man natürlich schon nach acht Jahren als Kernkraft-Pressesprecher. Dabei habe ich es nie mit einem echten Reaktorunglück zu tun bekommen, aber manches, was ich dort erlebt habe, war aus meiner Sicht fast noch schlimmer.

An einem Tag der offenen Tür tauchte zum Beispiel mal ein Besucher auf, der zu radioaktiv war, um bei uns reingelassen zu werden. Beim Betreten des Kernkraftwerks löste er den Alarm aus, der eigentlich nur losgehen sollte – beziehungsweise eben *nicht* losgehen sollte –, wenn jemand die Anlage verließ. Da hatten wir nun ein Problem: Wenn einer durch die Schleuse reinkommt und es macht *ping*, dann weiß man, dass der Sicherheitsbeauftragte ein paar Fragen hat, falls es immer noch *ping* macht, wenn der Typ wieder rausgeht. Wie soll man auch beweisen, dass er das *Ping* schon mitgebracht hat?

Es stellte sich heraus, dass der Mann am Vorabend auf seinem Küchentisch einen Flugzeug-Höhenmesser aus dem Zweiten Weltkrieg auseinandergenommen hatte – was wir Briten eben zum Zeitvertreib so machen – und seine Hände dabei mit Radium kontaminiert hatte. Also schrubbten wir ihn gründlich ab, und ein paar Leute in weißen Schutzanzügen holten seinen

Küchentisch ab und entsorgten ihn als Atommüll. Nicht viele Küchentische nehmen ein solches Ende – oder machen *ping*.

Ach, übrigens, wenn man viel Zeit mit Ingenieuren verbringt, dann neigt man dazu, sich kaputtzulachen, wenn man den Begriff »drei vollkommen voneinander unabhängige Sicherheitssysteme« hört. Ich weiß jetzt nämlich alles über den »Fred-Faktor«.

Mit dem hat es Folgendes auf sich: Jemand beschließt, irgendwo ein Kernkraftwerk hinzusetzen, also werden die besten Bauingenieure und Architekten eingekauft, die das Ganze planen. Fähige Ingenieure entwerfen die Subsysteme, ebenso fähige die Sub-Subsysteme, und immer so weiter die Stufenleiter runter, bis man schließlich bei Fred ankommt. Fred ist kein schlechter Kerl, nicht mal ein schlechter Arbeiter. Er ist lediglich das unschuldige Opfer von anderer Leute optimistischen Vorgaben.

Fred hat einen Schaltplan und ein paar Werkzeuge in die Hand gedrückt bekommen, und man hat ihm eine Stunde Zeit gegeben, den Job zu erledigen. Fred muss drei, wie man so schön sagt, vollkommen voneinander unabhängige Sicherheitssysteme installieren, also installiert er sie, und sie sind auch vollkommen voneinander unabhängig, bis auf das eine wichtige Kabel, das aus jedem der Systeme durch die Wand in den Kontrollraum führen muss. Und Fred sitzt da und denkt: »Wieso drei Löcher bohren, wo doch auch eins reicht?« Also nimmt er den Bohrer und bohrt ein Loch in die Wand und steckt alle drei Kabel durch und zieht sie direkt unter dem scharfkantigen Regalsystem entlang, in einer Ecke, wo ein Transportwägelchen ständig hin und her rangiert und vor- und zurücksetzt, bis eines Tages, ach herrje, alle drei Sicherheitssysteme auf einmal ausfallen. Das ist dann eine gewaltige Überraschung, selbst für Fred.

Während ich beim Kraftwerk angestellt war, hatten wir mehrere Fred-artige Notfälle. Zum Beispiel sollte es unmöglich sein, absolut unmöglich, radioaktive Abwässer in der Toilette zu entsorgen. Aber unserem Fred hatte das keiner gesagt. Also hat er einmal, als er nach irgendwelchem Rumgeschweiße den Reaktor abgewischt hatte, den Eimer mit dem, wie er meinte, Schmutzwasser ins Klo gekippt. Zufällig überprüfte einer der Sicherheitsbeauftragten kurz darauf die Klärgrube, und der Geigerzähler machte plötzlich *ping*. In der Grube steckte ein winziges Bröckchen Eisen.

Leider hatte kurz zuvor schon ein Saugwagen eine Ladung Schlamm aus der Sammelgrube zum örtlichen Klärwerk gefahren, wo der Schlamm in einem Container zwischengelagert worden war. Das war gut. So konnte er wenigstens nirgends hin. Aber wie findet man ein paar Schweißspritzer, kleiner als Erbsen und nur schwach radioaktiv, in achtzigtausend Gallonen Scheiße? Aufs Geratewohl herumzustochern bringt da nichts.

Bei einer Besprechung zwischen den Mitarbeitern des Klärwerks und denen des Kraftwerks konnte man die interessante Beobachtung machen, wie relativ die Auffassungen von Risiko und Gefahr doch sein können. Die Leute vom Kraftwerk meinten: »Hey, wir kennen uns mit radioaktiven Stoffen aus, wir kommen damit zurecht, man kann sie nachweisen, kein Problem; aber das da? Das ist Abwasser!« Und die Klärwerker meinten: »Das ist Abwasser, wir sind daran gewöhnt, Abwasser ist unser täglich Brot, wir wissen alles darüber, aber das da? Das ist Atommüll!«

Aber schließlich kamen sie auf eine geniale Idee: Der ganze Schlamm wurde wieder in Tanklastwagen gepumpt, zu einem Kohlekraftwerk in den Midlands gebracht und ganz einfach verbrannt. Die Asche kam auf ein Fließband und lief unter einem

Geigerzähler durch. Der entdeckte drei winzige Schweißspritzer, die ganz schwach strahlten, und das war's. Ich war beeindruckt. Man hatte keinen Aufwand gescheut, diese Klümpchen zu finden, die weit weniger gefährlich waren als der Höhenmesser unseres Freundes. Mir kam es so vor, als wäre es ebenso eine Frage der Ehre wie der Sicherheit gewesen. Entgegen dem landläufigen Vorurteil sind Kernkraft-Ingenieure doch sehr darauf aus, das strahlende Material nicht nach draußen zu lassen.

Den Tanklastwagenfahrer hab ich dann noch gefragt, ob er sich Sorgen gemacht hat. »Eigentlich nicht«, meinte er. »Meine letzte Ladung bestand aus Krabben, bei denen das Haltbarkeitsdatum schon drei Monate abgelaufen war. *Da* hab ich mir etwas Sorgen gemacht.«

Alle an dem Unterfangen Beteiligten – auch ich, weil ich die Medien in Schach gehalten hatte – bekamen zur Erinnerung an unsere Mühen eine kleine Urkunde überreicht. Und weil Ingenieure mit einem feinen Humor gesegnet sind, war der Text der Ehrung auf dunkelbraunes Papier gedruckt.

Und dann, eines Tages … tja, ich weiß nicht mehr genau, was bei der Gelegenheit in welchem Reaktor passiert war, vermutlich hatte Fred wieder was angestellt. Jedenfalls hing ich den ganzen Tag am Telefon und war, als ich am späten Freitagabend nach Hause kam, so überdreht, dass ich den Computer anwarf und lostippte. Am Sonntagmorgen kam meine Frau leise die Treppe rauf, speicherte den Text und packte mich ins Bett. Und das war das letzte Drittel vom *Erbe des Zauberers.*

Ich beschloss, den Job in der Industrie schnellstmöglich an den Nagel zu hängen. Das unentwegte Medieninteresse fiel mir zunehmend auf die Nerven. Und die ersten Scheibenwelt-Romane verkauften sich so gut, dass ich die Möglichkeit in Betracht ziehen konnte, die Schriftstellerei zum Beruf zu machen.

Ich kündigte zum nächsten Ersten. Die hübsche mattgraue Metallstatuette, die man mir zum Abschied geschenkt hat, habe ich zu Hause neben mein Bett gestellt. Seitdem brauche ich keine Leselampe mehr.

Ich beendete *Das Erbe des Zauberers* und schrieb einfach weiter, immer weiter. So zäh und fleißig, dass ich jetzt die Blutdruckpillen schlucken muss. Ich lebte in der ständigen Angst, mal kein Projekt am Laufen zu haben. Also machte ich es mir zur Gewohnheit, noch am selben Tag ein neues Buch anzufangen, an dem ich das letzte beende. Es gab eine Zeit, da schrieb ich jeden Tag vierhundert Wörter. Wenn ich das eine Buch mit dreihundert Wörtern zu Ende gebracht hatte, schrieb ich gleich noch hundert vom nächsten. Da konnte kommen, was da wollte. Mein Opa starb, ab zur Beerdigung – vierhundert Wörter. Weihnachten, nach dem Essen schnell die Füße vertreten – vierhundert Wörter. Das machte ich jahrelang so, weil ich die fixe Idee hatte, dass man kein Schriftsteller, sondern ein Penner ist, wenn man nicht ständig an irgendeinem Projekt sitzt. Irgendwie dachte ich, wenn ich aufhören würde zu schreiben, würde die Magie verfliegen. Und ich hatte Erfolg. Die Bücher verkauften sich. *Gevatter Tod* schaffte es auf Platz 2 der Bestsellerliste. *Der Zauberhut* erreichte Platz 1 und konnte sich drei Monate auf der Liste halten. Und der Trend hält bis heute an. Wie viele Bücher mag ich verkauft haben? Ich habe von fünfzig Millionen gehört, bei fünfundvierzig Millionen bin ich mir sicher. Man verliert leicht den Überblick. So viele Bücher, so viele Übersetzungen, und dann auch noch die Neuauflagen …

In Amerika lief es alles andere als reibungslos. Vielleicht haben manche von Ihnen mitbekommen, wie ich gestern Abend auf den Knien um einen Hugo Award gebettelt habe. Ein Möchtegern-Comedian wie ich tut doch alles für einen Lacher. Ob ich gern einen Hugo hätte? Was für eine Frage. Wenn ich es richtig sehe, gehört es sich eigentlich für einen Ehrengast der WorldCon, schon mehrere abgeräumt zu haben. Aber ich weiß, dass ich die meiste Zeit meiner Schriftstellerkarriere nicht dafür infrage kam, weil die Publikationsgeschichte meiner Bücher in Amerika anfangs so chaotisch war. Verschobene Erscheinungstermine, falsche Reihenfolge der Romane, unkorrigierte Fassungen, mein Name falsch geschrieben ... Ach ja, oder die klammheimliche Veröffentlichung, ohne einer Menschenseele etwas davon zu sagen. 1998 war ich deswegen schon so deprimiert, dass ich die US-Verwertungsrechte am liebsten an einen englischen Verlag abgetreten hätte, weil viele von Ihnen, liebe Brüder und Schwestern, als inoffizielle Mitglieder eines neuartigen Schmugglerrings Zehntausende britischer Hardcover ins Land brachten. Die Fans hatten einfach keine Lust mehr, auf die amerikanischen Ausgaben zu warten. Mein damaliger Verlag schien das nicht zu kapieren. Auf der US-WorldCon signierte ich ein britisches Hardcover nach dem anderen, für endlose Schlangen von Lesern, und kam mir dabei vor wie im falschen Film. Mein Lektor versuchte zu helfen, aber ohne Rückendeckung war es wie ein Kampf gegen Windmühlenflügel.

Dann sagte irgendwann mein amerikanischer Agent: »Nein, warten Sie's ab. Ich glaube, es ist etwas im Busch.« Und es war etwas im Busch: gewaltige Umwälzungen bei Harper Collins. Und endlich hatte ich einen amerikanischen Verlag, bei dem man sich dachte: »Dieser Kerl verkauft Unmengen von Büchern, bloß nicht hier bei uns! Das muss sich ändern!« Sie gaben mir einen PR-Menschen, der tatsächlich meinen Namen kannte, was schon mal ein guter Anfang war. Und im Jahr 2000 durfte ich sogar auf Lesereise gehen.

1996 war ich schon mal durch Amerika getingelt, ein Riesenreinfall. Ich flog ständig hin und her und ernährte mich zwischendurch von Fett und Salz, was man am Flughafen eben so kriegt. Natürlich hatte ich keine Lust auf eine Wiederholung dieser Tortur, und als mich der Verlag jetzt erneut auf Lesereise schicken wollte, schickte ich ihm erst mal eine lange Liste mit Forderungen, wie zum Beispiel:

Keine Interviews mit Radiosendern namens Guten-Morgen-Kaff-in-dem-ich-noch-nie-war-und-das-ich-in-zwei-Stunden-wieder-verlasse…

Keinen Flug, der mich nach 19 Uhr im Hotel aufschlagen lässt…

Es ist nämlich nicht sehr ratsam, erst um Mitternacht in einem Hotel anzukommen. Ich glaube, es war Rocky Frisco, der mich in Madison, Wisconsin, gerettet hat, als es im Hotel nichts mehr zu essen gab und er noch ein Stück kalte Pizza hatte. Tja, Leute, so sieht es aus, das Leben auf der Überholspur. Man checkt um Mitternacht ein, man kriegt kalte Pizza. Und um 6.30 Uhr rappelt man sich auf, zum Interview bei Guten-Morgen-Kaff-wo-die-Pizza-sooo-kalt-ist…

Zu meinem Erstaunen willigten sie in alles ein. Und auf der Lesereise 2000 war sogar die kleinste Signierstunde schon größer als die größte 1996. Vor zwei Jahren war ich wieder auf Tour in Amerika, und der Andrang war genauso groß wie in England, vielleicht sogar noch ein bisschen größer. Plötzlich scheine ich mich auch in Amerika gut zu verkaufen. Wer weiß, wenn wir uns alle richtig Mühe geben, bin ich vielleicht in ein paar Jahren da, wo wir schon 1996 hätten sein können.

Trotzdem komme ich mir immer noch wie ein Hochstapler vor. Denn es war doch alles nur Spaß, Leute. Ich hatte keine großen Pläne. Die ersten Bücher schrieb ich einfach, weil ich Lust dazu hatte. Weil es mir etwas brachte.

Ein echter Fan, der auf Fantasy-Conventions ging, bin ich nur ungefähr drei Jahre lang gewesen, Anfang der Sechziger. Ich war sogar auf einer WorldCon. Aber dann fand ich einen Job und fing an, den Mädchen nachzusteigen. Und plötzlich wurde ich davongewirbelt in das, was man gemeinhin »das wirkliche Leben« nennt. Obwohl einem das Leben, wenn man in einer Zeitungsredaktion arbeitet, oft ganz schön unwirklich vorkommen kann.

Als es 1973 eine Convention in meiner Gegend gab, dachte ich mir, eigentlich müsste ich da mal wieder hin. Meine letzte war schon acht Jahre her. Gut, ich ging also hin und stellte fest, dass ich keine Menschenseele kannte. Ich fand einfach keinen Zugang mehr zu der Szene. Manchmal frage ich mich, was wohl passiert wäre, wenn ich mich damals gleich wieder in den Fan-Modus eingeklinkt hätte. Nun ja, immerhin hat sogar Salman Rushdie Ende der Siebziger mal an einem von Gollancz organisierten Science-Fiction-Wettbewerb teilgenommen und ist Zweiter geworden. Stellen Sie sich vor, er hätte gewonnen – Ajatollahs vom Mars! –, dann hätte er jedenfalls keinen solchen Ärger wie mit den *Satanischen Versen* bekommen, weil es Science-Fiction gewesen wäre und damit unwichtig. Und er wäre zu den Conventions gekommen. Er wäre jetzt hier! Ach, die seltsamen Drehungen und Wendungen der Geschichte …

Woher kommen die Ideen? Keine Ahnung. Auf jeden Fall aber habe ich aus meiner Science-Fiction-Lektüre gelernt, dass man auch noch was anderes lesen kann als Science-Fiction. Für Geschichte entwickelte ich eine regelrechte Liebe, wie sie der Geschichtsunterricht in der Schule nie in mir zu wecken vermocht hatte. Inzwischen unterhalte ich eine Brieffreundschaft mit meinem früheren Geschichtslehrer. Aber sein Unterricht hatte mir nichts von dem nahegebracht, was wirklich interessant ist: Zum Beispiel, dass man im achtzehnten Jahrhundert Geld dafür bekam, wenn man Urin aus den Wirtshäusern abholte, und dann von den Kürschnern noch mal dafür bezahlt wurde, dass man ihnen den Urin lieferte. So etwas ist interessant, wäre es besonders für einen Vierzehnjährigen gewesen.

Ich muss zugeben, zurzeit habe ich mehr Platz in meinen Regalen, als ich Bücher habe (»Oho!«, tönt es aus dem Publikum). Allerdings zähle ich da nicht die Bücher vom Speicher mit, die Bücher unterm Gästebett, die sorgsam eingetüteten Bücher in der Garage. Das sind die Bücher, die man einfach so rumliegen hat, etwa wie die Steine in Stonehenge. Man kann nichts mehr damit anfangen, behält sie aber trotzdem. Und so habe ich in meiner neuen Bibliothek tatsächlich drei leere Regalmeter. Allerdings bin ich letzte Woche in einem Antiquariat mehrere hundert Pfund losgeworden, deshalb bleiben mir jetzt wahrscheinlich nur noch anderthalb Meter zu bestücken.

Ich habe mit der Schriftstellerei viel Geld verdient. Eine beachtliche Menge. Aber ich bin horizontal vermögend, und das ist gut so. Ich kann Ihnen allen nur dringend dazu raten. Wenn man vertikal vermögend ist, denkt man: »Ich bin reich. Also sollte ich das machen, was die Reichen machen.« Und was machen die Reichen? Nun, sie erkundigen sich, wo zum Teufel eigentlich dieses Gstaad liegt, und dann fahren sie dahin und gehen Ski laufen. Sie kaufen sich eine Jacht. Sie segeln zu fernen Stränden. Also, was auch immer Sie tun, kaufen Sie sich keine Jacht. Genauso gut könnten Sie sich unter die kalte Dusche stellen und Hundert-Pfund-Scheine zerreißen. Ein Nagel, ein ganz normaler Nagel, kostet fünfmal so viel, wenn es ein nautischer Nagel ist. Mein PR-Mensch rät mir zum Kauf eines Kleinflugzeugs, weil er fliegen kann, aber der Mann hat eine Ausbildung zum Kampfpiloten. Vielleicht wäre es doch keine so gute Idee.

Horizontales Vermögen dagegen bedeutet, sich von seinem höheren Einkommen nicht diktieren zu lassen, was man tut und lässt. Sie mögen Bücher und haben auf einmal Geld? Kaufen Sie mehr Bücher! Schaffen Sie sich neue Regale aus Massivholz an! Bauen Sie – wie ich zum Beispiel – an Ihr Arbeitszimmer eine Bibliothek an. Und natürlich kauft man am liebsten solche Bücher, die man für die wunderbarste aller Beschäftigungen braucht, die Recherche ins Blaue hinein, das ziellose Schmökern, einfach nur aus Freude an der Sache.

Dabei findet man Schätze wie zum Beispiel die Geschichte des Tarlatans, die ich Zeitungsberichten aus den 1850ern entnommen habe. Tarlatan war eine Art Kunstseide und stammte, glaube ich, ursprünglich aus Niedersachsen. Ein Mineral wurde zu Pulver zermahlen, mit Leim vermischt, auf Stoff aufgetragen und so lange poliert, bis es ein bisschen wie Seide schimmerte. Und zwar wunderbar leuchtend grün. In einer schwülen Londoner Sommernacht trug eine junge Dame auf einem Abschiedsball für die Soldaten, die in den Krimkrieg zogen, ein Kleid aus Tarlatan und ein Täschchen aus Tarlatan und Schuhe aus Tarlatan. Sie tanzte die ganze Nacht in dem stickigen, dampfigen Ballsaal, und sicher stoben kleine grüne Flocken von ihrem Kleid, während sie von einem Tänzer zum nächsten wirbelte, und als sie nach Hause kam, war ihr ein wenig unwohl. Dann wurde ihr immer übler, und nach zwei Tagen furchtbarer Qualen starb sie an Arsenvergiftung. Wie stellte man Tarlatan her? Aus Kupferarsenit. Und das ist grauenhaft, das ist tragisch. Doch als Schriftsteller blickt man auf und sieht das Leuchten, die wirbelnden Tänzer, das schöne Mädchen, das tödliche grüne Glitzern in der Luft. Und das ist einfach traumhaft! Sorry … Sie wissen schon, was ich meine.

In einem anderen Buch ging es um einen Alchimisten aus

Österreich, der irgendeinen Kaiser – hab vergessen, welchen – dazu brachte, ihm die Strafe zu erlassen, die er sich mit der fälschlichen Behauptung, Gold machen zu können, eingehandelt hatte. Er konnte sehen, dass es dem Mann schlecht ging, erkannte die Symptome einer Arsenvergiftung und erwirkte das Versprechen, freigelassen zu werden, falls es ihm gelänge, den Kaiser von Österreich zu heilen.

Während er alles überprüfte, das Brot, das Fleisch, das Wasser, ging es dem Kaiser immer schlechter. Dann nahm er eine der wuchtigen Kerzen, die im kaiserlichen Schlafzimmer standen, und wog sie. Er ging auf den Markt, kaufte eine Kerze gleicher Größe, wog auch die und fand heraus, dass die Kerze des Kaisers ein Pfund schwerer war, denn der Docht bestand fast vollständig aus Arsen. Fabelhaftes Zeug, dieses Arsen. Ich habe mehrere Klumpen Arsenerz zu Hause, es ist einfach mein Lieblingsgift. Sobald am Abend die Kerzen angezündet waren, wurde der Kaiser schleichend vergiftet – und das übernahm ich dann in die Handlung von *Hohle Köpfe*. Wo bekommt man seine tollen Ideen her? Man klaut sie. Man klaut sie aus der Wirklichkeit, die jede Fantasie meist weit übertrifft.

Ich wünschte, ich könnte Ihnen erzählen, wie oft ich mich auf diese Weise habe inspirieren lassen. In *Kleine freie Männer* ist es Tradition im Dorf, einen Schäfer mit einem Büschel Wolle auf dem Leichentuch zu beerdigen, damit der Hüter der Himmelspforte ihm all die Male verzeiht, die er nicht zur Messe erschienen ist, weil seine Schafe lammten – denn für einen guten Hirten kommen die Schafe immer zuerst. Das habe ich mir nicht ausgedacht. Genau so war es Brauch in einem Dorf nicht weit von meinem Wohnort. Was mir so gut daran gefiel, war das implizit loyalistische Arrangement mit Gott. Amerikaner wundern sich manchmal über Leute in Irland, die sich Loyalisten nennen, sich aber trotzdem gegen die britische Krone erheben würden. Doch ein loyalistisches Arrangement ist eine dynamische Abmachung. Es bedeutet nicht, jemandem blind ergeben zu sein, sondern nur, dass man sich loyal verhält, wenn der andere es auch tut. Verhält der König sich so, wie wir es von einem König erwarten, dann darf er unser König sein. Und mir schien, dass die schlichten Dörfler mit ihrem Büschel Wolle auf dem Leichentuch sagen wollten: »Wenn du der Gott bist, für den wir dich halten, verstehst du es. Und wenn du nicht der Gott bist, für den wir dich halten, dann zum Teufel mit dir.« Vieles auf der Scheibenwelt ist auf seltsame, glückhafte Entdeckungen wie die mit dem Wollbüschel zurückzuführen.

Meine ganze Jugend über las und las und las ich. Knapp vor der TV-Generation geboren, habe ich mich nie für das Fernsehen begeistern können. Stattdessen geisterte ich durch die Buchhandlungen. Ich las jedes Buch, das ich in die Finger bekam, ich saugte alles auf, merkte mir alles aus lauter Freude darüber, dass das Universum so mit interessanten Sachen vollgestopft ist. Das Wissen rieselte pausenlos aus der Atmosphäre herab.

Das erste Buch, das ich mir selbst gekauft habe, war *Brewer's Dictionary of Phrase and Fable.* Es gibt ja schon ein paar Meilensteine in meiner Karriere, aber am meisten mit Stolz erfüllt es mich, dass ich gebeten wurde, das Vorwort zur Millenniumsausgabe dieses Nachschlagewerks zu verfassen. Ich besitze sämtliche Ausgaben davon. Für einen Fantasy-Autor ist es eine unschätzbare Hilfe. Wenn ich wissen wollte, wie man eine Blumenuhr konstruiert, die die Zeit durch Öffnen und Schließen der Blüten anzeigt, schlug ich als Erstes in *Brewer's Dictionary of Phrase and Fable* nach und wurde prompt fündig. Auf diese Weise also komme ich zu meinen Einfällen. Ich schlage sie in Büchern nach. Und wie erfindet man Geschichten? Tja, einfach so beim Schreiben. Schlimm, so etwas zugeben zu müssen, aber ich habe mit anderen Autoren darüber gesprochen, und wenn keiner mithört, stimmen sie mir zu. Die Frage ist nur, wie man »einfach so« definiert.

Zurzeit schreibe ich mal wieder einen Scheibenwelt-Roman für Erwachsene. Bis jetzt habe ich bloß den Titel. Ich weiß, dass in der Handlung ein Kinderbuch vorkommt, das *Wo ist meine Kuh?* heißt und von Kommandeur Mumm dem kleinen Sam Mumm vorgelesen wird, der gerade ein Jahr alt ist. Jeden Abend um sechs Uhr muss der kleine Sam vorgelesen bekommen, ganz egal, was der Kommandeur der Wache gerade Wichtiges zu tun hat, egal, wie brisant der politische Mord ist, in dem er gerade ermittelt – immer geht er heim, um seinem kleinen Sohn *Wo ist meine Kuh?* vorzulesen. Es ist ihnen beiden wichtig.

Wo ist meine Kuh? hat ein beschränktes Vokabular. Es ist an den Ecken abgekaut. Und die Geschichte geht so: »Wo ist meine Kuh? Ist das meine Kuh? Es macht bäh! Das ist ein Schaf. Das ist nicht meine Kuh!«… und so weiter, mit allen möglichen Tieren vom Bauernhof. Die Eltern unter Ihnen wissen, was ich meine. Während Mumm das jeden Abend vorliest, denkt er: »Der Junge lebt in der Stadt. Einer sehr, sehr großen Stadt. Das einzige Geräusch, das Tiere in der Stadt machen, ist bruzzeln.« Und er sieht sich um, und auf der Kinderzimmertapete sind Schafe und Häschen und Füchse und Giraffen mit Westen an. Und er fragt sich: »Was würde es denn in einem Stadtkinderbuch zu sehen geben? Bettler? Was für ein Geräusch macht ein Bettler? ›Uaaah! Geld her, dann lauf ich dir nicht nach Hause nach!‹«

Und ich weiß einfach, dass es in meinem noch gar nicht richtig angefangenen Roman einen Moment geben wird, wo Mumm das Kinderbuch zum x-ten Mal vorliest – und das Buch ist angesabbert, weil sein Sohn immer daran herumkaut –, und wie er so in das kleine Buch schaut, mit diesem schrecklich komplexen Verbrechen im Hinterkopf, wird das Buch zum Dreh- und Angelpunkt für die Aufklärung des Falls. Obwohl ich bis jetzt noch nicht mal weiß, um was für ein Verbrechen es sich überhaupt handelt!*

Ich hab mich neulich mit Neil Gaiman darüber unterhalten, und der sagte genau das Gleiche. Man hat diese kleine Oase, dieses perfekte Puzzlestück der Handlung, und man weiß genau, dass es funktionieren wird, hat aber noch keine Ahnung, in welches Bindegewebe man es einbauen soll. Das Buch heißt *Klonk!*, weil es auf einem real existierenden Spiel gleichen Namens basiert. Es ist ein Spiel zwischen Trollen und Zwergen. Es wurde eigens dafür entworfen, von Trollen und Zwergen gespielt zu werden. Vielleicht verkaufen wir deshalb so wenige an Menschen! Trotzdem ist es, mit einer kleinen Reverenz an Dashiell Hammett, ein guter Anfang für eine Mordgeschichte. »Klonk! So klang es, als er auf dem Boden aufschlug.« Von da aus kann es überall hingehen.

Leider sitze ich aber gleichzeitig auch noch am nächsten Buch der *Kleine-freie-Männer*-Serie.

Zwei Bücher gleichzeitig zu schreiben ist schlecht für die Gesundheit – ich muss jetzt schon sechs Pillen am Tag nehmen, was mir das Wasserrückhaltevermögen eines Regenrohrs beschert hat –, aber es ist auch ganz praktisch, weil man sich von dem einen ausruhen kann, während man mit dem anderen weitermacht. Jetzt wissen Sie, wie ich dahin kam, wo ich heute bin. Aber meist sitze ich da und schreibe Szenen, die wirklich gelungen sind, auch wenn ich noch nicht weiß, wie sie in das Buch reinpassen sollen.

---

* (später) Und so geschah es, wenn auch anders als erwartet.

Das nenne ich die Wolkental-Technik. Man befindet sich am Rand des Tals, man sieht einen Kirchturm, einen Baum, eine Felskuppe, doch der Rest liegt im Nebel. Auch wenn man nicht erkennen kann, wie, muss es möglich sein, von A nach B zu gelangen. Also macht man sich auf den Weg. Wenn ich schreibe, ist die erste Fassung nur für mich allein bestimmt. Ich taste mich durch das Tal und finde nach und nach heraus, wovon das Buch handeln wird.

Echte Schriftsteller haben bestimmt ganz andere Methoden. Larry Niven, zum Beispiel, verwendet Unmengen von Postkarten, auf denen er seine Szenenentwürfe festhält. Das weiß ich deshalb so genau, weil wir einmal überlegt haben, eine Geschichte zusammen zu schreiben. Wir hatten wirklich Lust dazu, und nach längerer Diskussion verständigten wir uns auf zwei Dinge. Erstens, dass jeder von uns die Ideen nutzen durfte, auf die wir bei dieser Besprechung gekommen waren, und zweitens, dass wir auf Gottes weiter Welt niemals zusammenfinden würden, weil unsere Arbeitsweisen einfach zu verschieden waren.

Keiner hat mir das Schreiben beigebracht. Keiner hat mir je gesagt, was ich falsch mache. Mein erster Roman wurde vom ersten Verlag herausgebracht, an den ich ihn geschickt hatte. Ich habe mir nach und nach alles selbst angeeignet, und es ist mir bis heute ein bisschen peinlich, dass die Leute mit *Die Farben der Magie* und *Das Licht der Phantasie* in die Scheibenwelt-Serie einsteigen; die beiden halte ich nun nicht gerade für meine besten Bücher. Hier spricht der Autor, Leute: Fangt bei der Scheibenwelt besser nicht am Anfang an!

Die Bücher, auf die ich wirklich stolz bin, sind vor allem die Kinderbücher. Gerade heute wurde mir das wieder bewusst, als ich mit den Kids sprach. Sie fragten mich nach den Schildkröten aus, bis ich schließlich sagte: »Okay, das war's jetzt aber mit den Schildkrötenfragen.«

Sie sagten: »Na gut, dann die Elefanten ...«

Die Sache ist die – wenn man für Kinder schreibt, muss man präziser sein. Man muss Antworten geben. Man darf seine Leser nicht im luftleeren Raum hängenlassen und kann ihnen nicht allzu viele Lücken zumuten. Andererseits kennen sich die Kinder von heute ziemlich gut mit Erzählhandlungen aus. Ich weiß noch, wie meine Tochter vor langer Zeit, mit acht oder neun Jahren, einen Actionfilm guckte und sagte: »Der Schwarze kommt durch.«

Der Film war gerade erst zu einem Drittel gelaufen, und es war die Sorte Film, in dem die Leute reihenweise ins Gras beißen. Ich fragte sie: »Woher weißt du denn, dass er es schafft?«

»Der Typ da kommt durch, und die Frau da kommt durch, und der Schwarze kommt auch durch, weil der andere Schwarze ja schon tot ist.« Wie sich rausstellte, hatte sie unrecht, aber ihre Überlegungen waren völlig logisch. Sie hatte von selbst begriffen, wie die Dramaturgie einer Handlung funktioniert. Das haben heutzutage viele Kinder drauf. Darum ist es eine echte Herausforderung für mich, Kinderbücher zu schreiben. Man kann seinen Lesern nichts vormachen.

Ich fürchte, ich habe der Welt der Fantasy viel Schaden zugefügt. Obwohl ich selbst ja gar nicht so verkopft an das Schreiben herangehe, verfassen jede Menge Leute Master- und Doktorarbeiten über mich. Anscheinend bin ich ein postmoderner Fantasy-Autor. Vielleicht, weil es in Ankh-Morpork eine Kondomfabrik gibt? Zugegeben, der Troll, der die Dinger verpackt, wundert sich immer, worüber die Frauen lachen, wenn er die »Big Boys« eintütet. Doch einen Kondomautomaten in Mittelerde kann sich keiner vorstellen. Das heißt, ich schon, leider.

Aber in Narnia ist so etwas wirklich unvorstellbar, und so soll es auch bleiben. Ankh-Morpork dagegen kommt bestens damit klar. Ankh-Morpork steckt so ziemlich alles weg.

Ein Fan, der beruflich mit Heraldik zu tun hatte, hat mir mal vorgeschlagen, mir ein Wappen zuzulegen.

Ich sagte: »Könnte es rechts und links ein Nilpferd haben, wie das von Ankh-Morpork?« – »Ausgeschlossen«, wurde ich belehrt. »Dafür müssten Sie entweder die Königin oder eine Stadt sein.« – »Okay, ich bin weder noch«, meinte ich, »aber wenn ich mir nun trotzdem Nilpferde machen lasse, was passiert dann?« – »Das würde uns nicht gefallen«, hieß es. Ich dachte: »Tja, wir haben 2004, damit könnte ich leben.« Was ihm wirklich überhaupt nicht gepasst hat, war das Motto im Stadtwappen von Ankh Morpork: »Quanti canicula ille in fenestra«, was sich sehr schön übersetzen lässt mit: »Was kostet das Hündchen da im Fenster?«

Na, jedenfalls scheint es geheime Pläne zu geben, das Emblem von *Wahre Helden* an Bord zu schmuggeln, sobald die nächste Raumfähre wieder startklar ist. Ich vermute, das lateinische Motto darauf lautet: »Wir, die wir dem Tod geweiht sind, haben keinen Bock drauf.« Meine Quelle versichert mir, dass die Astronauten das wohl durchaus unterschreiben würden.

Die Schriftstellerei hat mir immer viel Freude gemacht. Und einen Haufen Geld gebracht. Ich wünschte bloß, ich wäre ein echter Autor. Ehrlich. Ich habe mir nie allzu viele Gedanken darüber gemacht. Ich hab einfach drauflosgeschrieben. Für mich ist es jedes Mal ein Schock, die gelehrten Elaborate zu lesen, die mir alle paar Monate ins Haus geflattert kommen, und alles Mögliche zu erfahren über meinen wunderbaren Umgang mit der Sprache und wie clever ich das alles handhabe. »Ach was!«, sage ich mir. Das mache ich doch nur so, weil es gar nicht anders geht ... Jedes Puzzlestück kommt dahin, wo es hingehört, weil man es sich an keiner anderen Stelle vorstellen kann. Und dafür machen sie mich dann auch noch zum Ehrengast! Dabei gibt es da draußen doch viel, viel bessere Schriftsteller, Leute. Aber ich danke Ihnen von Herzen, dass Sie das neue Buch gelesen haben. Es war ein Riesenspaß. Die Scheibenwelt wird nächsten Monat einundzwanzig, was in England bis heute etwas bedeutet. Früher war es das Alter, ab dem man legal Alkohol trinken durfte. Inzwischen darf man das ja so ungefähr ab acht, nur bei euch hier in den USA muss man dafür erst dreißig werden. Na, jedenfalls heißt es, dass man dann so richtig erwachsen ist.

Ich bin froh, Ihnen sagen zu können, dass mein Herz noch ganz gut durchhält. Trotzdem habe ich mir vorgenommen, von jetzt an nur noch ein Buch im Jahr zu schreiben. Das Problem ist bloß, dass ich dann viel mehr Freizeit hätte. Meine Frau hat mir neulich noch vorgeworfen, dass ich in unserem letzten Urlaub ein Viertelbuch in zwei Wochen runtergerissen habe. Ja, stimmt, aber das war in Australien. Es war herrlich. Ich stand früh auf, die Vögel sangen, der Kühlschrank war voll mit kaltem Bier, es war sechs Uhr morgens, die Sonne war schon aufgegangen, also setzte ich mich hin und schrieb, aus purem Spaß an der Freude. Unser Urlaubsort in Australien ist eine kleine Lodge im Regenwald, aber nicht weit vom Meer. Da gibt es weder Kinder noch Hunde. Wieso nicht? Weil die Haie sie fressen. Wenn die Haie einen nicht erwischen, versuchen die Salzwasserkrokodile ihr Glück. Und wenn die Krokodile kein Glück haben, kommen die Würfelquallen zum Zuge. Im Wasser wimmelt es nur so von den Biestern! Uns gefällt es da großartig. Am besten gefallen uns die Tennis- und Golfplätze, weil es die nämlich nicht gibt.

Ich erinnere mich an unsere erste Wanderung im Regenwald.

Wir biegen um die Ecke und stehen vor einer handtellergroßen Spinne, die – woingggg, woingggg – in ihrem Netz wippt. Und was macht man da? Einen Umweg, wenn nötig einen meilenweiten. Später sind wir dann eine Felswand hochgeklettert, an einem Seil, und es fing an zu regnen, und ich wollte sehen, wo ich hintrete … und prompt lag da diese dicke Schlange, die gerade eine Echse würgte. »Da ist eine Schlange!«, rief ich zu unserem Führer runter. »Was für eine?«, rief er zurück. Und ich rief: »Mann, ich häng hier im Regen in der glitschigen Felswand, da werd ich doch sicher nicht ›Ich sehe was, was du nicht siehst‹ spielen! Aber ich glaub, es ist 'ne Python, weil der Echse schon die Augen rausglupschen.« Er kam hochgekraxelt und meinte: »Ja, klar, null Problemo, kick sie einfach in die Büsche.« Also schubsten wir sie vorsichtig in die Büsche. Das war meine erste Wanderung im australischen Regenwald. Und daraus ist dann *Heiße Hüpfer* entstanden.

Ich weiß noch, wie ich das erste Mal nach Australien geflogen bin, ein Nachtflug. Über dem Pazifik türmten sich haufenweise Haufenwolken – im Mondschein sahen sie aus wie die Frisur von Marge Simpson. Ich betrachtete sie eine Weile, an meinem Brandy nippend (denn ich flog natürlich nicht in der Holzklasse), und alles war ganz still. Dann trottete ich los zum Zähneputzen vorm Schlafengehen, und ich sah mich im Spiegel und sagte: »Was ist passiert? Was machst du hier? Gott sei Dank gibt es keine Gerechtigkeit auf der Welt!«

Genauso fühle ich mich auch jetzt.

Haben Sie vielen Dank, Ladies und Gentlemen.

Die Scheibenwelt wird 21

Discworld Convention, 2004, Programmheft
»Ein Gruß von Terry zum Einundzwanzigsten«

Tja, so trappelt und rappelt es dahin, das Geschäft. Wenn ein Buch beendet ist, gehört es mir nicht mehr; ich denke nicht mehr daran. Aber manchmal blicke ich zurück.

Zehn Jahre sind vergangen, seit ich den folgenden Text geschrieben habe, und Granny lebt immer noch. Feucht von Lipwig, der zum ersten Mal in Ab die Post! *auftrat, hat sich inzwischen mal hier, mal dort nützlich gemacht, und ich glaube, ich werde bald jemanden brauchen, der nicht er ist. Ich mag Feucht sehr – er hat sich entwickelt, wie auch Kommandeur Mumm sich entwickelt hat, obwohl es bei ihm daran lag, dass er Vater wurde. Sobald Kinder da sind, ändern sich die Leute. Und so sehe ich mir jetzt noch mal die alten Figuren an und frage mich, was für neue wohl bald die Bühne betreten werden. Die Scheibenwelt ändert sich, aber sie ändert sich auf ihre eigene Weise.*

Also … da wären wir nun. Einundzwanzig Jahre. Wir hatten einen guten Lauf, es kamen keine kleinen Kinder zu Schaden, und viel Geschrei gab es auch nicht.

Wieso einundzwanzig, frage ich mich. Feiern können hätten

wir doch auch das fünfundzwanzigste Buch, *Die volle Wahrheit,* das wäre immerhin eine höhere Zahl gewesen, oder wir hätten auch noch ein paar Jahre auf den fünfzigmillionsten Buchverkauf warten können, oder noch zehn Jahre oder so, für den Fall, dass ich mit dem fünfzigsten Scheibenweltroman das goldene Jubiläum schaffe.

Ein gruseliger Gedanke. Auch jetzt gibt es schon eine gigantische Menge Fans, die einst mit der Scheibenwelt-Sammlung ihrer Eltern angefangen haben. Vor ein paar Jahren habe ich eine Lesung an einer Schule absolviert, wo der *Direktor* sich noch erinnern konnte, wie er als Student bei einer Lesung von mir zum Signieren angestanden hatte. Das hat mich ein bisschen geschockt. Es gibt *Generationen* von Scheibenwelt-Lesern. Wenn man lange genug lebt, fallen die Jahre hinter einem um wie Dominosteine.

Aber wir haben es nun mit dieser magischen Einundzwanzig zu tun, einem Vermächtnis aus der Zeit, als man kurze Hosen tragen musste, bis man sich fünf Jahre lang rasiert hatte. Sei's drum, einundzwanzig Jahre und annähernd drei Millionen Wörter.

Allerdings kann ich mich nicht mehr an allzu viel erinnern, auch wenn es heißt, ich hätte meinen Spaß gehabt. Im Sommer 1990, zum Beispiel, hoch über dem Pazifik in einer Boeing 747, sah ich mich in der feinen Erste-Klasse-Kabine um. Die Leute schliefen. Draußen türmten sich Wolkenberge im Mondschein. In ein paar Stunden würde meine erste Lesereise durch Australien und Asien beginnen. Auf der Toilette stand eine Vase mit einer Orchidee. Ich sah in den Spiegel und dachte: Das ist doch alles nicht wahr, oder …?

Dieses Staunen ist mir erhalten geblieben. Es ist mir in den Buckingham-Palast gefolgt, in die heiligen Hallen verschiedener

Universitäten, hinter die Kulissen der Library of Congress und in unzählige Buchhandlungen: o ja. Mindestens anderthalb dieser einundzwanzig Jahre habe ich sitzend in Buchhandlungen verbracht. Das Staunen folgte mir nach Alice Springs und in einen Regenwald auf Borneo, wo ich in einer Orang-Utan-Auswilderungsstation spontan eine Signierstunde abhielt. (Von den Tieren wollte keines ein Autogramm, dafür aber die drei englischen Kids, die gerade eingetroffen waren, um bei irgendwelchen »grünen« Projekten mitzuarbeiten; die Orang-Utan-Babys hatten Besseres zu tun, nämlich die nicht richtig verschlossenen Rucksäcke in den Schlafräumen nach Fressbarem wie Vitamintabletten und Zahnpasta zu durchwühlen.) Eine ausgestorbene Schildkrötenart wurde nach mir benannt, wie auch etliche Pflänzchen – und wohl auch Insekten – in ihren Gattungsbezeichnungen die Namen meiner Figuren für die Nachwelt bewahren.

Und die ganze Zeit wurde ich das unbestimmte Gefühl nicht los, dass all das jemand anderem passierte.

Ich habe die Schriftstellerei nie ernst genommen. Na ja, stimmt nicht ganz. Ich habe die Schriftstellerei sehr ernst genommen, was damals wohl auch das Richtige war. Ich las Bücher, die erklärten, wie schwer es ist, mit dem Schreiben Geld zu verdienen, sodass mir der Journalismus doch als die bessere Wahl erschien. Ich schrieb nur so ein bisschen zum Spaß, als Hobby, und schaffte es auch, etwas zu veröffentlichen, aber ich wäre nie auf den Gedanken gekommen, damit meinen Lebensunterhalt zu verdienen. (Was wohl auch vernünftig war. Damals wie heute halten sich die meisten Schriftsteller finanziell mit einem *richtigen* Job über Wasser.)

Als ich dann merkte, dass ich mit dem Schreiben meinen Lebensunterhalt *doch* bestreiten konnte – oh, der wundervolle

Samstagmorgen, als ich mir die Zahlen ansah und feststellte, dass ich, wenn ich meine Karten geschickt ausspielte, vielleicht nie wieder richtig arbeiten muss! Aber ich wäre niemals auf die Idee gekommen, dass ich *reich* werden könnte.

Sehen Sie? Das Leben ist das, was passiert, während man andere Pläne macht.

Vielleicht ist es jetzt an der Zeit, Pläne zu machen. Regelmäßig zwei Bücher im Jahr – damit ist von jetzt an Schluss. Die *Zeit* reicht einfach nicht mehr. Der US-Markt fängt an zu boomen. Dauernd soll ich auf Lesereise gehen, und zwei Bücher im Jahr stehen sich gegenseitig im Weg. Sie bekommen nicht genügend Rezensionen, weil, na ja, irgendein neuer Pratchett ist sowieso immer am Start, das ist so was wie eine biografische Konstante, und alle halbe Jahre – Megastress! – geht es sogar einen ganzen Monat lang um drei Bücher zugleich. Eins habe ich gerade angefangen, eins wird lektoriert und veröffentlicht (neuerdings in zwei Ländern gleichzeitig), und mit einem toure ich durch die Lande. Das erfordert einiges an Jonglierkünsten. Wenn dabei etwas schiefgeht, kracht alles zusammen. Und so ist mir der rettende Einfall gekommen, dass ich mir das ja gar nicht jedes Jahr antun muss. Kaum ist ein Buch ein paar Tage draußen, fangen die lieben Leser an zu fragen, was als Nächstes in der Pipeline ist. Es gibt keine Pipeline. Nur mich.

Die Kinderbücher mache ich weiter. Sie brauchen ebenso viel Zeit wie die Bücher für Erwachsene, aber sie laufen gut, und Abwechslung ist fast schon Erholung. Fast. Zwei weitere Tiffany-Weh-Bücher sind geplant.

Was die Scheibenwelt angeht, da mache ich natürlich auch weiter. Die Kinder-Scheibenwelt habe ich unter anderem deshalb begonnen, weil die »erwachsene« Scheibenwelt in die Jahre kommt. Granny Wetterwachs mag ja unverwüstlich sein (die Hexerei scheint das Leben zu verlängern, und es gibt keinen Hinweis darauf, dass ihre eigene Großmutter tot ist), aber Mumm spürt schon, wie ihm die Kälte in die Knochen kriecht. Wie viele Neuerungen würden die Leser ertragen? Ach, zum Kuckuck mit ihnen, wie viele kann *ich* ertragen? Einen anderen Patrizier von Ankh-Morpork? Einen anderen Kommandeur der Wache? Einen anderen Dekan der Unsichtbaren Universität? Ich vermute fast, es gibt Gespenster, die man nie wieder loswird.

Zum Glück läuft die Zeit in der Scheibenwelt langsamer als in unserer. Aber *Ab die Post!* wird lauter neue Hauptfiguren enthalten, weil die Handlung es verlangt. In dem Buch, das nächstes Jahr geschrieben wird und bisher nur einen Arbeitstitel hat (der *niemandem* verraten wird, sonst nimmt Amazon demnächst Bestellungen dafür an), geht es um die Wache, und es macht sich schon ganz gut. Danach ist die Zukunft ein geheimnisvoller Nebel, der alles Mögliche enthalten könnte. Was mir sehr recht ist.

Und dann hat es immer die Fans gegeben, die mir Briefe schreiben und mich zu ihren Hochzeiten einladen und ohne deren beständiges Interesse und gute Ratschläge ich gar nicht merken würde, wann ich auf dem Holzweg bin. Sie wissen, wann man den Witz ernst nimmt, sodass er mehr als nur witzig ist.

Aber was ist ein typischer Fan? Wie erkennt man ihn? Wenn Sie das nächste Mal irgendwo auf der Welt wieder in einer Schlange stehen, sehen Sie genau hin, wenn der Fotoreporter Ihrer Lokalzeitung die Buchhandlung betritt. Jawohl, er ist auf der Suche nach dem legendären typischen Terry-Pratchett-Fan! Wie er hin und her tigert, vorbei an den Leuten in Anzug oder Kostüm, an denen, die aussehen, als ob sie Kinder haben oder einen Job und nur kurz in der Mittagspause vorbeigekommen sind. Wie bitte? Dreihundert Leute in der Schlange und keiner, der den Anstand hat, einen spitzen Hut zu tragen?

Oder, wie ein verwunderter Security-Mann meinte, nachdem die Schlange es drei Stunden lang unterlassen hatte, die erwartbaren Faxen zu machen: »Die sind alle so … normal!«

Worauf ich erwiderte: »Ach nein, so schlimm sind sie nun auch wieder nicht …«

Es hat Spaß gemacht. Es macht Spaß. Möge es noch lange Spaß machen.

Ich danke Ihnen.

Kevins

The Author, Winter 1993

In der guten alten Zeit meiner schriftstellerischen Anfänge pflegte meine Frau mir täglich den Vormittagskaffee zu bringen, und mit dem Kaffee eine reichliche Menge Briefe und Manuskripte …

Meine Frau hat sie Kevins getauft. Das ist eigentlich ganz schön unfair. Aber eines Tages waren eben drei Briefe von Jungen namens Kevin in der Post, und sie schrieb »Kevins« auf die Mappe, und irgendwie ist der Name hängengeblieben.

Seitdem beantworte ich jetzt einmal in der Woche, oder wann immer mich das schlechte Gewissen plagt, die Briefe der Kevins. Viele von ihnen sind weiblich. Manche sind Großmütter. Gezählt habe ich sie nie. Ich weiß nur, dass ich jedes Jahr fast 200 000 Wörter, also praktisch so viel wie zwei Romane, an Kevin-Briefen schreibe.

Davon steht natürlich nie etwas in diesen Wie-werde-ich-Schriftsteller-Ratgebern. Sich jeden Tag die Zeit zum Schreiben nehmen … ja. Das Papier nur einseitig bedrucken … ja. Aber verraten sie einem vielleicht, wie man mit dreißig identischen Briefen von der Klasse 5a umgehen soll? Nein. Verraten sie einem, was man dem Typen antworten soll, der einem vorwirft, ihm per Laserstrahl seine Ideen gestohlen zu haben, bevor er dazu kam, sie aufzuschreiben? Unerklärlicherweise nicht. Ebenso wenig klären sie einen darüber auf, dass man sich einen Neuseelandführer kaufen sollte, um schluderig gekritzelte Absender zu dechiffrieren (britische Ortsnamen wie Krakelkrakel-upon-Tyne kann man sich ja noch zusammenreimen, aber in Neuseeland scheint alles, abgesehen von Auckland oder Wellington, Rangiwangi zu heißen ... oder es sieht zumindest so aus.)

Das läuft alles unter Fanpost. Als Fantasy-Autor werde ich von meinen Lesern vermutlich sehr viel direkter in Besitz genommen als, sagen wir, ein Autor wie Martin Amis von den seinen – laut einem gewissen Rezensenten stelle ich »ein wohliges Einvernehmen zwischen Autor und Publikum« her (und das war durchaus als Tiefschlag gemeint, der Mann war schließlich von der *Sunday Times.*)

Deshalb haben meine Leser keine Scheu, neue Bände mit ihren Lieblingsfiguren einzufordern (»Sehr geehrter Sir Arthur, könnten Sie nicht Sherlock Holmes noch mal auferstehen lassen, um Jack the Ripper aufzuspüren ...?«). Oder Autogramme. Oder signierte Fotos. (Wieso bloß? Ist es nicht völlig egal, wie ein Autor aussieht? Man liest ein Buch zu Ende, vielleicht hat sich die spannende Geschichte einem tatsächlich wohlig in die Hirnwindungen eingegraben – und dann gewahrt man hinten auf dem Buchdeckel einen korpulenten Glatzkopf mit Pfeife ...)

Warum schreiben die Leute einem Schriftsteller? Aller Erfahrung nach sind manche davon selbst Möchtegern-Schriftsteller und erhoffen sich eine Wegbeschreibung zum Heiligen Gral. Was sie tatsächlich fragen: Wie schaffen Sie es, verlegt zu werden? Mit der Unterstellung, dass irgendwie mehr dazu gehören muss, als ein ordentliches Buch zu schreiben und es so lange an Verlage zu schicken, bis einer irgendwann nachgibt. Nein, sie wollen das Geheimrezept. Ich wünschte, ich hätte es.

Die Leute fragen tatsächlich: Wo nehmen Sie Ihre Ideen her? Und mir ist noch nie eine befriedigende Antwort eingefallen. »Aus einer Lagerhalle in Croydon« mag ja einmal ganz witzig sein. Aber danach muss man gründlich nachdenken.

Manchmal wollen sie einen auch ermutigen, wie jene Bibliothekarin, die da schrieb: »Ich finde es *wunderbar*, dass junge Leser Ihre Bücher mögen, denn so kriegen wir sie in die Bibliotheken und können ihnen die *echte* Literatur nahebringen.«

Gelegentlich wird man auch gescholten. Eine Lehrerin beschwerte sich über die fehlerhafte Grammatik einer achtzigjährigen Hexe vom Land, die nie eine Schule besucht hat (»Sehr geehrter Mr Dickens, Sie müssen wirklich etwas an der Ausdrucksweise von Sam Weller ändern …«). Andererseits hatte ich mal einen interessanten Briefwechsel mit einem französischen Akademiker über die korrekte zeitgemäße Verwendung des Begriffs »kielholen«, der sich eine ganze Weile hinzog.

Und die Jüngeren, die gerade ihren mittleren Schulabschluss machen, zögern nicht, so etwas zu schreiben wie (in einem Atemzug zu lesen): »Lieber Mr Pratchett ich habe alle Ihre Bücher durch Sie sind mein Lieblingsautor ich bereite ein Referat über Sie vor könnten Sie bitte bis Freitag diese 400 Fragen beantworten weil ich muss es Montag abgeben …«

Das umschiffe ich elegant, indem ich mir die zwanzig interessantesten Fragen aussuche und sie inklusive Antworten in winziger Schrift auf einem Blatt Papier ausdrucke. Das Ganze wird ungefähr einmal im Monat auf den neuesten Stand gebracht. Vermutlich lässt sich so manche knappe Vier auf sorgfältiges Abschreiben zurückführen …

Briefe von jugendlichen Lesern sind leicht zu erkennen. Die Fragen sind gerne mal nummeriert, so nach dem Motto: »Lieber Mr Pratchett, ich möchte Schriftsteller werden, wenn ich mit der Schule fertig bin. Können Sie mir sagen, ob Sie 1.) in Gleitzeit arbeiten? 2.) was Sie verdienen?« Jedes Jahr, so regelmäßig wie das Eintreffen des Kuckucks, kommt mir einer mit der Frage, ob er bei mir ein einwöchiges Praktikum machen könnte, wobei ich mir immer wie eine Figur von Thomas Hardy vorkomme (»Es begab sich im Jahre 1993, dass Meister Pratchett einen Lehrbuben einstellte, zu einem Heller die Woche …«).

Je jünger die Leser sind, desto mehr neigen sie in ihren Briefen zu Buntstiften. Diese Briefe sind schön kurz, weshalb man dazu neigt, sie als Erste zu beantworten. Meist sind Bilder beigelegt. Jeder, der schon mal für Kinder geschrieben hat, weiß, was ich meine. Manchmal enthalten sie die schwierigsten Fragen. Und eine Namensliste sämtlicher Haustiere. Am anderen Ende der Skala beginnen die Kevins ihre Schreiben oft mit: »Bestimmt bekommen Sie nicht viele Briefe von 75-jährigen Großmüttern …«

Doch. Viele Erwachsene, die mich lesen, geben es nur nicht gern zu. Es ist wie bei den Umfragen in den Literaturbeilagen zum Jahresende – die Promis werden gefragt, welche Bücher ihnen im vergangenen Jahr am besten gefallen haben, und jeder weiß, dass sie Joanna Trollope, Jilly Cooper oder Tom Clancy lesen, aber sie setzen alle eine bierernste Miene auf und plappern die erstbesten »seriösen« Titel daher, die ihnen einfallen …

Gar nicht mal so wenige Leser wollen mir nur mitteilen, dass sie auf einer griechischen Insel jemanden getroffen haben, der auch eins von meinen Büchern gelesen hat. Wobei es sich natürlich auch immer um dieselbe Person handeln könnte.

Viele von ihnen haben allerdings eins gemeinsam: Sie äußern Zweifel, ob der Autor ihren Brief überhaupt lesen, geschweige denn beantworten wird. Der Brief ist ein Zeichen der Hoffnung. Wie eine Flaschenpost, die sie ins Meer geworfen haben. Aber …

… na ja, als ich jung war, hab ich mal an J. R. R. Tolkien geschrieben, als der gerade so richtig berühmt wurde. Ich glaube, das Buch, das mich so sehr beeindruckte, war *Der Schmied von Großholzingen*. Mein Brief war sicher einer von Hunderten oder Tausenden, die er jede Woche erhielt. Und ich bekam eine Antwort. Möglich, dass sie vorgefertigt war. Aber sie *war* unterschrieben.

Sicher bekam er säckeweise Briefe aus jedem Ort und jeder Universität auf der Welt, verfasst von Leuten, deren Kinder heute erwachsen sind und nun versuchen müssen, mit einem Namen wie Galadriel oder Moonchild ein normales Leben zu führen. Es war nun allerdings auch nicht so, dass mein Brief besonders geschwätzig gewesen wäre. Und einen Fragebogen gab es auch nicht. Ich schrieb nur, dass mir das Buch sehr gefallen habe. Und er bedankte sich.

Er hatte mich mit dem kostbarsten Gut der zwischenmenschlichen Kommunikation beschenkt, dem Wissen: Es gibt dich, also gibt es mich auch.

Seit ich das verstanden habe, bemühe ich mich, die Korrespondenz mit den Lesern nicht als Ablenkung vom Schreiben zu sehen, sondern als notwendiges Echo. Weil es einfach dazugehört. Eine Art Kundendienst. Natürlich gibt es auch den einen oder anderen vollkommen durchgeknallten Brief, aber doch eher selten. Und manchmal scheitern wir an der Handschrift. Auch müssen Leser, die auf einen längeren Briefwechsel aus sind, manchmal sanft abgekoppelt werden, weil der liebe

Gott dem Tag kurzsichtigerweise nun mal bloß vierundzwanzig Stunden mitgegeben hat. Abgesehen von diesen Ausnahmefällen werden die Leserbriefe aber früher oder später alle beantwortet … hoffe ich jedenfalls. Wie gesagt, es gehört einfach dazu, falls es mir je gelingen sollte, herauszukriegen, wozu eigentlich.

Irrwitzige Ideen

***The Author*, Herbst 1999**

… heutzutage gibt es natürlich ebenso viele E-Mails wie Briefe.

»Hallo bissn cooler Typ, kannste ma n paar Schreibtipps gehm?« Falls Sie ein Autor mit Internet-Adresse sind, kommen Ihnen solche E-Mails vielleicht bekannt vor. Im Internet ist die Rechtschreibung wurscht. Legasthenie gilt nicht als Gebrechen, sondern als Zeichen von Coolness. Manche der jüngeren Nutzer finden es verdächtig, wenn man die Ansicht äußert, dass eine halbwegs korrekte Sprache von Vorteil ist. Einem Mail-Schreiber gegenüber wagte ich einmal den Vorschlag, er sollte sich, wenn er wirklich Schriftsteller werden wolle, vielleicht mal mit Grammatik, Rechtschreibung und Interpunktion befassen. Er bockte, mit dem Argument, »die Verlage haben dafür doch ihre Leute!«

Tja …

Meine E-Mail-Adresse ist leicht rauszukriegen. Ich bin halt ein bekannter Autor. Ich zähle die E-Mails nicht mehr, die ich täglich bekomme. Ich beantworte so viele, wie ich kann.

Ziemlich bald schon wurde mir klar, dass nur ein Filter in meiner Mailbox mein elektronisches Überleben gewährleisten würde. Damals benutzte ich noch ein 2400-Baud-Modem, und irgendwer fühlte sich leider berufen, mir ein illustriertes Manuskript zu mailen – sage und schreibe drei Megabyte! (Das Internet wurde offensichtlich von Leuten erfunden, die ihre Telefonrechnungen nicht selber zahlen mussten.) Außerdem sortiert ein Filter natürlich auch die ganze Spam-Mail aus, die angeblich an einen »Freund« gerichtet ist. Ein Unbekannter, der es ehrlich meint, würde einen nie mit »Freund« anreden.

Das alles war nervig. Aber das dicke Ende kam erst noch.

Traditionell geht es im Fantasy- und Science-Fiction-Genre um Kommunikation. Weil Fans sich mit den vielen anderen Fans austauschen wollen, haben sie sich zu diesem Zweck mit erstaunlicher Geschwindigkeit des Internets bemächtigt. Ade, Matritzenabzüge und Computerausdrucke.

Eine weitere Tradition ist die sogenannte »Fan-Fiction«. Viele Genres haben ihre Fans, aber »Fanfic« scheint es nur im Fantasy- und SF-Genre zu geben. Aus reiner Freude an der Sache denken die Leute sich Fortsetzungen zu Geschichten aus dem Universum eines professionellen Autors aus, bedienen sich eingeführter Figuren und Schauplätze und veröffentlichen ihre Amateurversuche zur Ergötzung ihres Freundeskreises.

Da wir Autoren meistens selber irgendwann als Fans angefangen haben (man wird sich wohl kaum als Schriftsteller in dem Genre betätigen, wenn man nicht gern Science-Fiction liest), haben wir bisher ein Auge zugedrückt und sind stillschweigend über diese in einer juristischen Grauzone angesiedelten Aktivitäten hinweggegangen. Seien wir froh, dass wir Fans haben, ist der allgemeine Tenor, und Fans sind eben so drauf. Ist ja auch kein schlechtes Übungsfeld für einen angehenden Schriftsteller. Es gehört einfach dazu.

Die Autoren erfolgreicher Serien machen die Erfahrung, dass

ihre Leser keine passiven Empfänger sind; der Autor schreibt das Skript, aber der Film spielt sich im Kopf des Lesers ab, und daher ist die Unternehmung in gewisser Weise eine gemeinschaftliche und interaktive, in der auch der Leser seine Rechte hat, zumindest das Recht auf eine Meinung. Seit Jahr und Tag findet dieses im Privaten seinen Niederschlag (»Sehr geehrte Miss Austen, es wäre doch echt cool, wenn sich eine von Ihren Heldinnen in Napoleon verlieben würde …«). Vermutlich ist es ganz gesund. Das Problem ist nur, dass das Internet nicht privat ist und alles wie unter einer Lupe vergrößert, im Guten wie im Schlechten.

Früher habe ich gern mitgelesen, was in den Newsgroups über meine Bücher geschrieben wurde. Es macht Spaß, der öffentlichen Dekonstruktion des eigenen Romans durch einen Oxford-Dozenten beizuwohnen, während das Buch im gleichen Forum von jemandem zerlegt wird, für den *Star Wars* ein fast schon antiker Film ist. Aber nach sieben Jahren habe ich mich dann doch lieber wieder ausgeklinkt.

Es machte mich nervös, dass die Leute Vorschläge für die weitere Entwicklung der Handlung oder der Figuren ins Netz stellen. Das Internet ist noch neu, es ist groß und es ist öffentlich, ein Phänomen, das neue Sichtweisen eröffnet und neue Probleme aufwirft. (Darunter das eher harmlose Problem, dass Leute ohne Sprach-Führerschein auf eine weltweite Schnellstraße gelassen werden. Nehmen wir zum Beispiel mal das Wort »plagiieren«. Ich weiß, was es bedeutet. Sie wissen, was es bedeutet. Und mit Sicherheit wissen auch alle Juristen, was es bedeutet. Und doch habe ich es immer wieder als Synonym für »recherchieren«, »parodieren« oder »inspirieren« gesehen, wie in »*MacBest* ist von Shakespeare plagiiert.« Sicher, *MacBest* ist ein Roman von mir, und es tut der Lektüre bestimmt keinen

Abbruch, wenn man ein gewisses, in Schottland angesiedeltes Drama kennt, und … äh … wo soll ich anfangen?)

Nun breiten sich allenthalben auch noch ziemlich bizarre Vorstellungen über das Copyright aus. Vom einen Ende des Spektrums erhalte ich Briefe mit besorgten Anfragen, so nach dem Motto: »Ist es okay, wenn ich meiner Katze den Namen einer Ihrer Figuren gebe?« Vom anderen Ende E-Mails wie: »Die Story hat mir so gut gefallen, dass ich sie eingescannt und auf meine Website gestellt hab … hoffe, das geht in Ordnung.« Die einen glauben, das Copyright gilt für jedes einzelne Wort, die anderen ignorieren es total.

Kurzum, ich fing an, mir Sorgen zu machen, was wohl passieren würde, wenn ich mir womöglich eine Handlung ausdachte, die ein Fan bereits irgendwo ins Netz gestellt hatte.

Ich habe schon öfter Mails bekommen, in denen es zum Beispiel heißt: »Wie ich sehe, haben Sie eine Idee von mir aufgegriffen«, wobei die betreffende Idee nichts weiter war als: »Wieso schreibt Terry Pratchett nicht mal ein Buch über Australien/Piraten/Fußball?« (Einmal bekam ich sogar eine E-Mail – und da war ich sicher nicht der Erste – mit folgendem Wortlaut: »Ich habe eine großartige Idee für ein Buch, die uns beiden eine Menge Geld einbringen wird, aber natürlich kann ich sie Ihnen erst verraten, wenn wir einen Vertrag gemacht haben …«)

Als Schriftsteller merkt man ziemlich schnell, dass viele ansonsten nicht auf den Kopf gefallenen Leute »die Idee« als das Herzstück, die Seele des Romans ansehen, während so Sachen wie Handlung, Kohärenz, Charaktere, Dialog und Hunderte Seiten Text nichts weiter als nebensächliche Details sind. Hat man die zündende Idee, braucht man bloß noch jemanden, der »das Ding schnell runterschreibt«.

Vielleicht mache ich mir zu viele Sorgen, aber Gründe

dafür gäbe es genug. Juristische Bedenken fechten mich nicht an, ebenso wenig wie 99,99 Prozent meiner Fans im Internet. Doch in jeder Menschenmenge gibt es einen Spinner. Und der braucht nur lange genug zu quengeln, irgendwann findet er Gleichgesinnte, die mitquengeln … solche Leute gibt es immer und überall. Dann fehlt nur noch ein Journalist, der »Enttäuschter Fan: Berühmter Autor stahl mir meine Idee« für eine glänzende Schlagzeile hält. Wer nicht glaubt, dass ein Journalist aus so etwas einen Artikel stricken würde, hat vermutlich in letzter Zeit nicht viel Zeitung gelesen. Ein Journalist ist dazu nicht mal nötig. Das Netz als öffentlichkeitswirksames Medium reicht schon aus.

Leider braucht es für dieses Szenario gar nicht viel Fantasie. In den USA zum Beispiel verklagen die Leute einen so automatisch, wie sie atmen, und demnächst gibt es garantiert die erste Sammelklage gegen den lieben Gott, weil er eine unvollkommene Welt erschaffen hat. Jedenfalls soll diese Entwicklung schon so manchen Autor dazu bewogen haben, seine Fangemeinde im Netz geflissentlich zu ignorieren.

Es ist wirklich schade, aber ich fürchte, auch ich werde mich dieser Form von Öffentlichkeit verweigern müssen. Ich habe eine Menge Ideen. Wenn die Leute mir nur endlich mal ZEIT ließen!

Anmerkungen eines erfolgreichen Fantasy-Autors: Immer schön realistisch bleiben!

***Writers' & Artists' Yearbook* 2007**

Als Autor werde ich immer in die Fantasy-Schublade gesteckt, da kann ich noch so oft protestieren. Ich selbst sehe mich als einen populären Romanschriftsteller, der das schreibt, was die Leute lesen wollen. Was sie in der Buchhandlung kaufen. Und dazu zählt heutzutage eben auch Fantasy. Die »realistischen« Autoren nutzen Fantasy- oder Science-Fiction-Elemente und modeln sie hintenrum für ihre Zwecke um, ohne dass man ihren Büchern das Genre-Etikett aufklebt.

Da ein Großteil der Unterhaltungsliteratur sowieso auf die eine oder andere Art fantastisch ist, können wir Fantasy dann nicht einfach als die Literatur definieren, die die Gesetze der uns bekannten Welt transzendiert? Man könnte auch noch hinzufügen, dass sie gemeinhin als magisch geltende Komponenten enthält. Angeblich gibt es ungefähr fünf Kategorien von Fantasy-Literatur, von zeitgenössisch bis mystisch, aber sie vermischen sich natürlich, und überhaupt: Wenn das Resultat stimmt, wen kümmern dann Kategorien?

Wenn Sie Fantasy schreiben wollen, haben Sie sicher schon eine Menge davon gelesen – wenn ja, lassen Sie es von nun an bleiben (siehe unten). Wenn Sie noch keine Fantasy-Literatur gelesen haben, dann verschlingen Sie ab jetzt so viel davon, wie Sie können. Ein Genre verzeiht es nicht, wenn man seine Geschichte, seine Regeln nicht kennt. Aber sobald Sie damit vertraut sind, wissen Sie auch, wo Sie die Regeln brechen können.

Literarische Genres, und ganz besonders Fantasy, sind ein riesiges Sammelsurium von Handlungsmustern, Sinnbildern, Rassen und Klassen, Charaktertypen, Mythen, Einfällen und Kunstgriffen, die meisten davon historisch abgesegnet. Aus diesem Fundus darf man sich nach Lust und Laune bedienen – sonst gäbe es ja beispielsweise nur eine einzige Geschichte über eine Zeitmaschine. Es sind schließlich alles nur Zutaten. Entscheidend ist, *wie* Sie den Kuchen backen; jeder anständige Autor sollte sein eigenes Rezept haben, und die besten unter ihnen finden immer neue Ingredienzien, mit denen sie die Mixtur noch bereichern.

Ein wichtiger Bestandteil der Fantasy-Literatur sind Wortfindungen, und das gilt auch für Welten, die unserer eigenen an der Oberfläche gleichen – abgesehen von dem kleinen, aber feinen Detail, dass Lord Nelsons Flotte bei der Schlacht von Trafalgar aus Luftschiffen mit Wasserstofffüllung bestand. Während des Fantasy-Booms in den späten Achtzigern bekamen die Verlage oft Pakete zugeschickt, die zwei, drei runische Alphabete, vier Landkarten von den für die Erzählung relevanten Gebieten, eine Ausspracheliste der Figurennamen und ganz unten im Stapel auch noch das Manuskript enthielten. Nein, wirklich … so weit muss man dann doch nicht gehen.

Es gibt eine Art von Fantasy, die den besseren Vertretern des Genres blind hinterherläuft und höchstens wie ein müder Abklatsch wirkt. Die Gesellschaft, die darin porträtiert wird, ist statisch, die »bösen« Rassen sind hässlich, die Magie lässt sich wie elektrischer Strom an- und ausknipsen, die Pferde kann man wie Autos lenken. Das ist Massen-Fantasy vom Fließband. Man erkennt ihre Produkte daran, dass sie ununterscheidbar sind.

Schreiben Sie so was nicht, lesen Sie so was nicht. Lesen Sie lieber etwas über den Wilden Westen (der fantastisch genug war), über das London der Jahrhundertwende, die Verpflegung von Lord Nelsons Flotte, die Geschichte der Alchimie, der Uhrmacherei oder des Postkutschenwesens. Lesen Sie mit dem gleichen Blick, mit dem ein Zimmermann die Bäume betrachtet.

Lassen Sie Logik walten, wo keine vorgesehen war. Wenn die Feenkönigin eine Kette aus gebrochenen Versprechen tragen muss, überlegen Sie sich, wie die aussieht. Wenn Magie im Spiel ist, wo kommt sie her? Warum darf sie nicht jeder verwenden? Welche Einschränkungen gelten für ihren Gebrauch, und lässt sich vielleicht gerade damit die Spannung erhöhen? Wie ist die Gesellschaft aufgebaut? Wo kommt das Essen her? Sie müssen wissen, wie Ihre Welt funktioniert.

Den letzten Punkt kann ich gar nicht genug betonen. Fantasy ist dann am glaubwürdigsten, wenn man sie ernst nimmt (dann kann sie auch sehr viel witziger werden, aber das ist eine andere Geschichte). Nimmt man das Genre ernst, muss es Regeln geben. Wenn alles möglich ist, kommt keine echte Spannung zustande. Gewiss, man darf Schweine fliegen lassen, aber man muss dann auch die gravierenden Konsequenzen für die Vogelwelt in Betracht ziehen und die Bevölkerung in den am stärksten frequentierten Flugzonen mit stabilen Regenschirmen ausstatten. Spaß beiseite, diese Art zu denken ist der Motor, der die Scheibenwelt seit zweiundzwanzig Jahren am Laufen hält.

Schon in der Kindheit gewöhnt man es uns ab, Fragen zu stellen, wie: Warum passt im ganzen Königreich nur ein einziger Fuß in den gläsernen Schuh? Man muss sich einen fragenden Blick auf die Welt bewahren, dann kommt die Inspiration von ganz allein. Vampire haben Angst vor Kruzifixen? Dann dürften sie eigentlich nie die Augen aufmachen, denn in einer Welt voller Stühle, Fenster, Gitter und Zäune würden sie alles, was sie sehen, als Kreuz interpretieren. Wie könnte ein Werwolf à la Hollywood dafür sorgen, dass er sofort eine Hose vorfindet, sobald er wieder menschliche Gestalt angenommen hat? Alan Garner, dieser Meister im Erschaffen fantastischer Parallelwelten, die mit unserer verwoben sind, stellt in *Elidor* auf eindrucksvolle Weise die richtigen Fragen und erinnert uns daran, dass ein Einhorn, wofür auch immer es sonst noch stehen mag, vor allem ein großes und sehr gefährliches Pferd ist. Aus einfachen, scheinbar naiv gestellten Fragen entwickeln sich neue Figuren, und ein altes Märchen erhält eine ganz neue Wendung.

G. K. Chesterton definierte Fantastik als die Kunst, uns das Banale und Alltägliche, für das wir keinen Blick mehr haben, aus einem unvertrauten Blickwinkel zu zeigen, damit wir es mit ganz neuen Augen sehen. Es könnten die Augen einer winzig kleinen Menschheit sein, für die eine Treppe der Himalaja ist, oder die Augen von so langsamen Wesen, dass sie die vorbeirasende Menschheit gar nicht wahrnehmen. Die Augen könnten sogar die Nase unseres Werwolfs sein, dem sich das innere Bild eines Raums über seinen ungeheuer scharfen Geruchssinn erschließt, sodass er nicht nur erkennt, wer gerade da ist, sondern auch, wer gestern da war.

Sonst noch was? Ach ja. Altertümeleien wie »Ihro Gnaden« unbedingt vermeiden, es sei denn, man wäre ein Genie, und mit Adjektiven geizen, als koste jedes einzelne einen Zehennagel.

Aus irgendeinem Grund siedeln sich Adjektive besonders gern in Fantasy-Romanen an. Da muss man gnadenlos sein.

Noch ein Rat zum Schluss: Die Tatsache, dass es sich um Fantasy handelt, entbindet einen in keiner Weise von der üblichen Verantwortung. Figuren müssen lebensecht sein, Dialoge glaubwürdig, Hintergrundinformationen überzeugend, Handlungsstränge ordentlich verknüpft. Das Fantasy-Genre deckt die gesamte Palette aller anderen Genres ab – mit einigen zusätzlichen Farben, die man allerdings nicht zu dick auftragen sollte. Um eine neue Welt zu erschaffen, bedarf es keiner Gewaltanstrengung. Feinste Pinselstriche können reichen.

Wessen Fantasy sind Sie?

***Bookcase* (W.H. Smith), 17. September 1991**

Ich soll ein, zwei Seiten »über Fantasy« liefern. Wobei man sich den Anfang des Beitrags in dem gleichen Tonfall vorstellen muss, den Dr. Elizabeth Alloway im Film Contact *vor dem unkooperativen Fördermittelausschuss anschlägt.*

Außerdem ist es wahr.

Sie wollen Fantasy? Aber sicher doch! Können Sie haben! Nehmen wir eine Spezies, die ein paar Meilen über feuerflüssigem Gestein und ein paar Meilen unter einem alles erstickenden Vakuum lebt. Diese Wesen leben in einer kurzen geologischen Ära zwischen zwei Eiszeiten, als ausnahmsweise mal keine gigantischen Asteroiden in die Planetenoberfläche krachen. Nach allem, was sie wissen, gibt es für sie im ganzen Universum keinen anderen Ort, an dem sie auch nur zehn Sekunden überleben könnten.

Und wie nennen sie ihr fragiles Stückchen Raum und Zeit? Sie nennen es das wirkliche Leben. In einem Universum, in dem ganze Galaxien explodieren können, glauben sie an Sachen wie »Naturrecht« und »Vorsehung«. Manche glauben sogar an Demokratie …

Das kann selbst ich kaum glauben, und ich bin Fantasy-Autor!

Ich? Ich schreibe über Leute, die auf der Scheibenwelt leben, einer Welt, die flach ist und sich auf dem Rücken einer riesigen Schildkröte durchs Weltall bewegt. Meine Leser finden die Bücher witzig – das kann ich anhand von Briefen beweisen –, weil die Bewohner dieser kuriosen Welt ganz normal ihr Leben zu meistern versuchen. Genau wie wir machen sie sich Sorgen über den Tod und die Steuern – und haben Angst runterzufallen. Die Scheibenwelt ist witzig, weil sich dort alle im wirklichen Leben wähnen. (Möglicherweise stimmt das ja sogar: Die Physiker haben mittlerweile lauter neue Dimensionen entdeckt, die wir bloß nicht sehen können, weil sie so winzig klein zusammengerollt sind. Und da wollen Sie nicht an eine Schildkröte glauben, die eine Welt auf dem Rücken trägt?) Auf der Scheibenwelt gibt es keine magischen Schwerter, keine heldischen Quests. Ihre Bewohner sind Leute wie du und ich, vielleicht mit ein paar spitzen Hüten mehr, und genau wie wir suchen sie nach dem Sinn des Ganzen.

Wir basteln uns gern diese kleinen Welten, wo alles seine Ordnung hat und Sinn ergibt und wo möglichst noch das Gute siegt. Keiner würde Agatha Christie als Fantasy-Autorin bezeichnen, aber sehen Sie sich doch an, worüber sie meistens schreibt – kleine, isolierte Welten wie ein Landhaus, eine Insel oder einen Zug, wo eine ausgeklügelte Handlung ihren Lauf nimmt. Bei Agatha gibt es keine irren Axtmörder, keine unaufgeklärten Verbrechen. Hercule Poirot findet immer alle Indizien.

Oder sehen Sie sich einen Western an: Der berühmte Kodex des Wilden Westens bestand in erster Linie daraus, sich ein Versteck zu suchen, von dem aus man den Gegner hinterrücks abknallen konnte, aber das wollen wir eigentlich gar nicht wissen. Da glauben wir doch lieber an Clint Eastwood.

Ich zumindest. Fast alle Autoren sind Fantasy-Autoren, manche von uns geben es nur bereitwilliger zu als andere.

Und jeder liest Fantasy … in welcher Form auch immer.

Wieso Gandalf nie geheiratet hat

Rede auf der Novacon-Tagung, 1985

Während ich die folgenden Zeilen schrieb, waren der Roman Das Erbe des Zauberers *und seine Heldin, die Zauberin Esk, noch im Entstehen begriffen. Danach dauerte es nicht mehr lange, bis meine zupackende Frauenfigur vom Zeitgeist eingeholt wurde. Ich schreibe bis heute gern für die Hexen: Granny Wetterwachs und Nanny Ogg, Tiffany und all die anderen. Selbst die Schweinehexe Petulia habe ich richtig ins Herz geschlossen.*

Ich möchte über Magie sprechen, über ihren Stellenwert in der Fantasy-Literatur und wie entscheidend unser Begriff der Magie vom Genre geprägt wird. Vor allem aber möchte ich darlegen, wie es dazu kam, dass sich in der westlichen Welt ein sehr präzises und äußerst suspektes Bild derer verfestigen konnte, die sich der Magie bedienen.

Ich räume lieber gleich ein, dass ich mit Magie genauso wenig am Hut habe wie mit Astrologie. Ich bin nämlich vom Sternzeichen Stier, und wir Stiere halten nichts von Okkultismus.

Aber dann habe ich vor ein paar Jahren meinen Roman *Die Farben der Magie* geschrieben. Ernst war er nicht gemeint. Er sollte das Fantasy-Genre ein bisschen auf die Schippe nehmen, so wie es *Der wilde wilde Westen* mit dem Western gemacht hat. Zugleich war er mein Tribut an fünfundzwanzig Jahre Fantasy-Lektüre, die begann, als ich mit dreizehn Jahren in nur fünfundzwanzig Stunden den gesamten *Herrn der Ringe* verschlang. Das verdammte Buch war ein Knüppel in den Speichen des Fahrrads meines Lebens. Von da an zog ich mir die Fantasy-Literatur in einem Tempo rein, wie man es nur als Teenager zuwege bringt. Ich konnte von dem Stoff nicht genug kriegen.

Tja, ich hatte eben eine schwere Kindheit. Es mangelte mir nicht an Spielkameraden, und meine Eltern kauften mir nicht nur Sportgeräte, sondern weigerten sich auch noch, mich zu misshandeln, sodass es mir nie in den Sinn kam, bei einem guten Buch Trost zu suchen.

Dann kam Tolkien und stellte alles auf den Kopf. Ich war im Fantasy-Rausch und schreckte vor nichts zurück, weder vor Comics noch vor drögen nordischen Sagen oder noch drögeren viktorianischen Epen … Vielleicht sollte ich den Jüngeren im Publikum besser erklären, dass Fantasy damals längst nicht in jedem Spielzeugladen und in jeder Buchhandlung zu haben war. Es war ein bisschen wie mit Sex: Man wusste nicht, wo man die richtig heißen Sachen finden sollte, also konnte man nur hoffnungsvoll herumblättern, auf der Suche nach dem Zufallstreffer.

Wenn ich nicht fündig wurde – im Sinne von Fantasy, wohlgemerkt, nicht von Sex –, versuchte ich, in der Jugendbuchabteilung der Stadtbibliothek wenigstens Bücher über Drachen und Elfen abzugreifen. Ich kaufte mir sogar die Narnia-Bücher und las sie alle auf einen Rutsch weg, was sich ein bisschen so anfühlte, als hätte man sich an Hostien überfressen. Da war ich dann aber auch bedient.

Schließlich machte man mich dingfest und sperrte mich

mit einer Minimalration an Science-Fiction in einen dunklen Raum, bis ich von der Sucht kuriert war; mittlerweile kann ich an einem Buch mit einem Drachen auf dem Cover vorbeigehen, ohne gleich feuchte Hände zu kriegen.

Dennoch blieb ich immer in Kontakt mit dem, was nach allgemeinem Konsens das Fantasy-Universum ausmacht – ein Universum, das Sie alle kennen, beruhend auf Volksmärchen, Schauerromantik und Walt Disney, erschaffen von E.R. Eddison, Jack Vance, Ursula Le Guin und Fritz Leiber – oder nicht? Diese Autoren und noch ein paar andere haben das Genre eigentlich sehr genau definiert, sodass es heute für parasitäre Schreiberlinge wie mich zum Glück so etwas wie einen gemeinfreien Fundus an Handlungselementen gibt: Drachen, Zauberer und Hexen, ferne Horizonte, heldische Quests, Gegenstände, die Macht verleihen, und sonderbare Städte. Und die Art von Umgebung, die wir auch auf der Erde hätten haben können, wenn dem lieben Gott nicht das Geld ausgegangen wäre.

Ein gutes Beispiel für das Fantasy-Universum ist das klassische Rollenspiel *Dungeons and Dragons*, ein Mosaik aus allen Fantasy-Storys, die Sie je gelesen haben.

Natürlich starrt dieses Universum vor Klischees, wie sollte es auch anders sein. Die Elfen sind groß und blond und mit Pfeil und Bogen ausgestattet, die Zwerge sind klein und dunkel und wählen Labour. Und die Magie funktioniert. Das ist der Unterschied zwischen dem Fantasy-Universum und unserem. Im Fantasy-Universum braucht ein Zauberer nur auf irgendwen zu deuten, dann gibt es einen Knall, bläuliche Funken stieben, und die arme Seele wird in irgendwas Scheußliches verwandelt.

Wer auf Lacher aus ist, tut jedenfalls gut daran, sich einer von zwei bewährten Methoden zu bedienen: Entweder man stellt dem Klischee ein Beinchen, oder man nimmt es absolut wörtlich. In der Fortsetzung von den *Farben der Magie*, die mit dem majestätischen Tempo von Kontinentalplattenverschiebungen in Druck geht, erfährt man zum Beispiel, was passiert, wenn jemand wie ich auf die Idee kommt, dass megalithische Steinkreise nichts anderes als komplexe Computer sind. Man hat dann also Druiden, die sich im Computer-Jargon über die Wunder der Stonehenge-Technologie auslassen.

Während ich die Fantasy-Welt nach Klischees abgraste, die sich vielleicht für einen Lacherfolg verwursten ließen, stieß ich auf eines, das wir, weil es sich uns so tief eingeprägt hat, kaum noch als solches wahrnehmen. Prompt fing ich an, es genauer unter die Lupe zu nehmen.

Es gibt eine sehr scharfe Trennlinie zwischen Frauen- und Männermagie.

Sprechen wir also von Hexen und Zauberern. Man nennt sie gern in einem Atemzug, so als würden sie sich nur vom Geschlecht her unterscheiden, hätten ansonsten aber die gleichen Aufgaben. Doch das stimmt nicht. In der Fantasy-Welt gibt es keine männlichen Hexen. Okay, okay, einen Hexenmeister, aber das ist nicht dasselbe. Und natürlich könnte man für eine bestimmte Geschichte auch eine männliche Hexe erfinden, aber mir geht es hier um den allgemeinen Trend. Jedenfalls findet man eins mit Sicherheit nicht: einen weiblichen Zauberer.

Zauberin? Bloß eine Hexe aus besseren Kreisen. Verzauberin? Bloß eine Hexe mit schönen Beinen. Die Fantasy-Welt bräuchte dringend mal eine Auffrischung in Sachen Chancengleichheit, denn bisher ist die Magie von Frauen dort meist von minderer Qualität, drittklassig und negativ besetzt, während die Zauberer als mächtig, klug und weise gelten.

Komischerweise ist das in unserer Welt nicht anders. Man braucht nicht mal an Magie zu glauben, um das zu erkennen.

Zauberer üben stets eine erhabenere Sorte von Magie aus, während Hexen einem bloß Warzen verpassen.

Der archetypische Zauberer ist natürlich Merlin, Berater von Königen, Begründer der Tafelrunde und als Einziger imstande, den elektromagnetischen Impuls auszulösen, der das Schwert aus dem Stein freigibt. Dabei ist er noch nicht mal ein Folklore-Held. Das Bild, das wir uns von ihm machen, stammt aus Geoffrey von Monmouths *Das Leben des Zauberers Merlin*, das im zwölften Jahrhundert verfasst wurde. Der gute Geoffrey war einer der weltbesten Fantasy-Autoren, fast so gut wie Fritz Leiber, bloß ohne die Marotte mit den Katzen.

Mit Frauen hatte Merlin kein Glück. Die Hexe Morgana war seine größte Feindin; doch gefangengesetzt – in einer Kristallhöhle oder einem Zauberwald, je nachdem, was man lieber glauben mag – wurde er schließlich von einem weiblichen Zauberlehrling. Die Botschaft ist klar, Jungs: Das passiert, wenn man die wahrhaft wirkmächtige Magie in die Hände von Frauen geraten lässt.

Inzwischen wurde Merlin als die Nummer eins unter den Zauberern fast schon von Gandalf verdrängt, dessen Magie sich eher suggestiv manifestiert. An diesem Punkt würde ich gern noch einen dritten Zauberer ins Spiel bringen, von dem die meisten von Ihnen schon gehört haben dürften – Ged, den Magier der Erdsee. Denn die Bücher von Ursula Le Guin präsentieren uns eine perfekt durchdachte und typische Welt der Magie. Vielleicht sind sie deshalb so gelungen, weil sie unserer Vorstellung von magischen Grundmustern besonders gut entsprechen. An ihnen lassen sich etliche Gemeinsamkeiten unserer Magier aufzeigen.

Es sind allesamt enthaltsam lebende Junggesellen. Insofern hält sich das Fantasy-Genre an die Vorgaben der meisten Standardwerke über Magie: Ein guter Zauberer steckt nie einen weg. (Komisch, bei Hexen gibt es keine derartigen Einschränkungen – da kann es die ganze Zeit munter zur Sache gehen, ohne dass ihre Zauberkräfte Schaden nehmen.) Zauberer gehören gern einem Orden an oder sind zumindest in eine Hierarchie eingebunden. So muss ich bei der Insel Rok immer an eine mittelalterliche Universität oder an ein Kloster denken. Frauen gibt es in der dortigen Zauberschule so gut wie keine, obwohl ja irgendwer die Klos putzen muss. Zwar finden sich in der Welt von Erdsee hie und da auch weibliche Zauberkundige, aber die sind entweder böse oder fehlgeleitet, oder sie werden von Ged so behandelt wie eine Dorfhebamme von einem Harley-Street-Gynäkologen.

Können Sie sich vorstellen, dass sich ein Mädchen um einen Platz an der Zauberschule von Rok bewirbt?* Anders gefragt: Können Sie sich einen weiblichen Gandalf vorstellen?

Dass traditionell natürlich auch sämtliche Märchenhexen bösartige, hässliche alte Weiber sind, versteht sich fast schon von selbst. Wahrscheinlich sind die Lebkuchenhäuschen schuld – kein Wunder, dass die Hexen stets als zahnlos dargestellt werden, wenn sie in einem 90 000-Kalorien-Haus wohnen. Wurden sie nachts von einem Geräusch geweckt, waren es schon wieder die Bälger aus der Nachbarschaft, die ihnen die Türklinke abknusperten. Laut einem sehr schön illustrierten Büchlein über Zauberer, das meiner achtjährigen Tochter gehört und in jeder gutsortierten Buchhandlung zu finden ist, »machen Zauberer das Unheil wieder gut, das von bösen Hexen angerichtet wird«. Da haben wir sie wieder, die immer gleiche Botschaft: Weibliche Magie ist böse und niederträchtig.

---

* Natürlich können Sie das, wenn Sie die späteren Erdsee-Romane gelesen haben. Aber 1985 lag das noch in weiter Ferne.

Aber warum nur? Kann es sein, dass sich im Fantastischen Elemente des Realen widerspiegeln?

Das Seltsame ist ja, dass wir, zumindest in der westlichen Welt, keine ausgeprägte magische Tradition haben. Vergebens sucht man nach echten Zauberern oder auch Hexen. Zwar kenne ich viele, die sich selbst als Hexen, Heiden oder Magier sehen, doch wenn sie halbwegs realistisch sind, müssen sie zugeben, dass sie sich ihre Künste nur aus Büchern und fantastischen Geschichten angeeignet haben, auch wenn sie sich gern als Adepten einer Tradition empfinden, die seit Anbeginn der Menschheit besteht. Ich bin zu der Ansicht gelangt, dass die Fantasy-Literatur in all ihren Ausformungen keinerlei Basis in der wirklichen Welt hat. Hexen und Zauberer sind schlicht und einfach von ihrer Lektüre beeinflusst, wie sie es früher von Volksmärchen waren. Und so erfindet die Literatur die Realität.

In Westeuropa sind Zauberer dünn gesät. Das gute Dutzend, das ich überhaupt ausgraben konnte, scheint sich im historischen Rückblick durch die Bank als Hochstapler oder Trickbetrüger zu erweisen. Druiden hätten sehr schön ins Bild gepasst, aber bis sie vor zweihundert Jahren neu erfunden wurden, existierten sie bloß in wenigen Zeilen von Julius Cäsar. Das ganze Brimborium mit den weißen Gewändern, den Sicheln und dem Einssein mit der Natur ist reines Wunschdenken. Doch deshalb darf man es noch lange nicht außer Acht lassen. Während Cäsar sie als blutrünstige Priester einer auf Menschenopfer gründenden Religion beschrieb, hat die PR der Geschichte sie in mystische Schamanen verwandelt, friedfertige Zaubertrankbrauer.

Obwohl in Europa ab 1400 drei Jahrhunderte lang angeblich neun Millionen Menschen wegen Hexerei hingerichtet wurden – eine Zahl, die in vielen esoterischen Büchern zum Thema Okkultismus genannt wird und vermutlich ebenso glaubwürdig ist wie alles andere, was darin steht –, ist es doch schwierig, echte Beweise dafür zu finden, dass Hexenkulte tatsächlich weit verbreitet waren. Ich kenne einige Leute, die behaupten, Hexen zu sein. Nein, es sind Hexen – warum sollte ich ihnen nicht glauben? Ihre Art von Religion kommt mir verworren, aber gutgesinnt und auf jeden Fall harmlos vor. Die moderne Hexerei ist so etwas wie Öko-Bewegung plus Beschwörungsformeln. Wenn sie überhaupt irgendwelche Wurzeln hat, dann liegen sie in den Werken des früheren Kolonialbeamten und Pioniers der Freikörperkultur Gerald Gardiner. Ich bin aber eher der Meinung, dass sie in einem Mischmasch von Kräuterheilkunde, Hippie-Esoterik und dem *Herrn der Ringe* gründet.

Trotzdem muss ich akzeptieren, dass es sogenannte Hexen wirklich gegeben hat. Eigentlich sind sie ein reines Folkloreprodukt, so nach dem UFO-Prinzip: Jemand sieht ein Phänomen am Himmel, das er sich nicht erklären kann, hat aber schon mal was von fliegenden Untertassen gehört und schließt daraus, dass es sich um ein solches Flugobjekt gehandelt haben muss – und prompt ist durch seine »Sichtung« der große Schneeball der Ufologie wieder um ein paar Flocken angewachsen. Genauso weiß jeder Bauer, dass Hexen garstige alte Weiber sind, die allein leben, denn das berichtet ja die Überlieferung, folglich muss die einsame alte Frau in ihrem Häuschen im Wald eine Hexe sein. Bald weiß es dann jeder, dass unten im Tal eine Hexe wohnt, diverse Schicksalsschläge werden ihr zur Last gelegt, und der Mythos hat sich wieder einmal bewahrheitet.

Beweise für das Vorhandensein von Zauberern findet man dagegen so gut wie nie. Bis auf das oben erwähnte fragwürdige Dutzend, von denen sich die Hälfte ohnehin als Alchimisten oder Windbeutel entlarven lassen, habe ich nur noch ein paar freimaurerisch angehauchte Kulte wie den Horseman's Word in East Anglia ausfindig machen können. Für Gandalf ist da nicht viel zu holen.

Besonders verwunderlich erscheint das ja nicht, denn wie man weiß, kriegen die Frauen immer den schwarzen Peter ab. Alles, was Frauen machen, wird automatisch abgewertet. Das ist die allgemeine Ansicht – nun, die allgemeine Ansicht meiner Frau, seit sie an Selbsterfahrungsgruppen teilnimmt; sie findet es albern, sich überhaupt Gedanken zu dem Thema zu machen, weil die Antwort doch auf der Hand liegt. Ihrer Theorie zufolge hat sich die Männerwelt die Oberhoheit über das gesamte Gebiet der Magie gesichert, weshalb jeder Versuch von Frauenseite, sich in diese geheiligten Gefilde vorzuwagen, rigoros abzuwehren ist. Frauen werden von Männern als das schwache Geschlecht betrachtet, und so ist auch alles, was sie an Zauberei zustande bringen, automatisch minderwertig. Nicht zu vergessen die natürliche Furcht des Mannes vor der machtvollen Frau: Hexen waren arme Frauen, die einen der wenigen Wege zur Macht einschlugen, die ihnen offenstanden, und die Männer wehrten sich mit Folter, Feuer und Verhöhnung.

Ich wäre froh, wenn ich es dabei bewenden lassen könnte. Aber Tatsache ist, dass die Fantasy-Welt diese Sicht der Dinge teilt und aufrechterhält. Ich neige zu einer anderen Ansicht, und sei es auch nur, um die Diskussion am Laufen zu halten: Ich sehe das Ganze eher metaphorisch. Das Geschlecht der Magie betreibenden Person spielt eigentlich keine Rolle. Der klassische Zauberer, möchte ich meinen, verkörpert das Ideal der Magie – alles, was wir gerne wären und könnten, wenn wir nur die Macht dazu hätten. Die klassische Hexe dagegen, mit ihrem oft böswilligen Interesse an menschlichen Schwächen und Nöten, ist das Zerrbild all dessen, was wir auf keinen Fall werden wollen.

Nun gut, einen Doktorhut werde ich damit nicht gewinnen. Ich fürchte, dank des heimtückischen Mediums Bilderbuch werden die Zauberer weiter ihre hehre Magie praktizieren und die Hexen ihre bösartigen Bannsprüche aushecken. Es wird wohl noch viel Zeit vergehen, bevor es gleiche Riten für alle gibt.

Die Wurzeln der Fantasy

»The Roots of Fantasy: Myth, Folklore & Archetype«,
in: *The Book of the World Fantasy Convention*,
Hrsg.: Shelley Dutton Berry, 1989

Ich habe den Text ein wenig zurechtgestutzt und ein paar Details eingefügt. Die Sache mit dem nuklearen Kobold ist absolut wahr.

Und es gibt noch eine Geschichte über dieses Kernkraftwerk, die nur darauf wartet, Wirklichkeit zu werden.

Kraftwerke zu bauen ist nämlich ein langwieriger Prozess. Riesige Baumaschinen verbringen ihr gesamtes Arbeitsleben auf der Baustelle, bis sie wegen Altersschwäche zusammenbrechen. Was kann man mit so einem Wrack von einem Bulldozer noch anfangen? Na, weil man sowieso schon bergeweise Aushub hat und das Gelände ja hinterher auch noch landschaftsgärtnerisch aufwerten muss, verbuddelt man den guten Alten in einem schönen Hügelgrab, vielleicht zusammen mit ein, zwei Baggern, die ihm im Jenseits zu Diensten sein können.

Wer die ehemalige Baustelle heute besichtigt, hält das Hügelgrab für den Koboldhügel. Dabei liegt der auf der anderen Straßenseite und fällt gar nicht weiter auf.

Nun stelle ich mir gern vor, dass in einer Gewitternacht in beide Hügel gleichzeitig der Blitz einschlägt. Natürlich muss es so ein langsamer, bläulich knisternder Zickzackblitz sein, wie man ihn nur im Kino sieht.

Auf einen Augenblick tiefster Stille folgt das gedämpfte, aber unverwechselbare Rumpeln eines gewaltigen Dieselmotors, der zum Leben erwacht…

Also, auf die Pressemeldung darf man gespannt sein.

Letztes Jahr sagte ein amerikanischer Kollege zu mir: »Ihre Bücher werden sich bei uns wohl leider nicht gut verkaufen, weil man bei Ihnen keine Elfen singen hört.«

Es sieht ganz so aus, als wäre er ein bisschen voreilig gewesen, aber mir ist es sowieso lieber, wenn man keine Elfen singen hört. Wahrscheinlich sind sie mit sehr viel interessanteren Dingen beschäftigt. Und wenn Singen zum Aufgabenbereich der Elfen gehört, dann interessieren mich eben nur die unmusikalischen unter ihnen. Der Hauptspaß am Schreiben witziger Fantasy ist die Suche nach Klischees, die man umkrempeln kann. Aber genug davon…

Die Wurzeln der Fantasy reichen viel tiefer als nur bis zu Drachen und Elfen, und es ist eigentlich schade, dass so viele Autoren sich nach wie vor nur im herkömmlichen, sattsam bekannten Fantasy-Universum aufhalten… Sie wissen schon, was ich meine.

Irgendwo ganz tief unten, im Urgestein, liegt der Wunsch, Welten zu erschaffen, die komplex, bizarr und gefährlich erscheinen mögen, aber dennoch Regeln haben und vermutlich auch eine moralische Basis. Wir wissen, dass der dritte Bruder, der dem armen alten Weiblein zu essen gibt, den Durchbruch schaffen wird, wir wissen, dass die letzte, verzweifelte Eins-zu-einer-Million-Chance wahrscheinlich die Rettung bringt, wir wissen, dass alles, was der Hauptperson unter geheimnisvollen Umständen begegnet, ein wichtiger Teil der Handlung ist. Wir wissen, dass der Schweinehirte in Wahrheit der verkleidete Königssohn ist, denn genauso sehen wir uns ja auch; doch in dieser kleinen Nebenwelt gibt es nachvollziehbare Ge- und Verbote, über die er sich, im Gegensatz zu uns, hinwegsetzen kann, um … nun ja, heil ans Ende des Buchs zu gelangen.

Es gibt natürlich auch eine Kehrseite. Nehmen wir zum Beispiel den *Herrn der Ringe*, für viele aus meiner Generation das erste Fantasy-Buch, das sie gelesen haben. Aus der Erwachsenenperspektive interessiert mich an der ganzen Saga eigentlich am meisten, wie es danach weiterging – die Probleme eines vom Krieg verwüsteten Kontinents, der Marshall-Plan für Mordor, die Verlagerung der politischen Machtverhältnisse, die Demokratisierung von Minas Tirith. Daraus könnte man eine witzige Story machen. Oder eine Satire. Aber keine ernsthafte Fantasy im eigentlichen Sinne, dazu wären die Themen zu nah an unserer Realität. Wir wollen Helden und Problemlösungen, und natürlich auch singende Elfen.

Dass die Welt in Wirklichkeit eine andere ist, wissen wir, seit wir zum ersten Mal im Kreis um eine Feuerstelle saßen und der Schamane uns von Zog, dem Mammuttöter, erzählte. Die Welt ist nicht so, aber sie sollte so sein, und wenn wir nur fest genug daran glauben, überstehen wir vielleicht die nächste Nacht.

Die Fantasy-Literatur stülpt dem Universum eine Ordnung über, eine menschliche Ordnung. Obwohl uns die Realität sagt, dass wir nur für eine kurze, von vielerlei Gefahren bedrängte Zeitspanne in einer kalten Unendlichkeit existieren, bestätigt uns die Fantasy, dass die Figuren im Vordergrund wichtig sind. Sie bevölkert die fernen Sphären des Weltraums, und es kommt gar nicht so sehr darauf an, ob die Wesen, mit denen sie besiedelt werden, zu den Guten oder den Bösen gehören. »Hy Brasil«

auf die Landkarte zu schreiben ist ein Schritt in die richtige Richtung, zur Not tut es aber auch die Warnung »Hier gibt es Drachen«. Besser Drachen als endlose Leere.

Ganz unten, an der tiefsten Spitze der Wurzel, liegt die Angst vor dem Dunkeln und der Kälte, doch sobald man dem Dunkel einen Namen gibt, wird man schon besser damit fertig. Oder man bildet es sich zumindest ein, was auf das Gleiche hinausläuft.

Das Bedürfnis, Strukturen zu schaffen, ist auch unter uns aufgeklärten Zeitgenossen, die wir wissen, was Teflon und eine Zentralheizung sind, noch ebenso stark ausgeprägt. Wenn ich mich zum Beispiel auf einer langen Reise langweile, halte ich an einer Tankstelle und kaufe mir eine Kassette, und da die gebotene Auswahl für gewöhnlich eher unterirdisch ist, gehe ich meistens auf Nummer sicher und entscheide mich für eine Mainstreamband, bei der mir wenigstens nicht sofort übel wird. Deshalb liegen in meinem Auto überall irgendwelche Billig-Best-of-CDs herum. So viel zur Realität. Doch mittlerweile habe ich die fixe Idee entwickelt, dass sich jede Kassette, die ich zwei Wochen lang im Auto lasse, in eine »Best of Queen«-Compilation verwandelt. Meine Freunde halten das für Blödsinn. Ihre Kassetten, behaupten sie, verwandeln sich grundsätzlich in Bruce Springsteen.

Okay, ich geb's zu, ich glaub's ja selbst nicht ganz. Ich habe auch schon eine vernünftige Erklärung gefunden. Wie das rätselhafte Gewisper in unserem alten Haus, das ich auf nistende Stare unter dem Dachgiebel zurückführen konnte. Wenn Sie wissen wollen, was »raunen« genau bedeutet – es ist exakt das Geräusch, das Stare bei Nacht machen. Und das Ungetüm, das so asthmatisch hinter meinem Rücken keuchte, während ich friedlich dasaß und las? Es war das Echo des altmodischen

Rasenmähers, den ein Nachbar in seinem Garten hin und her schob und dessen Kettenrasseln wie ein Schlossgespenst klang. Die zwanzig Sekunden, die ich brauchte, um die Geräuschquelle zu identifizieren, ohne mich umzudrehen, kamen mir wesentlich länger vor.

Aber ich wollte ja noch von dem Atomkraftwerk erzählen, das man direkt neben einen eisenzeitlichen Grabhügel gesetzt hat, der bei den Einheimischen Koboldhügel hieß. Während der Bauzeit gewöhnten die Arbeiter sich an, jedes Missgeschick, vom verlorenen Hammer bis hin zu gravierenden Projektverzögerungen, auf das bösartige Einwirken der Kobolde zu schieben (anscheinend war jemand aus Versehen mit einem Lastwagen über den Hügel gebrettert, was Kobolde bitter übel nehmen). An das ganze Koboldunwesen geglaubt hat natürlich kein Mensch. Als das Kraftwerk stand, schenkte die Baufirma dem Direktor einen Kobold – als Gartenzwerg. Er bekam einen Ehrenplatz im Trophäenregal. Bald schon hieß es, man dürfe den Kobold niemals an einen anderen Platz stellen, sonst wäre uns ein Störfall gewiss. Aber irgendwann hat ihn dann doch jemand in einen Schrank geräumt. Drei Wochen später gab es eine Sturmflut, und die Pumpstation stand zwei Meter tief unter Wasser, wodurch vier Reaktoren ausfielen.

Gleich am nächsten Tag war das Fernsehen vor Ort, um die Aufräumarbeiten zu filmen, und prompt erwähnte einer der Arbeiter den Kobold, der für die sprichwörtlichen fünfzehn Minuten Ruhm aus seinem Verlies befreit wurde. Hahaha, der Fluch des Kobolds hatte das Kraftwerk lahmgelegt. Hahaha.

Damals konnte man über Atomkraft noch Witze machen. Es war ein guter Gag für die Fernsehnachrichten, der Aufhänger für einen halbwegs gelungenen Beitrag darüber, wie schnell es gelang, das Kernkraftwerk wieder ans Netz zu bringen.

Die Meldung ging um die Welt. Das Hahaha-Element ging dabei gleich als Erstes verloren. Und wir bekamen Briefe von überall her. Besonders aus dem damaligen Westdeutschland, wenn ich mich recht erinnere. »Bitte lassen Sie uns Genaueres über das Wesen wissen, das es geschafft hat, bei Ihnen ein Kernkraftwerk lahmzulegen«, hieß es da beispielsweise.

Als Pressesprecher war es meine Aufgabe, eine passende Antwort zu verfassen, und ich muss sagen, sie gelang mir nicht schlecht.

Nach ein paar einleitenden Sätzen über den sogenannten »Fehlerteufel« als solchen, erläuterte ich, dass eben viele Berufe ihren eigenen Aberglauben und ihre eigenen Mythen pflegten. Doch ich bekam schnell zu spüren, dass nicht jeder im Betrieb meine unbedarfte Meinung teilte, bei uns glaube natürlich kein Mensch ernsthaft an die Geschichte. Die Männer waren Ingenieure. Sie kannten Murphys Gesetz. Sie hatten bei Gott nicht vor, einen Kobold gegen sich aufzubringen.

Tatsächlich verlief meine Unterredung mit einem Chefingenieur in der blitzblanken, hypermodernen Anlage in etwa wie folgt:

»Sie können doch nicht sagen, dass hier keiner daran glaubt.«

»Soll ich etwa sagen, dass wir tatsächlich daran glauben?«

»Nein ... sagen Sie einfach, es ist bloß eine Geschichte.«

Und später meinte ein anderer: »Was für Legenden man sich wohl in tausend Jahren über unser AKW erzählt, wenn davon nur noch ein Haufen Schutt übrig ist? Wahrscheinlich sagen die Leute im Dorf, dass hier um Mitternacht die Physiker spuken.« Und wir waren uns einig, dass man sich schon ein sehr ausgeklügeltes Warnsystem einfallen lassen müsste, damit so ein versunkener Atomreaktor nicht in Zukunft die Rolle des klassischen verfluchten Grabmals verkörpert, bei dem derjenige, der sich Zutritt verschafft, binnen kurzer Zeit auf rätselhafte Weise dahingerafft wird.

Ich war beeindruckt. Wer hätte gedacht, dass Ingenieure so eine blühende Fantasie haben konnten? Schon breitete sich über die nackte Realität des Faktischen der wärmende Mantel der Fantasy – oder zumindest der Spinnerei. Wenn es jemals eine Mondbasis, Marsstation oder gar L5-Kolonie gäbe, würden wir die neue Landschaft mit recycelter Fantasy möblieren: Schattengestalten, die durchs Tragwerk huschen und heimlich Strom abzapfen, oder Wichtel, die aus der Computerverkleidung schlüpfen und einem bei Nacht den Astronautenhelm putzen, wenn man ihnen eine Schüssel Weltraumnahrung hinstellt.

Wir sprühen unsere Fantasien auf die Landschaft, wie ein Hund seine Duftmarken setzt. So machen wir sie uns zu eigen. Sobald wir unsere Götter und Dämonen erfunden haben, können wir sie günstig stimmen oder exorzieren.

Nachdem wir Elfen in dem knorrigen, unheimlichen Baum angesiedelt haben, können wir selbst entscheiden, wie unser Verhältnis zu ihm sein soll, ob wir ihn mit Girlanden schmücken, uns darunter hocken und auf Visionen warten – oder ihn mit dem Bulldozer umlegen und dem Aberglauben abschwören.

Elfen waren Biester

Hillcon-Programmheft, November 1992

Als ich den folgenden Text nach zwölf Jahren noch einmal las, dachte ich: Wow, da war ich aber schlecht drauf, sehe ich das immer noch so?

Und die Antwort lautet: ja, eigentlich schon.

1992 war der Fantasy-Boom, der Mitte der Achtziger begonnen hatte, auf seinem Höhepunkt angekommen. Man konnte sich gar nicht mehr retten vor dem Zeug, ob einheimisch oder importiert. Vieles war gut, vieles aber auch schlecht – nicht unbedingt schlecht geschrieben, es brachte nur einfach nichts Neues. Ich erinnere mich an eine Ausgabe des Magazins Locus, *in der drei verschiedene Titel beworben oder rezensiert wurden, in denen der Böse ein »Dunkler Herrscher« war (und keiner davon hatte mit dem* Herrn der Ringe *zu tun). O Mann. Dunkle Herrscher gehören rationiert.*

Die Regale auf den Conventions waren voll davon, und alle Titel ähnelten sich irgendwie. Sicher waren auch gute Bücher darunter, aber wie sollte man die erkennen? Bei all den Einhörnern, Drachen, Elfen, Gralssuchen … die Welt der heroischen Fantasy schöpfte nur noch aus dem eigenen Fundus an Gemeinplätzen.

Schlecht für die Fantasy, gut für mich. In diesem Umfeld konnte ich mir die Zielscheiben aussuchen.

Tja, damals... heute bin ich viel, viel gelassener. Es wäre sicher nicht verkehrt, mal eine Weile einen großen Bogen um Disneyworld zu machen.

Ich gelte als Fantasy-Autor, aber langsam bin ich dieses Etikett leid. Wieso? Weil das, was so gut sein könnte, leider oft schlecht ist. Weil da draußen so viel Müll unterwegs ist, so viel naive Verehrung nervtötender Mythen, so viel geistloses Recycling alter Sagenzyklen, so viel platter Eskapismus.

Ich habe nichts gegen das Recyceln. Die Jahreszeiten tun es, und Märchen tun es auch. Sicher ist das Nacherzählen eine ehrenwerte Kunst – aber es sollte wenigstens versucht werden, den Stoff auf originelle Weise aufzubereiten. *Star Wars* ist die heroische Fantasy-Saga par excellence, gewürzt mit genügend unvorhergesehenen Wendungen, die für Spannung sorgen. *Robocop* erzählt eine alte Geschichte mit neuer Stimme und ist großartig; *Robocop II* ist überteuerter Mist, weil die Leute nicht kapiert haben, was sie an dem Original hatten.

Leider verkauft Mist sich immer noch gut. Letztes Wochenende habe ich mir einen kürzlich veröffentlichten Fantasy-Roman angetan, in dem die eine Figur über eine andere sagt: »Er wird argen Ingrimm hegen.« O Gott. Und so geht es seitenweise weiter, ein einziger peinlicher, pseudo-archaischer Humbug. So wird Fantasy verkitscht und verballhornt. »Jenseits des Tales liegt der Palast meines Oheims, des Königs.« Das ist nicht Fantasy – das ist bloß Tolkien, so lange aufgewärmt, bis die ganze Magie verdampft ist.

Die knuddeligen Drachen und noblen Elfen überall schlagen mir aufs Gemüt. Elfen waren nie nobel. Sie waren grausame Rohlinge. Und Helden kann ich sowieso nicht ausstehen. Den Kerlen ist nicht zu trauen. Ich glaube nicht an den Edelmut von

Königen, weil sich im Lauf unserer Geschichte viel zu viele von ihnen als machtversessene Schwachköpfe entpuppt haben. Und am allerwenigsten glaube ich an die Weisheit von Zauberern. Ich habe mit ihren modernen Pendants zu tun gehabt und weiß, wovon ich rede.

Fantasy sollte das Vertraute in neuem Licht darstellen – und genau das versuche ich mit der Scheibenwelt. Es geht mir um das Hier und Jetzt, nicht um das Dort und Damals. Fantasy ist die Ur-Literatur, aus der alles andere entstanden ist – weshalb ich rotsehe, wenn selbstverliebte Literaturkritiker sie in Bausch und Bogen als Schund abtun. Wenn sie gelingt, ist sie im besten Sinne eskapistisch.

Das Gute am Flüchten ist ja, dass man nicht nur vor etwas flüchtet, sondern auch zu etwas hin. Idealerweise sollte es eine Reise mit einem lohnenden Ziel sein, von der man um eine Erfahrung reicher zurückkehrt. Zu oft ist »Fantasy« bloß wertloser Zucker, das Leben bloß weiche Krume, ohne die Krusten.

Ich schreibe diesen Text in Florida, in der Heimat der Fantasy – der auf dem Bildschirm und der, die man sich durch die Nase reinzieht. Die Amerikaner haben ganz schön abgefahrenen Stoff; zum Beispiel Disney/MGM und die Universal Studios.

Das Abgefahrene daran ist, dass es überhaupt keine richtigen Studios sind. Gut, ab und zu drehen sie da mal einen Film, aber das eher nebenbei. Sie wurden nicht als Studios erbaut, sondern als Themenparks. Die potemkinschen Häuserfronten, die kunstvollen Kulissen, die trügerischen Perspektiven dienen alle nur dem Zweck, nach etwas auszusehen, was seinerseits auch nur dem Zweck diente, nach etwas auszusehen. Und zwar nach etwas Unwirklichem.

Wer hätte das gedacht?

Hier in Amerika – und in geringerem Maße auch in England – kann man Zeitungsartikel lesen und sogenannte Bücher kaufen, die über Figuren aus Fernsehserien berichten, als wären es reale Menschen. Die Welt trudelt in eine sonderbare Richtung. Man kann die Wirklichkeit nicht mehr von Fantasy unterscheiden. Sie glauben, ich übertreibe? In Supermarktregalen finden Sie »Zeitungen« wie die *Sun, Midnight Globe, Weekly World News*. Typischer Leitartikel: Elvis wurde lebend an Bord eines aus dem Bermudadreieck geborgenen Ufos gefunden. Die Leute lesen diesen Käse. Dabei ist das Zeug noch nicht mal gute Science-Fiction. Und diese Leute sind Wähler, genau wie Sie und ich.

Das fällt natürlich alles unter »Flucht vor«. Der Disney-Tingeltangel, die Elfen, die blödsinnigen Storys. Das alles führt nirgendwohin. Bei den wirklich guten Sachen dagegen tritt man nicht auf der Stelle, sie eröffnen einem ganz neue Blickwinkel auf die Welt. Dass ich als Kind so auf Fantasy stand, weckte in mir ganz allgemein die Freude am Lesen, und Bücher über Astronomie und Paläontologie haben in mir ein Staunen ausgelöst, gegen das selbst Mittelerde nicht anstinken konnte.

Hauen wir nicht einfach ab von hier. Brechen wir auf zu neuen Ufern. Und wenn wir unterwegs ein paar Elfen niedertrampeln können, umso besser.

Unter Drachen

☆ ☆ ☆ ☆ ☆ ☆ ☆

***The Bookseller*, 11. Juni 1993**

Eine Rede zur Verteidigung der Fantasy, gehalten als Ehrengast beim jährlichen Festessen der Booksellers Association Conference in Torquay, 1993

Das erste Buch, das ich je gelesen habe, war *Der Wind in den Weiden*, und ich besitze es noch immer. Das allererste Buch meines Lebens war es vermutlich nicht, auf jeden Fall aber das erste, das ich aufgeschlagen habe, ohne an den Buchdeckeln herumzukauen oder mich weit, weit weg zu wünschen. Mit meinen zehn Jahren war es das erste, das ich las, weil es mich wirklich interessierte.

Heute weiß ich natürlich, dass es die völlig falsche Art von Kinderbuch ist. Es kommt nur eine einzige weibliche Figur darin vor: ein Waschweib. Es wird keinerlei Versuch unternommen, die soziale Konditionierung und prekäre Wohnsituation der Marder und Wiesel zur Erklärung ihres Handelns darzustellen. Das Haus von Herrn Dachs ist eine Verhöhnung aller Kinder, die nicht das Glück haben, im Wilden Wald zu wohnen. Die häusliche Gemeinschaft von Maulwurf und Ratte wäre wohl noch einigermaßen annehmbar, aber nur, wenn sie sich frank und frei zu ihrer Beziehung bekennen würden.

Na, jedenfalls wurde mir das Buch in die Hand gedrückt, und weil es mir nicht von den Eltern oder Lehrern empfohlen worden war, las ich es in einem Rutsch durch. Und dann fing ich gleich noch mal von vorne an, weil ich gar nicht gewusst hatte, dass es solche Geschichten überhaupt gab.

Die Begeisterung, mit der man als Kind in die Welt der Bücher eintaucht, ist wie ein unwiederholbarer Rausch. Kinder würden am liebsten alles lesen, ehe es sich vor ihren Augen in Luft auflöst.

Ich musste mir dieses Neuland selbst erschließen. Von den Altvorderen kam nur die Botschaft, ja klar, Bücher sind eine gute Sache, aber an irgendwelche Ratschläge oder Empfehlungen kann ich mich nicht erinnern. Ich war ganz auf mich allein gestellt.

Inzwischen gelte ich selbst als Jugendschriftsteller. Von Lehrern und Bibliothekaren höre ich: »Ihre Bücher sind besonders bei den Kindern beliebt, die sonst nicht gern lesen.« Ich nehme das als Kompliment, auch wenn man es ein bisschen anders formulieren könnte. Tatsächlich lernt man als Genre-Autor sein Zielpublikum sehr genau kennen. So weiß ich zum Beispiel, dass viele meiner Leser alt genug sind, um Auto zu fahren oder sogar schon Rente zu beziehen. Weil sich aber trotzdem der Mythos hält, dass ich nur von vierzehnjährigen Kevins gelesen werde, muss ich mich zwangsläufig auch mit der dunklen Unterwelt der sogenannten Kinder- und Jugendliteratur beschäftigen.

Aber damit stehe ich ziemlich alleine da, mal abgesehen von jenen tapferen Seelen, die mit Kindern arbeiten und sich mit ihrem Lesestoff auseinandersetzen, unbesungene Helden des Widerstands in einem Krieg, den vielleicht blaue Überschalligel und bionische Klempner gewinnen werden. Sie haben nicht viele Verbündete, nicht mal da, wo man welche erwarten würde. Im Unterschied zu der Riesenmenge an Titeln, die permanent herausgebracht werden, um den geistigen Horizont der Erwachsenen zu erweitern, schwingt sich meine Sonntagszeitung nur alle Jubeljahre mal zu einer Kinderbuchrezension auf. Um dann zu unterstreichen, dass es sich bei der betreffenden Seite bloß um so etwas wie eine literarische Spielstraße handelt, wird sie zur Sicherheit auch noch mit einem Teddybären garniert.

Vielleicht tut die Redaktion ja gut daran. Meiner Erfahrung nach lesen Kinder keine Kinderbuchrezensionen. Ihre Welt ist eine andere.

Von den bereits erwähnten Schulbibliothekaren höre ich, dass Kinder, die Spaß am Lesen haben, ihr Taschengeld am ehesten für Fantasy, Science-Fiction und Horrorstorys ausgeben. Und obwohl sie froh und dankbar sind, dass die Kinder in diesem elektronischen Zeitalter überhaupt noch Bücher lesen, macht ihnen die Auswahl doch etwas Sorgen. Das wäre aber gar nicht nötig.

Inzwischen ist mir klar geworden, dass fast alle Fiktion irgendwo auch Fantasy ist. Was Agatha Christie schrieb, war Fantasy. Was Tom Clancy schreibt, ist Fantasy. Was Jilly Cooper schreibt, ist Fantasy – zumindest hoffe ich das für sie. Aber was die Leute normalerweise mit Fantasy assoziieren, sind Schwerter, sprechende Tiere, Vampire, Raketen (denn Science-Fiction ist Turbo-Fantasy), und das kann alles ganz schön albern sein. Aber Fantasy stellt auch Spekulationen über die Zukunft an, schreibt die Vergangenheit um, überdenkt die Gegenwart. Sie spielt mit dem Universum.

Fantasy macht Erwachsene nervös. Kinder, die darauf stehen, belegen sie mit Ausdrücken wie »bombig« und »supercool«. Das gibt natürlich Anlass zur Sorge. (Wenn sich jemand wie

P. D. James des Science-Fiction-Instrumentariums bedient, definieren hilfreiche Leute das Feld gern neu, um ihr nicht dieses Kainsmal aufdrücken zu müssen; ihr Buch ist keine Science-Fiction, »weil es nicht nur um Roboter und andere Planeten geht«. P. D. James schreibt Science-Fiction? Unmöglich. Aber ihr *Land der leeren Häuser* ist ein Science-Fiction-Roman, ebenso wie *Pfeil der Zeit* von Martin Amis oder *Vaterland* von Robert Harris, wie Kurt Vonneguts *Schlachthof 5* oder Philip K. Dicks *Das Orakel vom Berge*. Science-Fiction, dieses Stiefkind der Literaturkritik, ist oft von hoher Qualität; sie kommt ohne Roboter aus, und auch die Erde ist ihr genug.)

Natürlich sind Science-Fiction und Fantasy manchmal schlecht geschrieben. Aber das lässt sich über viele Texte sagen. Literarische Verdienste sind ein künstliches Kriterium, das allein im Auge des Betrachters liegt. In einer Welt, in der *Das Reich der Sonne* von J. G. Ballard nie den Booker-Preis gewinnen kann, gebe ich nicht allzu viel auf solche Werturteile.

Vor einiger Zeit sprach ich mit einer Lehrerin, die ein bisschen mit ihrer Schulleiterin aneinandergeraten war, weil sie mich zu einem Vortrag an die Schule eingeladen hatte und ihre Vorgesetzte etwas gegen Fantasy hatte. Das Genre sei moralisch fragwürdig und für die Welt der Neunziger irrelevant.

Moralisch fragwürdig? Ohne das kuriose Drumherum wäre beinahe jede Art von Fantasy in einem viktorianischen Haushalt willkommen gewesen. Die Moral von Fantasy und Horror richtet sich, alles in allem, nach dem strengen Kodex des Märchens. Der Vampir wird getötet, das Alien aus der Luftschleuse katapultiert, der Dunkle Herrscher besiegt. Auch wenn es Opfer kosten kann, am Ende triumphieren die Guten – nicht, weil sie die besseren Waffen, sondern weil sie das Schicksal auf ihrer Seite haben.

Warum wird der dritte der drei Brüder, der einer alten Frau im Wald von seinem Essen abgibt, am Ende zum König gekrönt? Warum schafft es James Bond, die Atombombe ein paar Sekunden vor der Explosion zu entschärfen, und nicht erst, sozusagen, ein paar Sekunden danach? Weil ein Universum, in dem solche Geschichten nicht gut ausgehen, ein finsterer und feindseliger Ort wäre. Egal, was man sich einfallen lässt – Koboldhorden, Umweltkatastrophen, von mir aus auch gigantische mutierte Nacktschnecken –, man sollte trotz allem immer Hoffnung walten lassen. Mag sein, dass es nur eine schwache, verzweifelte Hoffnung ist, ein matt schimmerndes Artusschwert in der Dämmerung – aber es gilt, uns das Gefühl zu erhalten, dass wir nicht vergeblich leben.

Wenn man den Verstand nicht verlieren will, muss man, wenn ich mal sinngemäß zitieren darf, was Edward Pearce kürzlich im *Guardian* geschrieben hat, manchmal den Blick auf das Kleine richten, muss man Trost und Geborgenheit in einem wohlgeordneten Stückchen Welt suchen, und sei es nur für die Dauer eines Theaterstücks oder Romans. Daran ist ja wohl wirklich nichts Verwerfliches. Die klassische Fantasy-Lektüre könnte Kinder zwar mit dem Okkulten in Berührung bringen, aber doch auf eine zuträglichere Weise, als es in unserer sonderbaren Gesellschaft sonst der Fall wäre. Wenn man liest, dass es Vampire gibt, schadet es nicht, gleichzeitig zu erfahren, wozu Knoblauch und Pflöcke gut sind.

Oder um mit Stephen Sondheim zu sprechen: Fantasy-Leser sollen ruhig lernen, dass Hexen auch mal recht haben und Riesen nett sein können. Dass es nicht so sehr darauf ankommt, wo jemand steht, sondern wohin er geht. All das gehört zum gefährlichen Prozess des Erwachsenwerdens dazu.

Und was den Eskapismus betrifft: Mir gefällt der Begriff.

Gegen Eskapismus ist im Grunde nichts einzuwenden. Es kommt nur darauf an, wovor man flüchtet und wohin.

Als mich in meiner Jugend plötzlich der Lesehunger überkam, bin ich als Erstes ins Weltall geflüchtet. Ich habe Unmengen von Science-Fiction verschlungen, die, wie gesagt, nur eine moderne Spielart der Fantasy ist. Vieles davon war aus streng literarischer Sicht ziemlicher Schrott. Aber nützlicher Schrott. Wie ein mentaler Heimtrainer – man kommt zwar nicht vom Fleck, wird aber unheimlich fit im Kopf.

Ist Fantasy irrelevant? Es war ein Fantasy-Roman von Mary Renault, der mir zum ersten Mal die Zivilisation des antiken Griechenlands nahebrachte. Aber in den Fünfzigern klang Geschichte in der Schule ungefähr so: Erst kamen die Römer, die Bäder hatten, Straßen bauten und wieder abzogen. Danach ging ein unwürdiges Hauen und Stechen los, bis irgendwann die Normannen aufkreuzten und die Geschichte offiziell ihren Anfang nehmen konnte.

Naturwissenschaftlichen Unterricht hatten wir auch, doch obwohl Juri Gagarin über unseren Köpfen um die Erde sauste, kann ich mich nicht erinnern, dass in der Schule jemals darüber gesprochen worden wäre. Oder dass uns irgendwer gesagt hätte, in den Naturwissenschaften ginge es nicht nur um das Herumfuhrwerken mit Chemikalien und Magneten, sondern vor allem darum, Erkenntnisse über das Universum zu gewinnen.

In der Science-Fiction konnte ich unentwegt Erkenntnisse über das Universum gewinnen. Ich brauche mich nicht dafür zu rechtfertigen, dass ich sie spannend fand. Wir leben in einer Science-Fiction-Welt: Zwei Meilen tiefer würden wir verbrutzeln, zwei Meilen höher würden wir nach Luft japsen. Die Wahrscheinlichkeit, dass in den nächsten tausend Jahre ein großer Komet oder Asteroid in unseren Planeten einschlägt, ist zwar nicht die größte, aber sie existiert. Für einen Dreizehnjährigen ist das ein echtes Aha-Erlebnis. Danach kann einen so was wie beispielsweise Akne nicht mehr sonderlich schrecken.

Die anderen Welten draußen im All haben mein Interesse für unsere Welt hier unten geweckt. Es ist nur ein kleiner Schritt von den Zeitreisen zur Paläontologie, von der Fantasy mit ihren Schwertern und Zauberern zur Mythologie und Geschichte der Antike. Die Wirklichkeit ist immer noch merkwürdiger als alles Erfundene; nichts in der Fantasy-Literatur war für mich so faszinierend wie die Lektüre über die Entwicklung des Menschen vom Einzeller zum Lurch, zum Spitzhörnchen, zum Oxbridge-Absolventen und zuletzt zum Säugetier, das Werkzeuge gebraucht.

Begriffen wie Ökologe und Überbevölkerung bin ich Ende der fünfziger, Anfang der sechziger Jahre zuerst in Science-Fiction-Romanen begegnet, lange bevor sie in Mode kamen. Sicher, Malthus hat sie wohl als Erster verwendet, aber welcher Elfjährige liest schon Malthus? Dann doch schon eher jemanden wie John Brunner oder Harry Harrison, deren Bücher scharfe Raumschiffe auf dem Cover haben.

Auch über das Wort Neotenie bin ich damals gestolpert, welches die Beibehaltung von Jugendmerkmalen bezeichnet. Wir Menschen haben diese Eigenschaft als Überlebenstechnik entwickelt. Während andere Tiere ihre Neugier auf die Welt, ihre Anpassungsfähigkeit und Spielfreude verlieren, sobald sie ausgewachsen sind, bleiben sie uns erhalten. Als Spezies stecken wir unsere Finger immer weiter in die Steckdose des Universums, um zu sehen, was passiert. Ganz gleich, ob diese Eigenschaft unsere Rettung oder unser Untergang sein wird: Sie macht uns als Menschen aus. Ich gebe mich lieber mit Leuten ab, die den Mars beobachten, als mit solchen, die immer nur

Nabelschau betreiben – andere Welten sind doch spannender als Flusen.

Zwar bin ich im Zuge meiner ausgedehnten Science-Fiction-Streifzüge auch auf viel Schrott gestoßen, aber der menschliche Geist besitzt zum Glück von Natur aus die Fähigkeit, noch aus dem größten Schrott das Brauchbare herausklauben zu können. Es ist wie beim Goldgraben: Man muss sich durch eine Tonne Dreck buddeln, um an das Gold zu kommen. Wer nicht buddelt, findet das Nugget nicht. Mich hat die eskapistische Lektüre auf jeden Fall in die reale Welt flüchten lassen.

Also, keine Angst, wenn ein Kind Fantasy liest. Sie ist der Kompost, auf dem der Verstand gedeiht. Sie stimuliert den Wissensdurst. Mag sie auch weniger »relevant« wirken als Bücher, die in einer »kindgemäßen« Umgebung spielen, beziehungsweise dem, was der Autor dafür hält, scheint doch einiges dafür zu sprechen, dass ein fantasiereiches Innenleben für ein Kind genauso förderlich ist wie ein fruchtbarer Boden für eine Pflanze, und zwar aus so ziemlich den gleichen Gründen.

Natürlich kann es vorkommen, dass manche ihr Leben lang nie etwas anderes lesen (obwohl sich meiner Erfahrung nach gerade Science-Fiction-Fans auch gern noch in anderen Sparten herumtreiben). Man kann schon einen Schrecken bekommen, wenn etwa ein Erwachsener mit Spitzohren aus Plastik in eine Buchhandlung kommt, aber solche extremen S-F-Fans sind einerseits sowieso in der Minderheit und andererseits auch nicht verschrobener als, sagen wir, Golfspieler und tragen immerhin dazu bei, einen der besten Einstiege ins Lesen am Leben zu erhalten.

Ein Hoch auf die Fantasy, den idealen Dünger für die heranwachsende Seele. Alles, was das Leben ausmacht, findet sich darin wieder: moralische Werte, Ordnungssinn – und manchmal eben auch grüne Monster mit großen Zähnen. Ich hoffe, dass es den Kindern, die mit Fantasy anfangen, so ergeht wie mir und sie auch noch die vielen anderen Arten von Büchern entdecken. Aber jeder muss erst mal irgendwo anfangen.

Und wo Fantasy drin ist, sollte im Übrigen auch Fantasy draufstehen, nicht so ein Kainswort wie »magischer Realismus«. Das ist bloß Fantasy mit Schlips und Kragen, soll heißen, »Fantasy aus der Feder von jemandem, mit dem ich auf der Uni war.« Wie die Märchen, die ihr vorausgingen, braucht auch die Fantasy keine Entschuldigungen.

Einer der bekanntesten Autoren zu Beginn des zwanzigsten Jahrhunderts war G. K. Chesterton. Er schrieb zu einer Zeit, als die Märchen stark unter Beschuss standen, und zwar aus ähnlichen Gründen, mit denen Bücher heutzutage klammheimlich aus den Schulen verbannt werden, weil sie das Wort »Hexe« im Titel haben. Chesterton sagte: »Man wirft den Märchen vor, sie machten den Kindern weis, es gäbe Drachen. Dabei haben die Kinder schon immer gewusst, dass es Drachen gibt. Die Märchen zeigen ihnen lediglich, dass Drachen getötet werden können.«

Magische Welten

Sunday Times, 4. Juli 1999

Als der dritte Harry-Potter-Band herauskam, bat mich die Sunday Times *um einen Beitrag zum Thema, warum ausgerechnet die Briten so gern Fantasy-Romane schreiben. Ansonsten hieß es kurz und knapp: »Wir brauchen den Text bis Donnerstag.« Nachdem der Artikel unter dem Titel »Die Welt der Fantasy« erschienen war, musste ich feststellen, dass ein wohlmeinender Redakteur »numinos« für einen Druckfehler gehalten und durch »luminös« ersetzt hatte. Seufz.*

Ich erinnere mich an einen Garten, den ich oft vom Zug aus gesehen habe, ein kleines Gärtchen hinter einem kleinen Häuschen, eingeklemmt zwischen den ratternden Bahngleisen, einer Plakatwand und einer halbverfallenen Fabrik.

Keine Ahnung, was ein Franzose oder Italiener daraus gemacht hätte. Einen Patio wahrscheinlich, mit ein paar Blumenkübeln und Kletterpflanzen, um die postindustrielle Tristesse zu kaschieren. Aber weil es ein englischer Garten war, gab es natürlich den unvermeidlichen Steingarten mit den kunstvoll arrangierten Betonklumpen – der britische Beitrag zur Kunst des Gartenbaus (der hoffentlich irgendwo in einem Freilichtmuseum für die Nachwelt erhalten wird). Es gab einen Goldfischteich, dessen Bewohner zum Wechseln der Schwimmrichtung wohl erst aus dem Wasser springen mussten. Es gab Rosen. Es gab ein Mini-Gewächshaus aus zusammengenagelten alten Fensterrahmen (noch so eine fabelhafte britische Erfindung). Nie war ein Grundstück so durchgestaltet wie diese paar Quadratmeter katzendreckverseuchten Bodens. Es war ein kleines Paradies, zumindest für Paradiesäpfel, denn Tomaten gab es selbstverständlich auch.

Auf einen Sichtschutz zu dem infernalisch düsteren Fabrikgemäuer war komplett verzichtet worden, es sei denn, man lässt die Stangenbohnen gelten. Für den Gärtner existierte die Ruine nicht. Er lebte in seiner eigenen Welt.

Wir Briten haben eine Begabung dafür, imaginäre Welten zu erschaffen, darin sind wir Exportweltmeister. Und die unangefochtene Nummer eins auf diesem Gebiet ist zur Zeit Joanne Rowling. Noch mehr Bücher könnte sie gar nicht verkaufen, selbst wenn ihr junger Zauberer Harry Potter der Patensohn von Hannibal Lecter wäre. Warum haben wir so ein Faible für Fantasy?

Na, weil sie bei uns – fast buchstäblich – in der Luft liegt. Die frühchristliche Kirche vermied es bei ihrer Ausbreitung bewusst, die heidnischen Kulte jener Zeit plattzumachen. Stattdessen bekamen die heidnischen Riten und Gebräuche eine christliche Tünche verpasst, wodurch man sich zwar einerseits eine Menge Ärger ersparte, andererseits diese Riten und Gebräuche aber auch unabsichtlich am Leben hielt. Seitdem haben wir uns aus Göttern aller Art eine Elster-Mythologie geschaffen, die alles an sich gerafft hat, solange es nur hübsch glänzte. Einiges davon macht heute unseren innersten Wesenskern aus. Die Artussage, aus anderen Legenden entstanden, entwickelte sich zum großen britischen Epos, eingebettet in die Landschaft von einem Ende der Insel bis zum anderen. Jeder Hügel ist König Artus' Thron, jede Höhle Merlins Höhle.

Geschichten erzeugen Geschichten. Ich hatte immer den Verdacht, dass Robin Hood ein ganz gewöhnlicher Räuber war, aber einer mit einer überaus wirksamen Waffe. Und das war nicht der Langbogen, das war die Stimme von Allan a Dale, dem Barden. Eine gute Waffe rettet einem vielleicht das Leben, aber eine gute Ballade kann unsterblich machen.

Später landete diese reiche ländliche Tradition in den Dampfkesseln der industriellen Revolution und wurde unter hohem Druck bis zur Unkenntlichkeit durchgegart.

Natürlich hat es Fantasy immer schon gegeben. Es ist die Ur-Literatur, aus der jede andere entsprungen ist. In der Steinzeithöhle hat sie sich Seite an Seite mit der Religion entwickelt. Sie sind aus derselben Wurzel erwachsen: Wenn wir das richtige Bild zeichnen und die richtigen Worte finden, können wir die Welt lenken, das Jagdglück erzwingen, dem Unheil entrinnen, mit Tod verhandeln. Fantasy-Romane werden gern als »Geschichten von Göttern und Helden« umschrieben, wobei die einen ohne die anderen nicht denkbar sind. Die ersten Helden trotzten den Göttern, beraubten sie, tricksten sie aus, zum Wohle ihrer Menschensippe, und sie kehrten zurück, um davon zu erzählen.

Erst im letzten Jahrhundert gewann die Fantasy eine weitere Komponente hinzu, sie wurde zum Fluchthelfer aus der Trostlosigkeit des Industriezeitalters. Und aus der gleichen Ecke, so scheint mir, kommt auch die englische Versessenheit aufs Gärtnern, bei der die eigene kleine Parzelle für ein, zwei Stunden zur ganzen Welt wird.

Als der *Herr der Ringe* vor einigen Jahren bei einer Leserumfrage der Buchhandelskette Waterstone's zum besten Buch des Jahrhunderts gekürt wurde, spuckten manche Kritiker Gift und Galle. Sie empörten sich über das undankbare Pack, um dessen Literaturverständnis sie sich so bemüht hatten. Die Worte hätten sie sich sparen können. Das Buch entzieht sich souverän ihren Anwürfen. Genauso gut könnte man Steine gegen einen Berg schleudern: Tut ihm nicht weh und macht ihn höchstens noch ein bisschen höher. Das Buch ist längst ein Klassiker, und Klassiker gehorchen keinem Diktat.

J. R. R. Tolkien dominiert die Fantasy-Literatur, die nach ihm kam, auf ähnliche Weise wie der Fudschijama die japanische Druckgrafik. Mal turmhoch aufragend, mal kaum mehr als eine Kontur am Horizont. Und manchmal ist er auch überhaupt nicht zu sehen, was entweder bedeutet, dass der Künstler sich bewusst gegen ihn entschieden hat oder auf seinem Gipfel steht.

Fantasy-Welten besitzen eine große Anziehungskraft und funktionieren nach simplen Regeln, die in der komplexen Welt des zwanzigsten Jahrhunderts einen besonderen Reiz ausüben. Das Böse ist verortbar und kann bekämpft werden – durch das Finden eines Schwerts, die Rückgabe eines Grals, die Zerstörung eines Rings. Der Weg dahin ist mühselig, aber wenigstens gibt es einen Wegweiser. Wenn die Guten sich als ausreichend tapfer und tugendhaft erweisen, werden sie siegen, auch wenn es Opfer kostet. Und hinterher leben sie glücklich und in Frieden ... bis sie wieder losziehen müssen.

Trotzdem war der *Herr der Ringe*, obzwar englisch bis ins Mark, kein typischer britischer Fantasy-Roman. Er entsprang nicht dem Mainstream, hat aber inzwischen selbst viele Nebenströmungen gebildet und ist für viele zum Inbegriff von »Fantasy« geworden.

Das Besondere daran war, dass die Geschichte vollständig in

einer Welt spielte, die wie die unsere erscheint, aber nicht unsere ist, eine Welt mit anderen Gesetzen, beschrieben mit einem sehr genauen Blick fürs Detail – und vor allem ist es eine Welt, in die man von unserer aus nicht gelangen kann. Der einzige Weg hinein führt zwischen den Buchdeckeln hindurch. Es gibt keinen magischen Eingang nach Mittelerde, sei es ein fliegender Teppich, ein Wandschrank, ein Traum oder ein von Schwänen gezogener Wagen. Sie ist eine ganz und gar eigenständige Schöpfung.

Seit Tolkien – und wegen ihm – gibt es heute mehr Fantasy-Universen, als wir uns je hätten träumen, geschweige denn schwanen lassen, aber unsere Fantasy-Welten siedeln wir Briten gern näher bei uns zu Hause an. Am liebsten haben wir sie gleich hinter der Tür oder hinter dem Spiegel oder, noch besser, um uns herum, numinos und unsichtbar, bis man lernt, sie zu erschauen. Damit einher geht anscheinend ein ausgeprägter Drang zur Häuslichkeit, der uns animiert, Gärten in der Wildnis anzulegen, auch wenn dort noch so viele Kobolde ihr Unwesen treiben. Deshalb hat Fantasy bei uns immer auch Bodenhaftung.

In seiner *Poetik* sagt Aristoteles, dass die poetische Metapher und die Sprache einer ausgewogenen Mischung aus dem Gewöhnlichen und dem Sonderbaren bedürfen. Laut G. K. Chesterton kann es keine noch so wilde Ausgeburt der Fantasie mit dem so leicht übersehenen Alltäglichen aufnehmen, wenn man es aus einem neuen, unerwarteten Blickwinkel betrachtet. Das ist unsere Tradition, und sie wird hauptsächlich von Autoren lebendig gehalten, die für Kinder schreiben.

Es war Tolkiens große Leistung, das Fantasy-Genre für eine erwachsene Leserschaft zurückzugewinnen. Bis dahin hatten wir das Reisen in andere Welten den Kindern überlassen, denen es leichtfiel und Spaß machte. Erwachsene waren nur insofern beteiligt, als manche Lehrer den »eskapistischen Schund«, den das Kind las, mit spitzen Fingern in den Papierkorb beförderten. Solche Lehrer gibt es bis heute, und ich glaube fest daran, dass für sie ein eigener Höllenkreis reserviert ist. Natürlich ist Fantasy eskapistisch. Wie die meisten Geschichten. Na und? Lehrer sollten sich nicht als Gefängniswärter aufspielen.

Eskapismus ist nicht per se gut oder schlecht. Wichtig ist nur, wovor man flüchtet und wohin. Das sage ich aus Erfahrung, da ich mich nämlich als Kind in die Idee geflüchtet habe, dass Bücher tatsächlich Spaß machen könnten, ein Aspekt des Lesens, den meine Lehrer unerwähnt ließen. Über die Fantasy fand ich zur Mythologie und über die Mythologie wie von selbst zur Geschichte der Antike… So wurde mir heimlich, still und leise eine solide Bildung zuteil, und alles nur dank der Stadtbücherei.

Obwohl E. Nesbits kindliche Helden für mich mit ihrem fliegenden Teppich das Abenteuer suchten, durch die Zeit reisten und mit Fabeltieren sprachen, waren und blieben sie dabei immer Kinder des neunzehnten Jahrhunderts. Die Kinder in den Büchern von C. S. Lewis lebten zweifelsfrei im Hier und Jetzt, aber sie mussten durch eine magische Tür, um nach drüben zu gelangen. Magische Türen sind ein wichtiger Bestandteil der Tradition. Was wahre Fantasy weit besser symbolisiert als noch so viele Drachen und Hexen ist eine unvergessliche Szene am Anfang von Terry Gilliams Film *Time Bandits*, wo in einem ganz normalen Kinderzimmer ein Ritter in voller Rüstung auf seinem Ross aus dem Kleiderschrank galoppiert kommt.

John Masefields jugendlicher Protagonist Kay Harker, dem wir in *Das Mitternachtsvolk* und *Das wunderbare Kästchen* begegnen, benötigt nicht einmal eine Tür. Ihm reicht eine Vision, um die magische Welt zu sehen, die sich mit der unseren schneidet, und die Figuren, die halb in dieser, halb in jener Welt leben. Schriftsteller wie Diana Wynne Jones und Alan Garner lassen ihre Romanfiguren in einer magischen Welt ein- und ausgehen – es ist unsere Welt, gesehen aus Chestertons verändertem Blickwinkel.

Die besten Fantasy-Autoren verfassen keinen plüschigen Hokuspokus, sondern sie verändern die Regeln, nach denen die Welt funktioniert, folgen deren Logik und halten sie streng ein. Es reicht längst nicht mehr, eine Geschichte mit Zauberern, Kobolden und Magie zu spicken. Das kennen wir alles zur Genüge. Wir wollen wissen, wie die Zauberer mit den Herausforderungen durch genetisch veränderte Drachen umgehen und wie sich die Gnome gegen die rassistische Diskriminierung von Kleinwüchsigen wehren. Was uns wieder zu Chesterton zurückführt. Um diese unsere Welt zu verstehen, ist es vielleicht ganz hilfreich, sie von einer anderen aus zu betrachten.

Joanne Rowlings Harry Potter ist fest in dieser Tradition verwurzelt. Für jemanden, der halbwegs auf dem aktuellen Stand der Kinder- und Jugend-Fantasy ist, enthalten die Romane ja eigentlich gar nicht so viel Neues. Junge Zauberer und Hexen sind auch früher schon zur Schule gegangen. Aber das macht nichts. Genres funktionieren nach dem Baukastenprinzip; wenn es nicht so wäre, hätte es nur ein einziges Buch geben können, in dem eine Zeitmaschine vorkommt. Die meisten Krimis strotzen nur so von Polizisten, Verbrechen und Kriminellen, und auch die meisten Kuchen enthalten mehr oder weniger die gleichen Zutaten. Es kommt auf die Kunst der Zubereitung an. Wem mit Inspiration, Flair und einer Prise Glück die richtige Mischung gelingt, bei dem kommt eine seltene Kostbarkeit dabei heraus – ein Genre-Buch, das sich weit über das Genre erhebt. Und Harry Potter ist meisterlich gebacken.

Kult-Klassiker

Aus *Tolkiens Zauber: Essays und Erinnerungen*, Karen Haber (Hrsg.), 2001

Hm. Als dieser Beitrag zum ersten Mal veröffentlicht wurde, warfen mir die amerikanischen Kritiker zu großen Populismus vor, weil ich darin die Einstellung von (anderen) Kritikern gegenüber dem Herrn der Ringe *bemängelt hatte.*

Aber damit hatten sie unrecht. Mochte Tolkien auch viele Fans unter Akademikern haben, so war es für die Londoner Leitmedien doch selbstverständlich, Tolkien und die »bedauernswerten Leute«, die ihn lasen, zu belächeln. Dann kamen die Filme, wurden riesige Kassenschlager, und von da an ließen die Anti-Tolkien-Nörgeleien doch deutlich nach.

Der folgende Text ist vor der Verfilmung entstanden.

Der Herr der Ringe ist ein Kult-Klassiker. Das muss wahr sein, denn es stand in der Zeitung. Auch im Fernsehen und Radio habe ich es schon gehört.

Wir wissen, was Kult bedeutet. Es ist ein Plattmacherbegriff und bedeutet »unfassbar beliebt, aber wertlos«. Es ist ein Wort, das die Gralshüter verwenden, um alles schlechtzumachen, was die falschen Leute mögen. Es bedeutet auch »belanglos, unzugänglich, nur für Insider«. Es weckt Assoziationen an (vergiftete) Erfrischungsgetränke in Jonestown.

Der Herr der Ringe hat weit über hundert Millionen Leser. Wie viel größer muss das Buch eigentlich noch werden, um dem Kultstatus zu entwachsen? Und kann es jemals ein echter Klassiker werden, nachdem es einmal Kult war – also das Kainsmal getragen hat?

Zum Glück hat sich in den letzten Jahren die Demokratie bemerkbar gemacht. Eine britische Buchhandelskette ließ über das beliebteste Buch des Landes abstimmen: *Der Herr der Ringe.* Bald danach ließ eine andere Buchhandelskette über den beliebtesten Autor abstimmen: J. R. R. Tolkien.

Die Kritiker maulten, was nicht weiter überraschte. Aber wieso eigentlich? Immerhin hatten die Buchläden doch nur nach der Beliebtheit gefragt, einem rein subjektiven Kriterium. Keiner hatte behauptet, »das beliebteste Buch« sei ein Synonym für »das beste«. Doch der Chor der Kritiker bejubelte das Resultat als vernichtendes Urteil über den Geschmack des britischen Publikums, welches das kostbare Geschenk der Demokratie für katastrophale Entscheidungen vergeude. Es wurde von einer Verschwörung der unterbelichteten Fans gemunkelt. Die Botschaft zwischen den Zeilen lautete: »Leute, seit Jahren mühen wir uns, euch zu verklickern, was ein gutes Buch ist! Aber ihr hört einfach nicht zu! Ihr hört auch jetzt wieder nicht zu! Ihr rennt los und kauft diesen verdammten Schinken! Und wir können euch nicht daran hindern, das ist bitter! Wir können euch einhämmern, dass es Schund ist, dass es belanglos ist, dass es übelster Eskapismus ist, dass es von einem Autor stammt, der nie zu unseren Partys kam und dem unsere Meinung herzlich wurscht war, aber leider gibt es kein Gesetz, das euch verbietet, die Ohren auf Durchzug zu stellen! Ihr seid blöde, blöde, blöde!«

Und natürlich hörte ihnen wieder keiner zu. Stattdessen landete *Der Herr der Ringe* einige Jahre später bei der von einer überregionalen Zeitung in Auftrag gegebenen Abstimmung über die »Meisterwerke des Milleniums« unter den fünfzig Top-Werken des vergangenen Jahrtausends.

Genau wie die Mona Lisa. Wobei ich mich bei ihr des Verdachts nicht erwehren kann, dass viele der Teilnehmer sie nur aus einem kulturellen Reflex gewählt haben, nicht ganz ehrlich, aber gut gemeint. Schnell, schnell jetzt, nennen Sie mir die größten Kunstwerke des letzten Jahrtausends! Ähm … ähm … na, auf jeden Fall mal die Mona Lisa. Okay, aber haben Sie die Mona Lisa schon mal gesehen? Haben Sie davorgestanden? Hat das Lächeln Sie verzaubert, haben die Augen Sie durch den ganzen Saal und bis zurück ins Hotel verfolgt? Ähm … nee, eher nicht … aber was soll's, es ist schließlich die Mona Lisa. Die Mona Lisa muss doch einfach auf die Liste. Und der Typ ohne Feigenblatt. Und diese Tante ohne Arme.

Gut, das ist immerhin halbwegs ehrlich. Ein Zugeständnis an den guten Geschmack der Zeitgenossen und der Altvorderen. Otto Normalverbraucher weiß, dass ein Bild von pokerspielenden Hunden vor dem Hintergrund eines ganzen Jahrtausends wohl keine sinnvolle Wahl wäre.

Aber der *Herr der Ringe* hat es wahrscheinlich deshalb auf die Liste geschafft, weil die Leute eben nicht mehr nur im Namen der Kultur abstimmten, sondern heimlich, still und leise Werke wählten, die ihnen selbst gefielen. Wir können nicht alle vor einem Bild stehen und fühlen, wie es die Leitungsbahnen in unserem Gehirn stimuliert, doch wir können – fast – alle ein massentaugliches Buch lesen.

Ich weiß nicht mehr, wo ich war, als JFK erschossen wurde, aber ich kann mich noch sehr genau erinnern, wo und wann ich zum ersten Mal Tolkien las. Es war an Silvester 1961. Ich hockte als Babysitter bei Freunden meiner Eltern, während die Erwachsenen alle auf einer Party waren. Das machte mir nichts aus. Ich hatte mir nämlich diesen dreibändigen Superschmöker aus der Stadtbücherei geholt. Schulfreunde hatten mich darauf gebracht. Da wären Landkarten drin, sagten sie. Das erschien mir damals als ziemlich solider Qualitätsnachweis.

Lange hatte ich auf diesen Moment gewartet, ihn geradezu hinausgezögert. So ein komischer Typ war ich schon damals.

Was mir in Erinnerung geblieben ist? Die Buchenwälder im Auenland. Ich war ein Junge vom Land, und die Hobbits streiften durch eine Landschaft, die – bis auf die eine oder andere Neubausiedlung – praktisch die war, in der ich aufwuchs. Ich sehe es noch vor mir wie einen Film. Da saß ich auf dieser ziemlich kühlen Sechziger-Jahre-Couch in diesem ziemlich kahlen Zimmer, aber an der Teppichkante begann der Wald. Grün fiel das Licht durch die Bäume. Seither hatte ich nie wieder so unmittelbar das Gefühl, mich mitten in einer Geschichte zu befinden.

Ich erinnere mich an das Klicken der Zentralheizung, die sich abschaltete. Es wurde kälter im Raum, aber das spielte sich nur am Rande meiner Wahrnehmung ab und drang kaum durch. An die Heimfahrt mit meinen Eltern kann ich mich nicht erinnern, wohl aber daran, dass ich bis um drei Uhr morgens im Bett weiterlas. Ans Einschlafen erinnere ich mich nicht, wohl aber ans Aufwachen mit dem offenen Buch auf der Brust. Nach ungefähr dreiundzwanzig Stunden hatte ich es durch.

Dann schnappte ich mir den ersten Band und fing noch mal von vorn an. Lange saß ich da und studierte die Runen.

Während ich das folgende Bekenntnis ablege, sehe ich mich von einem Kreis gespannt lauschender, aber freundlicher Fremder umgeben: »Ich heiße Terry und habe früher immer Zwergenrunen in meine Schulhefte gemalt. Angefangen hat es mit den einfachen, denen mit den geraden Linien, die jeder hinkriegt, aber dann hat's mich immer mehr gepackt, und ehe ich wusste, wie mir geschah, habe ich schon die schnörkeligen Elbenrunen aus dem Ärmel geschüttelt, die mit den Pünktchen. Wartet … es kommt noch schlimmer. Ohne dass ich auch nur das Wort gekannt hätte, schrieb ich auf einmal ziemlich abseitige ›Fan-Fiction‹, eine Kurzfassung von Jane Austens *Stolz und Vorurteil*, die ich in Mittelerde spielen ließ. Die anderen Jungs fanden's super, denn akne- und hormongeplagte Dreizehnjährige sind nicht unbedingt die optimale Zielgruppe für Miss Austens erlesene Prosa. Die Stelle, wo die Orks das Pfarrhaus überfallen, war echt nicht schlecht …« Spätestens jetzt setzt mich die Selbsthilfegruppe vor die Tür.

Verzaubert war ich, fürwahr. Zurück zur Stadtbücherei eilte ich und sprach kühnen Mutes: »Haben Sie noch mehr Bücher wie das hier? Mit Landkarten drin? Und Runen?«

Der Bibliothekar strafte mich mit einem milde tadelnden Blick und drückte mir *Beowulf* und einen Band mit nordischen Sagen in die Hand. Er meinte es gut, aber es war nicht dasselbe. Die Leute darin brauchten allein mehrere Strophen, um zu sagen, wer sie waren.

Wenigstens entdeckte ich so die Regale mit der Mythologie. Und gleich daneben standen die mit der antiken Geschichte. Tja, warum nicht? Schließlich ging es darin ja auch um Kerle mit Helmen. Also weiter … vielleicht kommt irgendwann ein Ring mit Zauberkraft vor! Oder Runen!

Die verzweifelte Suche nach dem Tolkien-Effekt eröffnete mir eine neue Welt, und zwar diese hier.

Das Fach Geschichte, wie es damals an britischen Schulen

unterrichtet wurde, bestand vorwiegend aus Königen und Gesetzen, alles drehte sich nur um Tote. Alles lief irgendwie nach Schema F ab. Was geschah 1066? Die Schlacht bei Hastings. Volle Punktzahl. Und was passierte 1066 sonst noch so? Wie, sonst noch so? 1066 steht für die Schlacht von Hastings, basta. Wir »hatten« auch die Römer (sie kamen, sahen, nahmen ein paar Bäder, bauten ein paar Straßen und zogen wieder ab), aber erst meine Freizeitlektüre machte das Ganze lebendig und bunt. Die Griechen »hatten« wir nicht, Königreiche in Afrika und Asien kamen ebenfalls nicht vor – hat die überhaupt schon mal irgendwer in der Schule durchgenommen? Doch Moment mal, was finde ich in dem Buch hier? Diese Leute hatten keine Runen, bei denen gibt's bloß lauter Bilder von Vögeln und Schlangen, aber sie wussten, wie man einem toten König das Gehirn aus der Nase zieht …

So klaubte ich mir von Buch zu Buch die bestmögliche Art von Bildung zusammen, nämlich die, die man erwirbt, weil es einem Spaß macht. Hätte sich das auch ohne Tolkien ergeben? Möglich. Wer weiß schon so genau, was wodurch ausgelöst wird. Auf jeden Fall hat mir der *Herr der Ringe* einen tüchtigen Entwicklungsschubs verpasst. Hatte ich vorher schon gern gelesen, so eröffnete mir dieses Buch die ganze restliche Welt der Bücher.

Früher habe ich es alle Jahre wieder gelesen, im Frühling.

Nun frage ich mich, warum ich das seit einiger Zeit nicht mehr mache. Es liegt weder an der dichten, manchmal schwerfälligen Sprache noch daran, dass die Landschaft mehr Charakter besitzt als die Figuren, weder an den fehlenden Frauenrollen noch an den realen oder zumindest als real empfundenen Verstößen gegen heute gängige gesellschaftliche Codes.

Nein, die Antwort ist ganz einfach. Weil ich seit vierzig Jahren meinen eigenen Film im Kopf habe. Es ist alles in meiner Erinnerung verankert: die leuchtenden Buchenwälder, die eisige Luft in den Bergen, das bedrohliche Dunkel in der Zwergenmine, das Grün auf den Hügeln von Ithilien, westlich von Mordor, das sich gegen den anrückenden Schatten stemmt. Die Protagonisten sind in meinem Film nicht so wichtig, für mich waren sie nur Figuren in einer Landschaft, die selbst die Hauptrolle spielte. Ich habe sie genauso klar vor Augen wie … nein, noch klarer als viele Orte in der sogenannten realen Welt, an denen ich tatsächlich gewesen bin. Es ist ein sonderbares Gefühl, mir dessen beim Schreiben bewusst zu werden, aber in meiner Erinnerung sind manche Landstriche in Mittelerde real. Die Figuren sind gesichtslos, Punkte im Raum, von denen der Dialog ausgeht. Aber Mittelerde ist ein Land, in dem ich gewesen bin.

Sicher war die Reise dahin Eskapismus. Was in meiner Schule geradezu als Verbrechen galt. Ist ja auch klar, Fluchtversuche werden im Knast gar nicht gern gesehen. Zumindest nicht von den Wärtern. In den frühen Sechzigern hatte Flucht keine positiven Anklänge. Dabei kommt es doch schließlich immer darauf an, wohin man flüchtet. In meinem Fall war die Flucht ein echtes Tolkien-Erlebnis, wie er es in *Baum und Blatt* beschrieben hat. Es begann mit einem Buch, und das führte mich zu einer Bücherei, und die führte mich überallhin.

Halte ich Tolkien immer noch für den größten Schriftsteller der Welt? Im wörtlichen Sinne natürlich nicht. So was denkt man vielleicht mit dreizehn. Wenn man es mit fünfunddreißig immer noch denkt, ist im Leben etwas schiefgelaufen. Aber manchmal treffen die Dinge zur richtigen Zeit am richtigen Ort zusammen – Buch, Autor, Stil, Thema, Leser. Es war ein magischer Moment.

Ich las immer weiter, und weil man vor lauter Lesen irgendwann überquillt, wurde ich schließlich Schriftsteller.

Als ich eines Tages in London Bücher signierte, stand irgendwann eine Dame vor mir in der Schlange, angetan mit einem »Power Suit«, wie man so ein Kostüm damals in den Achtzigern nannte, obwohl es einen geradezu lachhaften Mangel an Titanrüstung und Protonengewehren aufwies. Sie reichte mir ein Buch zum Signieren. Ich fragte sie nach ihrem Namen. Sie murmelte etwas. Ich fragte noch einmal … es war ziemlich laut in dem Buchladen. Wieder bekam ich ihren Namen nicht ganz mit. Als ich gerade ein weiteres Mal nachhaken wollte, sagte sie hastig: »Galadriel, okay?«

Ich fragte: »Sind Sie zufällig auf einer Cannabisplantage in Wales geboren?« Sie lächelte grimmig. »In einem Campingbus in Cornwall«, antwortete sie. »Aber Sie liegen nicht weit daneben.«

Tolkien konnte nichts dafür. Lassen Sie uns trotzdem in solidarischer Verbundenheit all der Bilbos dort draußen gedenken.

Neil Gaiman: Großer Meister der Zauberkunst

Boskone 39, Programm-Heft, Februar 2002

Als ich Neil kennenlernte, bezeichnete er sich als Abstauber. Nehmen wir an, irgendwo findet eine Buchpräsentation mit anschließendem Empfang statt: Genau da findet man den Abstauber, immer auf der Suche nach etwas Interessantem für sein Magazin, während er sich an langweiligen Kanapees und warmem Wein labt.

Wir schrieben damals beide wie die Wilden, und er rief gern mal mitten in der Nacht an, um zu bekakeln, was wir gerade in Arbeit hatten. Wir verstanden uns – es ist gut, jemanden wie ihn zum Reden zu haben, wenn man Schriftsteller ist.

Von ihm lernte ich die beiden wichtigsten Wörter: »steuerlich absetzbar«.

Was kann ich über Neil Gaiman sagen, was nicht schon in *Die morbide Imagination: Fünf Fallstudien* gesagt worden wäre?

Also, ein Genie ist er nicht. Er ist was Besseres.

Mit anderen Worten, er ist kein Zauberer, sondern ein Zauberkünstler.

Zauberer müssen nicht arbeiten. Sie wedeln mit der Hand, und schon passiert etwas. Zauberkünstler dagegen … Zauberkünstler arbeiten sehr hart. Sie verbringen den größten Teil ihrer Jugend damit, den Meistern ihres Fachs aufmerksam zuzuschauen. Sie stöbern nach alten Büchern mit Zaubertricks, und weil ihnen die Zauberkunst schon in die Wiege gelegt wurde, lesen sie auch sonst alles, was sie finden können, denn die Geschichte ist ebenfalls nur eine große Zaubershow. Sie beobachten, wie die Leute denken, und ebenso, wie sie es auf mannigfache Weise unterlassen. Sie lernen den subtilen Umgang mit Sprungfedern und wie man mit leichter Hand ein mächtiges Tempeltor öffnet und die Posaunen losschmettern lässt.

Dann der große Auftritt: Sie stehen auf der Bühne und bringen uns mit Wimpeln aller Nationen und Taschenspielertricks zum Staunen. »Unfassbar! Wie macht er das bloß? Wo ist der Elefant geblieben? Wo ist das Kaninchen hin? Hat er wirklich meine Armbanduhr zerdeppert?«

Wir anderen Zauberkünstler in der hintersten Reihe raunen: »Alle Achtung. Ist das nicht eine Variante der Prager Schwebesocke? War das nicht Pasquals Geisterspiegel, wo das Mädchen eigentlich gar nicht da ist? Aber wo zum Teufel kam das flammende Schwert plötzlich her?«

Und wir fragen uns, ob es am Ende nicht doch so etwas wie Zauberei gibt…

Ich lernte Neil 1985 kennen, als *Die Farben der Magie* gerade erschienen war. Es war mein allererstes Interview als Autor. Neil schlug sich als freier Journalist durch; er hatte die bleichen Züge eines Menschen, der zu viele Vorpremieren von zu vielen schlechten Filmen absaß, um hinterher beim Umtrunk ein paar kalte Hühnerbeine abzugreifen (und Kontakte zu knüpfen. Mittlerweile ist sein Adressbuch so dick wie die Bibel und enthält wesentlich interessantere Leute). Journalist zu sein, um nicht zu verhungern, ist eine gute Art und Weise, das Metier zu erlernen, wahrscheinlich sogar die einzige.

Außerdem trug er einen schlimmen Hut, einen grauen Homburg. Er war kein Hut-Typ. Es gab keine natürliche Einheit zwischen Hut und Mann. Das war das erste und das letzte Mal, dass ich den Homburg zu Gesicht bekam. Als wäre er sich seines Kopfbedeckungsdilemmas bewusst, ließ er ihn ständig im Lokal liegen, und irgendwann hat er ihn einfach nicht mehr abgeholt. Das erwähne ich extra für die echten Fans unter Ihnen: Wenn Sie sehr, sehr intensiv suchen, finden Sie vielleicht irgendwo in London ein kleines Restaurant, wo ein staubiger grauer Homburg in der hintersten Ecke eines Regals sein tristes Dasein fristet. Wer weiß, was passiert, wenn Sie ihn aufsetzen?

Jedenfalls verstanden wir uns auf Anhieb. Schwer zu sagen, warum, aber im Grunde war es wohl unser beider vergnügtes Staunen über die schiere Absonderlichkeit des Universums, unser gemeinsamer Spaß an Geschichten, an obskuren Details, an wunderlichen alten Büchern in urigen alten Läden. Wir blieben in Kontakt.

[Special Effects: Hier müsste man einen Kalender einblenden, von dem die Seiten herabflattern. Komischerweise sieht man das in Filmen gar nicht mehr ...]

Eins führte zum anderen, Neil machte sich einen Namen als Autor von Graphic Novels, die Scheibenwelt hob richtig ab, und eines Tages schickte er mir sechs Seiten einer Kurzgeschichte, zu der ihm kein Ende einfallen wollte. Mir aber auch nicht. Ungefähr ein Jahr später holte ich sie aus der Schublade und wusste plötzlich, wie sie weiterging, auch wenn ich immer noch nicht sah, wie sie ausgehen könnte. Wir schrieben sie dann gemeinsam zu Ende. So entstand *Ein gutes Omen* – verfasst von zwei Typen, die durch einen kleinen Jux nichts zu verlieren hatten. Wir taten es nicht fürs Geld. Ausgezahlt hat es sich aber doch – und wie.

Jetzt erzähle ich Ihnen noch was über die merkwürdigen Sachen, die ihm dauernd passierten – und mir oft gleich mit. Während er wegen des Feinschliffs am Manuskript bei uns wohnte, hörten wir eines Morgens merkwürdige Geräusche aus dem Gästezimmer und gingen nachschauen. Zwei von unseren weißen Tauben hatten sich verflogen und fanden nicht mehr hinaus. Panisch flatterten sie hin und her. Als Neil in einem Wirbelsturm aus schneeweißen Federn aufwachte, sagte er bloß »Wstfgl?«, worin sich auch sonst sein gesamter vormittäglicher Wortschatz erschöpft. Ein andermal ging er in eine Bar und traf die Spider Women. Als wir auf Lesereise in einem Hotel übernachteten, versorgte ihn sein Fernseher die ganze Nacht mit schrägen Chat-Shows, in denen bisexuelle Bondage-Nackedeis auftraten, während mir meiner kreuzbrav nur Wiederholungen von *Mr Ed* zeigte. Zu nennen wäre auch noch das Live-Interview bei einem New Yorker Radiosender, bei dem der völlig ahnungslose Moderator zehn Minuten vor dem Ende des Gesprächs offenbarte, dass er *Ein gutes Omen* für ein Sachbuch hielt …

[Schnitt auf einen Zug, der über die Gleise rattert. Noch so eine Szene, wie sie heutzutage in Filmen nicht mehr vorkommen …]

Dann waren auf einmal zehn Jahre rum und wir auf einer Reise durch Schweden. Wir redeten über die Handlung von *American Gods* (er) und *Maurice, der Kater* (ich), wahrscheinlich gleichzeitig. Es war wie in alten Zeiten. Einer von uns sagte: »Keine

Ahnung, wie ich diesen Handlungsstrang entwirren soll.« Der andere hörte sich das an und sagte: »Die Lösung des Problems liegt in der Frage, Grashüpfer. Lust auf'n Kaffee?«

In jenen zehn Jahren war viel passiert. Er hatte die Comic-Welt so durcheinandergewirbelt, dass sie nie wieder die gleiche sein würde. Seine Wirkung auf das Genre war fast wie die von Tolkien auf die Fantasy-Literatur – alles, was danach kam, ist in irgendeiner Form davon beeinflusst. Ich weiß noch, wie wir auf einer Lesereise für *Ein gutes Omen* mal durch einen Comic-Laden gingen. Wir hatten haufenweise Bücher für die Comic-Fans signiert, die zumeist etwas überfordert wirkten (»Wie? Da sind ja gar keine Bilder drin!«). Ich schlenderte durch die Regalreihen und sah mir die Konkurrenz an. Da erst erkannte ich, wie gut er wirklich war. Der zarte Pinselstrich, das feine Skalpell sind seine Markenzeichen.

Nachdem ich gehört hatte, auf welcher Prämisse *American Gods* aufbaut, hätte ich es am liebsten selbst geschrieben …

Als ich *Coraline* las, sah ich es gleich als meisterlich gezeichneten Trickfilm vor mir. Wenn ich die Augen schließe, weiß ich, wie das Haus aussieht oder das Picknick mit den Puppen. Kein Wunder, dass Neil mittlerweile Drehbücher schreibt; hoffentlich ist bald mal jemand klug genug, ihn Regie führen zu lassen. Bei der Lektüre wurde mir wieder einmal klar, dass der wahre Horror in Kindergeschichten steckt. Meine kindlichen Alpträume wären ohne die Vorstellungskraft von Walt Disney bilderlos geblieben, und in *Coraline* können ein paar kleine Details über schwarze Knopfaugen sogar einen Erwachsenen dazu bringen, sich hinterm Sofa zu verkriechen. Und doch geht es dem Buch nicht um das Grauen als solches, sondern um dessen Überwindung.

Auch wenn es viele vielleicht verwundert: Neil ist entweder ein sehr netter, zugänglicher Typ oder aber ein unglaublich guter Schauspieler. Manchmal nimmt er tatsächlich die Sonnenbrille ab. Bei der Lederjacke bin ich mir da nicht so sicher; ich glaube, ich habe ihn mal im Smoking gesehen, es kann aber auch jemand anders gewesen sein.

Er ist der Ansicht, dass der Morgen für andere Leute gemacht ist. Kann sein, dass ich ihn mal beim Frühstück erlebt habe, aber möglicherweise war der, dessen Kopf da in einem Teller Baked Beans ruhte, nur einer, der ihm ein bisschen ähnlich sah. Er mag Sushi, und er mag auch Menschen, die aber lieber nicht roh; er ist freundlich zu seinen Fans, solange sie keine Volldeppen sind, und unterhält sich gern mit Leuten, die sich unterhalten können. Er sieht nicht aus wie vierzig; das ist vielleicht auch jemand anderem passiert. Oder er hat ein gewisses Gemälde oben auf dem Speicher versteckt.

Viel Spaß! Sie sind in den Händen eines großen Meisters der Zauberkunst. Womöglich sogar denen eines Zauberers.

PS: Er hat es wirklich sehr gern, wenn Sie ihn Ihr zerfleddertes, kostbares Exemplar von *Ein gutes Omen* signieren lassen, das schon mindestens einmal in die Badewanne gefallen ist und nur noch notdürftig von alten, vergilbten Klebstreifen zusammengehalten wird. Sie wissen, welches ich meine.

Dankesrede bei der Verleihung der 2001 Carnegie Medal

12. Juli 2002

Es war die größte Medaille, die es gab, und ich aß sie auf. Sie war aus Schokolade.

Das heißt, die echte Medaille war natürlich nicht aus Schokolade, aber weil ich schon wusste, dass ich sie bekommen würde – sie warnen einen vor – und ein bisschen nervös war, lief ich mit meinem Assistenten Rob in der Stadt herum, auf der Suche nach irgendwas, das dieselbe Form und Größe hatte wie die Medaille. Und wir fanden tatsächlich die perfekte Schokoladenversion. Also beendete ich meine Rede mit den Worten: »... und am meisten freue ich mich darüber, dass ich sie essen kann.« Schwupps, hatte ich sie im Mund. Die Bibliothekarinnen waren konsterniert, und ich sagte mir: »So, das war's. Jetzt kriege ich verdammt nochmal nie wieder so ein Ding verliehen.«

Wahrscheinlich wären die PR-Leute des Veranstalters sehr froh, wenn ich etwas Kontroverses von mir geben würde, aber ich finde, mir die Medaille zu verleihen ist schon kontrovers genug. Im dritten Anlauf habe ich es also nun geschafft. Doch was heißt, *ich* habe es geschafft? Ich sonnte mich in seliger Unwissenheit, während mich jemand anderer für die Auszeichnung vorschlug, sehr zu meiner anfänglichen Bestürzung.

Maurice, der Kater ist ein Fantasy-Roman. Wie jeder weiß, geht es in diesem Genre natürlich immer um Zauberer, aber inzwischen weiß hoffentlich auch jeder mit etwas Grütze unter der Mütze, ähm, dass das, was jeder weiß, gewöhnlich falsch ist.

Die Fantasy hat mehr zu bieten als Zauberer. In *Maurice* geht es zum Beispiel um intelligente Ratten. Aber auch um die noch fantastischere Idee, dass Menschen ebenfalls zu intelligentem Verhalten fähig sind. Weit betörender als die Idee, man könnte das Böse besiegen, indem man ein teures Schmuckstück in einen Vulkan wirft, ist die Möglichkeit, das Böse durch Reden zu entschärfen. Eine Vision von Gerechtigkeit ist nicht nur interessanter als jede Elfe, sie ist auch noch viel fantastischer. In *Maurice* ziehen die Ratten in den Krieg, was hoffentlich unterhaltsam zu lesen ist. Doch dann schließen sie Frieden, und da wird es erst richtig spannend.

Jedenfalls gibt das Genre nur die Geschmacksrichtung vor. Es ist nicht die ganze Mahlzeit. Lassen Sie sich nicht von den Kulissen verwirren.

Ein Roman, der am 26. Oktober 1881 in Tombstone, Arizona, spielt, ist was – ein Western? Obwohl Szenerie und Kostüme darauf hindeuten, muss es sich bei der *Story* nicht automatisch um einen Western handeln. Warum sich von ein paar Kakteen das Denken abnehmen lassen? Es könnte ein kontrafaktischer oder ein historischer Roman sein, eine flammende literarische Anklage gegen dieses oder jenes, eine Horrorstory, vielleicht sogar ein Liebesroman – auch wenn das junge Liebespaar wegen der Ballerei im OK Corral ein bisschen lauter sprechen und womöglich unter den Tisch kriechen müsste.

Unzuverlässige Annahmen verleiten viel zu oft zum Schubladendenken. Ein literarisches Werk von Brian Aldiss *muss* Science-Fiction sein, weil er nun mal ein bekannter Science-Fiction-Autor ist; ein Science-Fiction-Roman von Margaret Atwood *muss* ein literarisches Werk sein, weil sie halt Literatin ist. Die letzten Scheibenweltromane behandelten Themen wie Grundlagen des Glaubens, Politik und Pressefreiheit, aber kaum lässt man einen lausigen Drachen mitspielen, kann man nur ein Fantasy-Autor sein.

Verstehen Sie mich nicht falsch, ich will mich nicht beklagen. Nur verdeutlichen, dass und warum Drachen nicht unbedingt das A und O der Fantasy sein müssen. Echte Fantasy sieht beispielsweise so aus: Ein einzelner Mann mit einer Druckerpresse fordert eine ganze Regierung heraus, allein aus der vagen Überzeugung, dass es so etwas wie die Wahrheit geben könnte. Wie auch immer, die Fantasy muss sich längst nicht mehr rechtfertigen. Das Genre ist in den letzten Jahren seriös geworden. Zumindest lässt sich damit eine Menge Geld machen, was ja heutzutage schon als seriös gilt. Wenn man einen Plastik-Gandalf mit Kung-Fu-Kralle und Raketenwerfer kaufen kann, weiß man, dass die Fantasy den Durchbruch geschafft hat.

Nun bin ich aber auch ein humoristischer Autor, und Humor ist ein echtes Problem.

Es war interessant zu sehen, wie unterschiedlich *Maurice* hierzulande und in den USA von der Kritik aufgenommen wurde. Jenseits des Großen Teichs, wo ich erst seit Kurzem als Autor Beachtung finde, fielen die meisten Rezensionen sehr ernsthaft und detailliert aus, voll mit langen, buckeligen Wörtern, die Maurice bestimmt gefallen würden. Hier bei uns waren sie zwar auch recht positiv, aber mehr nach dem Motto: »Noch so ein durchgeknallter Spaß von unserem Humorspezialisten Terry Pratchett.« Tatsächlich ist *Maurice* weder durchgeknallt noch sonderlich spaßig. Es ist ein ernsthaftes Buch. Witzig ist nur die Umgebung, in der die Handlung spielt.

Das Problem ist, dass wir glauben, das Gegenteil von witzig sei ernsthaft. Ist es aber nicht. Wie schon G. K. Chesterton betonte, ist das Gegenteil von witzig nicht witzig, und das Gegenteil von ernsthaft nicht ernsthaft. Benny Hill war witzig und nicht ernsthaft; Rory Brenner ist witzig und ernsthaft; die meisten Politiker sind ernsthaft, aber leider nicht witzig. Humor hat seinen Nutzen. Das Lachen schlüpft durchs Schlüsselloch, während die Ernsthaftigkeit noch an die Tür hämmert. Neue Ideen können huckepack auf einem Witz daherkommen, alte Ideen bekommen eine Runderneuerung.

Apropos Chesterton, er wird ja heute kaum noch gelesen. Sein Stil und seine Anschauungen sind einer anderen Zeit verhaftet und können sogar irritierend wirken. Und das Ganze auch noch in einer Sprache, die nicht mehr ganz die unsere ist. Aber dann, wenn einem all das »Hoho, Herr Wirt, ein Krügelein vom Feingehopften!« schon gehörig auf den Senkel geht, stößt man plötzlich auf ein kunstvoll geschliffenes Juwel von einem Gedanken. Chesterton ist berühmt dafür, dass er die Märchen gegen ihre Gegner verteidigte, die behaupteten, solche Geschichten würden den Kindern die Ungeheuer erst einreden. Ihnen hielt er entgegen, Kinder hätten schon immer gewusst, dass es Ungeheuer gibt, die Märchen zeigten ihnen lediglich, dass Ungeheuer besiegt werden können. Und wie wir heute wissen, sind Ungeheuer nicht nur schuppige Echsen, die in einem Berg hausen. Sie können auch in unseren Köpfen sitzen.

In *Maurice* müssen es die Ratten mit ihnen allen aufnehmen, mit echten Ungeheuern, mehr- oder zweibeinigen, aber auch mit den Schlimmsten von allen – denen, die sie sich selbst einbilden. Die Ratten sind intelligent. Es sind die ersten Ratten auf der Welt, die Angst vor der Dunkelheit haben, und sie bevölkern die Schatten mit imaginären Ungeheuern. Das Anzünden einer Flamme ist für sie von existenzieller Bedeutung.

Ich bin schon gefragt worden, ob ich beim Schreiben des Buchs die aktuelle Weltlage im Blick hatte. Die Antwort ist Nein. Ich würde noch nicht mal Ratten beleidigen, indem ich sie als billige Metaphern missbrauche. Unglückseligerweise ist die gegenwärtige Weltlage immer noch die gleiche alte, blöde, öde Weltlage – beherrscht von selbst fabrizierten Drachen, die schwer zu erlegen sind. Überall Revanchismus, so weit das Auge reicht, eine Außenpolitik, die nach dem Prinzip Rache um Rache um Rache um Rache verfährt. Obwohl dieser Weg stetig abwärts führt, folgen wir ihm wie eine Hammelherde. Man könnte sich in den Bauch beißen. Die Dinosaurier waren doof wie Bohnenstroh, aber sie haben 150 Millionen Jahre überlebt, und es bedurfte eines verdammt großen Asteroiden, um sie auszulöschen. Manchmal ertappe ich mich bei der Frage, ob die Intelligenz wohl standardmäßig mit eingebautem Asteroiden geliefert wird.

Natürlich treiben mich, den humoristischen Fantasy-Autor, die durchgeknalltesten Ideen um. Sagen wir mal die, dass Ratten sprechen können. Aber manchmal fallen mir auch noch viel verrücktere, irrwitzigere Sachen ein, zum Beispiel die Möglichkeit eines Happy Ends. Und wenn ich wirklich besonders abgedreht bin, leiste ich mir sogar die fantastische Idee, dass der Homo sapiens unter gewissen Umständen tatsächlich denkfähig sein könnte. Einfach zur Abwechslung mal den Verstand einschalten, es wäre einen Versuch wert.

Wenn man seine Arbeit ernst nimmt, ist es schwieriger, für Kinder zu schreiben als für Erwachsene. Was für mich nur eine witzige Geschichte über einen Kater war, der auf der Basis der Rattenfängerlegende einen groß angelegten Betrug aufzieht, entwickelte sich zum Großprojekt, bei dem mir Philippa Dickinson und Sue Coates von Doubleday – oder wie sich der Verlag diese Woche wieder schimpft – mit Rat und Tat zur Seite gestanden haben. In New York fiel die Rolle der Helfershelferin Anne Hoppe von HarperCollins zu, die mir in einer dunklen Gasse auflauerte, um mir das Buch abzujagen, und dabei hoch und heilig versprach, mich vor dem gefürchtetsten aller Geschöpfe zu beschützen: dem amerikanischen Textredakteur.

Ich danke auch den Mitgliedern der Jury, denen ich nur wünschen kann, dass sie ihr kritisches Urteilsvermögen bald wiederfinden mögen. Und ein letzter Dank an Sie alle, dieses lose Konglomerat aus Lektorinnen, Lehrerinnen und Bibliothekarinnen, die ich, meist mit einem Lächeln, als Dirndl-Mafia zu bezeichnen pflege. Sie lassen die Fackel nicht ausgehen.

Rede anlässlich der Verleihung des Boston Globe-Horn Book Awards für *Eine Insel*

☆ ☆ ☆ ☆ ☆ ☆ ☆

Verlesen von Anne Hoppe, 2. Oktober 2009

Eine Insel *gehört zu den Romanen, die mir aus heiterem Himmel zugefallen sind. Ungelogen – er war ganz plötzlich in meinem Kopf, obwohl da natürlich schon jede Menge andere Sachen drinsteckten. Erstaunlicherweise musste ich dafür kaum etwas recherchieren – alles, was ich für* Eine Insel *wissen musste, fiel mir ebenfalls ganz von selbst zu. Obendrein machten Lyn und ich während der Arbeit an dem Buch eine sehr schöne Reise nach Australien, in den Norden von Queensland. Dort fand ich mich eines Tages auf einem Weg wieder, der laut Karte in Australien lag, für mich aber ganz eindeutig auf meiner* Insel. *Und ich sah zum Meer, und da war es, alles auf einmal – die riesigen Bäume, die fast bis zum Himmel reichen. Meine* Insel. *Irgendwie war ich genau an dem Ort gelandet, wo ich hingehörte.*

Garantiert gibt es da draußen Schriftsteller, die der Welt klar und bestimmt erklären können, wie und warum sie die Bücher geschrieben haben, auf denen jetzt ihr Name und Konterfei prangen.

Das müssen dann wohl echte Schriftsteller sein, die ihren Papierkram in Aktenschränken aufbewahren anstatt in windschiefen Stapeln. Und ihre Schreibtische, die vermutlich eine Glasplatte haben, sind im Gegensatz zu meinem sicher auch nicht von Mäusen befallen.

Ja, ich weiß, so etwas sollte es nicht geben, aber es ist ein alter viktorianischer Schreibtisch mit Geheimfächern; geheim für mich, doch leider nicht für die Mäuse. Obwohl mein Bürokater Patch hin und wieder eine Säuberungsaktion veranstaltet, hält er die Mäuse nur gerade eben so in Schach. Ich kann mich nicht überwinden, sie zu vergiften, weil ich immer an die kleinen Leichen denken müsste, die dann irgendwo zwischen vergessenen Testamenten und verlorenen Schatzkarten vor sich hin modern würden.

Ich kenne echte Schriftsteller. Sie legen Listen an. Sie planen ihre Bücher auf Karteikarten. Sie betreiben akribische Recherchen und halten alles in Notizheften fest. Anders als ich lassen sie sich dabei auch nicht von einem wunderbaren Buch über den Handel mit Eisblöcken an der US-Küste im späten achtzehnten Jahrhundert ablenken.

Es würde mir schwerfallen, meine übliche Arbeitsweise zu beschreiben, aber vermutlich sähe es von außen betrachtet, zumindest im Anfangsstadium eines Romans, wie das wirre Agieren eines Menschen aus, der nicht weiß, was er tut. Diese Annahme wäre nicht ganz von der Hand zu weisen. Normalerweise weiß ich es tatsächlich nicht, aber deswegen schreibe ich ja das Buch. Um es herauszufinden. Zum Glück gelingt das meistens schon nach der Hälfte der ersten Fassung. Ich jongliere mit Ideen, erfinde Figuren, probiere Dialoge aus und spiele einfach so herum, bis ich eine Möglichkeit gefunden habe, mich darüber in Kenntnis zu setzen, was ich denke; oft sagt eine der Figuren etwas, das mir klarmacht, worum es in der Geschichte geht.

Eine Insel war anders. Das Buch kam wie ein Tsunami über mich; es hat mich schlagartig erfasst.

Ungefähr sechs Monate später brach der schreckliche Tsunami über Asien herein. Angesichts der Katastrophe ließ ich meinen Verlag wissen, dass ich mich zu diesem Zeitpunkt nicht imstande sähe, das Buch zu schreiben. Es wäre ganz einfach falsch.

Aber die Geschichte ließ nicht locker, und irgendwann musste ich mich ihr fügen, sonst wäre ich durchgedreht. Und als Allererstes schrieb ich das Lied.

Es kommt mir so vor, als hätte ich immer schon gewusst, dass die Flutwelle nach dem Ausbruch des Krakatoa einen Dampfer meilenweit in den Regenwald getragen hat. So etwas vergisst man nicht. Und seitdem ich ihm zum ersten Mal begegnet bin, gehört »Calentura« zu meinen Lieblingswörtern. Es beschreibt ein tropisches Fieberdelirium bei Sonnenstich auf hoher See, das meist während einer Flaute auftritt. Matrosen, die davon gepackt werden, halluzinieren und sehen rings um ihr glückloses Schiff grüne Wiesen. Ich fragte mich, ob der Erste, der über die Reling guckte, nachdem das Schiff im Dschungel gelandet war, wohl glaubte, er hätte Wahnvorstellungen. Also schrieb ich für »Bei Menschen in Gefahr zur See« eine Zusatzstrophe, die der arme Captain Roberts hätte singen können, als die *Sweet Judy* in einem wilden Wirbel aus Blättern und Vögeln durch die Wipfel der Urwaldbäume pflügte. Hier war ein Seemann plötzlich nicht mehr in Gefahr zur See, sondern – und höchst verblüffend – zu Land.

Wie eine Vision erschien mir das weiße Segelschiff, das aus

dem Dunkel hervorbricht, aus der Alten Welt in die Neue, mit einem halb wahnsinnigen Käpt'n, der sich mit einem Tau ans Steuerrad gefesselt hat, dessen Schiff unter ihm auseinanderbricht, während er eine aus der Not geborene letzte Strophe zu einem der schönsten Kirchenlieder schmettert. Ich habe es oft gesungen, während ich das Buch schrieb.

Aber die ganze Zeit gab es da noch eine andere Vision, die mir bis heute klar vor Augen steht. Es war ein Junge, der mir den Rücken zuwandte, er hielt einen Speer in der Hand und schrie das Meer an. Ich wusste, dass er etwas verloren hatte. Dass er alles verloren hatte.

Ein Mädchen gehörte auch dazu, ein viktorianisches Mädchen, mit allem Ballast, den das Wort mitschleppt, sittsam und, nach den Maßstäben der hosentragenden Völker der Nordhalbkugel, wohlerzogen. Aber unter ihren steifen Rüschen war sie stahlhart. Das musste so sein, weil mir zu rührseligen Mädchen nun mal nichts einfallen will. Und wenn man mich mit Stöcken antreiben würde – es kommt einfach nichts. Höchstens am Anfang, da sind sie manchmal die reinsten Heulsusen, aber sobald sie merken, dass sie damit nicht weiterkommen, mutieren sie zu einer nahen Verwandten von Miss Piggy.

Und so weiter. Kurz gesagt, ich ertrank praktisch unter der Wucht dieses Buchs. Bis heute habe ich es als Vision vor Augen, als eine Folge von Bildern, fast so, als würde ich schon den Film sehen, der erst noch gedreht werden soll (falls es dazu überhaupt jemals kommen wird. Siehe unten).

Schriftsteller besitzen oft eine Hamstermentalität, und bei mir ist die Sammelwut wohl noch ausgeprägter als bei den meisten anderen. *Eine Insel* wurde zum Wertstoffhof für den gehorteten Klimbim aus fünfzig Jahren ungezügelter Auf-gut-Glück-Lektüre. Hendrik Willem Van Loons *Pazifik* lieferte mir den Hintergrund. Ich kramte die unterschiedlichsten Berichte über den Ausbruch des Krakatoa und dessen Folgen hervor, destillierte aus einem halben Regal mit Märchen der Welt die Story einer ganzen Insel. Befreundete Wissenschaftler gruben für mich Informationen darüber aus, wie sich das Alter von Glas bestimmen lässt. Und – das war ein echter Glückstreffer – bei einem Abendessen lernte ich zufällig einen Mann kennen, der nicht nur wusste, dass Gewehrkugeln sehr effektiv von Wasser abgebremst werden und manchmal sogar von der Wasseroberfläche abprallen können, sondern auch bereit war, es zur Sicherheit in seinen großen Becken experimentell zu überprüfen. Den blauen Jupiter – den Riesenplaneten bei Tageslicht – habe ich an einem frühen Abend im Herbst selbst entdeckt, als Sirius am Himmel zu sehen war und ich feststellte, dass ich mithilfe dieser Daten die GoTo-Steuerung meines nagelneuen Teleskops nutzen konnte, um genau in diesem Moment Jupiter anzufahren.

Fünf Minuten später hatte ich ihn auch schon gefunden, bläulich weiß wie der Tagesmond, mitsamt dreien seiner eigenen Monde.

Das Universum leuchtete, es wurde auch am Tag nicht ausgeknipst! Das wusste ich zwar schon ewig, aber es war trotzdem eine Offenbarung – keine Ahnung, von was oder wem oder wozu, aber egal, zu einer Offenbarung sagt man nicht nein.

Selbst jetzt, mehr als ein Jahr nach Erscheinen des Buchs, bin ich mir nicht sicher, was *Eine Insel* eigentlich ist, weil es mir noch immer so vorkommt, als hätte ich es zur Hälfte wie in Trance verfasst. Ich bin als humoristischer Autor berühmt, vielleicht gar berüchtigt, und tatsächlich kommt der Humor hier und da durch und ein Lächeln bricht sich Bahn. Und doch beginnt die Geschichte damit, dass ein Junge die Leichen fast aller

Menschen begräbt, die er kennt. Ich war fasziniert von seinem Dilemma. Fasziniert davon, wie Mau ganz allein den Humanismus erfindet, wie er mit den Göttern hadert, weil es sie nicht gibt, obwohl er ihrer Existenz bedarf, um ihnen die Schuld geben zu können. Ich kann mich kaum daran erinnern, ihn erfunden zu haben: Eher hat er sich wohl nach und nach selbst erschaffen.

An diesem Punkt heißt es immer in verständnisvollem Ton, der Roman sei offensichtlich davon beeinflusst, dass ich während der Arbeit daran von meiner Alzheimer-Diagnose erfuhr.

Das wäre interessant, wenn es stimmte, aber es ist noch interessanter, weil es eben nicht stimmt. Die erste, sehr komplexe Fassung war bereits fertig, als es zu der Diagnose kam, und die posteriore kortikale Atrophie, wie die offizielle Bezeichnung für meine Variante der Krankheit lautet, ist auch für Experten schwer zu entdecken. Wie ich mir habe sagen lassen, könnte die Krankheit schon seit vielen Jahren heimlich, still und leise an Boden gewonnen haben, bevor ich die geringste Ahnung hatte, dass mir etwas fehlte.

Es hat sich gewiss jeder Schriftsteller schon einmal gefragt, woraus ihm die Magie erwächst. Mich beschäftigt bei diesem Buch eher die Frage, woher Daphnes Stärke und Maus maßlose Wut rühren. Ich kann es nicht sagen, aber eins weiß ich genau: *Eine Insel* ist das beste Buch, das ich je geschrieben habe oder jemals schreiben werde.

Ich möchte – und muss – mich bei meinen Lektorinnen auf beiden Seiten des Atlantiks bedanken, die mich bei *Eine Insel* zu Höchstleistungen angespornt haben, indem sie mir Nadeln unter die Fingernägel stachen, eine altbewährte Methode in der Verlagsbranche. Ich weiß, es war zu meinem Besten, und ich bin ihnen dankbar. Ehrlich dankbar, ohne Quatsch.

Es wäre mir eine Genugtuung gewesen, heute vor Ihnen zu stehen, weil es etwas Außergewöhnliches bekundet hätte – dass ich eine zweite Chance bekommen habe und sie nutzen kann.

Bis Mitte der Neunziger war ich in den USA kaum bekannt, während ich fast überall sonst auf der Welt schon sehr beachtliche Absatzzahlen hatte. Meine Publikationsgeschichte hier bei Ihnen war ein Trauerspiel. Einmal wurde sogar eine Taschenbuchausgabe, in der mein Name auf jeder zweiten Seite falsch geschrieben war, im ganzen Land verbreitet. Und doch traf ich bei den Science-Fiction-Conventions jede Menge Fans, die endlos lange in der Schlange anstanden, um sich ihre halblegalen Importexemplare aus Großbritannien signieren zu lassen – noch dazu im Hardcover!

Mein Agent hat das Ganze dann mal durchgerechnet und dem amerikanischen Verlag die Zahlen vorgelegt, damit der sah, was ihn die eigene Schlamperei kostete. Und ganz allmählich tat sich was. Irgendwann schluckte mein Verlag einen anderen oder wurde selbst von einem anderen geschluckt, schwer zu sagen. Bei einer Verlagsübernahme geht es nämlich meistens so ähnlich zu wie bei der Kollision zweier Galaxien. Man weiß nie, wer in wen reingerauscht ist; man sieht hinterher nur, dass manche Sterne explodiert sind und sich manche Konstellationen selbstständig gemacht haben.

Jedenfalls hatte ich auf einmal grandiose Lektorinnen, die mein Werk kannten und schätzten, und PR-Menschen, die schon mal meinen Namen gehört hatten, was ja auch nicht schaden kann.

Nie dagewesene Szenen spielten sich ab. Ich bekam plötzlich Tantiemen, auf Lesungen rannten uns die Leute die Bude ein, und als bei einer Signierstunde in einer freien Buchhandlung in Minutenschnelle sämtliche Bücher vergriffen waren, stürzte die

Menge zum nächstgelegenen Barnes & Noble und räumte dort die Regale leer. Wer hätte das je für möglich gehalten?

Ob ich stolz bin? Nun ja, ich bin Engländer und ein Ritter, naturgemäß also äußerst uneitel und bescheiden. Hurra! Bingo! Ha ha ha ha ha ha!!!

Es bedeutet mir immer noch viel, dass ich es mit einem meiner Romane auf die von der Feminist Task Force of the American Library Association erstellte Amelia-Bloomer-Liste geschafft habe. Es hat etwas Herzerwärmendes, wenn so ein bärtiger Typ als feministischer Autor anerkannt wird. Aber heute sind wir bei der Verleihung des Boston Globe-Horn Book Awards. Ich fühle mich sehr geehrt, diesen Preis zu erhalten, zumal er von Leuten verliehen wird, die zwar selbst keine BibliothekarInnen, aber doch ihre natürlichen Verbündeten sind.

Als unlängst eine Bibliothekarin eine Lesung mit mir veranstalten wollte, fielen unter anderem die stolzen Worte: »Wir verstehen uns als Informationsdienstleister.« Entrüstet lehnte ich die Einladung ab. Keine Spur von einem höheren Bildungsauftrag. Wenn man schon die Wahl hat, warum nennt man sich dann nicht lieber »Strahlende Jünger der heiligen Flamme der Belesenheit im finsteren Universum der Unterbelichtung«? Zugegeben, das lässt sich schlecht auf einem Button unterbringen, also kürzen wir es doch einfach zu BibliothekarIn ab.

Wie manche von Ihnen sicher wissen, gebe ich gern damit an, dass ich ein paar Jahre lang am Wochenende in einer Bücherei ausgeholfen habe; für meine ehrenamtlichen Dienste bekam ich eine Tasse Tee, einen Keks und die stillschweigende Erlaubnis, so viele Bücher nach Hause zu schleppen, wie ich tragen konnte.

Schon damals waren BibliothekarInnen für mich viel mehr als nur »DienstleisterInnen«. Informationen regnen wie Konfetti auf uns herab; wir stehen knietief in dem Zeugs.

Ich sah meine »Kollegen« als dezente Wegweiser und Orientierungshilfen, und zwar spätestens seit dem Tag, als mir einer von ihnen ein mit Bindfaden verschnürtes Bücherpaket über den Tresen zuschob. »Wir glauben, das könnte dir gefallen«, sagte er. Es war *Der Herr der Ringe*. Also, liebe Leute, das nenne ich wahres Bibliothekarstum.

Postscriptum: *Eine Insel* hat in Hollywood die Runde gemacht, ist dort aber nicht auf sonderlich großes Interesse gestoßen, weil es angeblich nicht genug Raum für ulkige, Sprüche klopfende Tiere bietet. Da haben wir noch mal Glück gehabt.

Eine Insel im Theater

Daily Telegraph, 16. Dezember 2009

Bühnenfassungen gehen schief, wenn sich jemand einbildet, es besser zu wissen als der Autor – so einfach ist das. Sonst funktionieren sie ganz gut. Letztes Jahr hat bei mir in der Gegend eine kleine Truppe Ab die Post! *auf die Bühne gebracht. Ausnahmslos Laienschauspieler, und nicht nur gut, sondern auch noch professioneller als die Profis. Alles hat gepasst, sogar die Musik. Darum gilt meine Liebe nach wie vor dem Amateurtheater – zumal ich den lieben Leutchen notfalls eins auf den Deckel geben kann, falls sie Mist bauen. Was aber nicht nötig sein wird, weil sie ihre Sache ja meist sehr gut machen.*

Letzten Mittwoch war ich im National Theatre, um mir das Stück *Eine Insel* anzusehen, nach einem Roman von mir, der – was für ein glücklicher Zufall – ebenfalls *Eine Insel* heißt. Ich halte es für das beste Buch, das ich je geschrieben habe und noch schreiben werde, aber mit Sicherheit hat es mich die meiste Anstrengung gekostet.

(Hier die Kurzfassung: *Eine Insel* spielt in einem alternativen neunzehnten Jahrhundert. Ein Tsunami von Krakatoischen Ausmaßen ist über die Ozeane hinweggefegt und hat den Eingeborenenjungen Mau auf einer verwüsteten Insel zurückgelassen, ganz allein mit Daphne, einem sittsamen viktorianischen Mädchen, das von derselben Welle dort abgesetzt wurde. Die scheue und schwierige Beziehung der beiden wird zum entscheidenden Antrieb für ihre Bemühungen, andere Gestrandete zu retten, wobei sie allerlei Angreifer abwehren müssen, um schließlich das Geheimnis der Insel zu ergründen, welches die Welt fast buchstäblich auf den Kopf stellt.)

Aber das nur nebenbei; im Moment geht es mir darum, dass das Stück bei der ersten Pressevorführung vor zwei Wochen mehr Häme als Applaus erntete. Es gab Lob für die Inszenierung, aber das Stück selbst wurde als »rassistisch«, »politisch korrekt« und »faschistisch« bezeichnet, wobei man wohl zugunsten der Kritiker annehmen muss, dass sie ein bisschen verwirrt waren.

Starker Tobak für die Bühnenfassung eines Romans, der im vergangenen Jahr allgemein gut aufgenommen wurde und in diesem Jahr die von der American Librarians Association verliehene Printz Medal eingeheimst hat, den wichtigsten Jugendbuchpreis, den man als britischer Autor in den USA bekommen kann. Ich kenne einige dieser BibliothekarInnen. Das sind zähe Knochen. Mit Rassismus, Faschismus und plakativer politischer Korrektheit haben die nichts am Hut.

Ich war so deprimiert, dass mich meine Schriftstellerkollegen mit Solidaritätsbekundungen aufzurichten versuchten. Ich solle mich nicht um die Kritiker kümmern, hieß es, und als Autor sei ich sowieso aus dem Schneider, wenn das Stück absaufe.

Ich hatte die Probeaufführungen nicht gesehen. Die Leute vom Theater meinten, ich sollte erst reingehen, wenn das Stück genügend eingespielt sei. Außerdem ließen sie keinen Zweifel daran, dass ich bei der Produktion nichts mitzureden hätte.

Der Grund dafür ist offenbar, dass es etwas anderes ist, ob man ein Stück schreibt oder ein Buch. Klar ist es anders, aber für den Stückeschreiber auch einfacher, wie ich meine. Der Dramatiker hat Sound, Licht, Bewegung und Musik – und jede Menge Mitarbeiter – zur Verfügung, der Buchautor nur ein mickriges Alphabet. Und wir bekommen auch keine Probeaufführungen, damit wir unser Werk eventuell noch straffen können; wir geben unser Bestes, drücken auf Senden – und beten.

Eine erkleckliche Anzahl von Spionen versorgte mich mit Meldungen von der Front: Es kommt nicht in Fluss, man kann ihm schwer folgen, es ist zu verwirrend, sogar wenn man das Buch kennt, es wird zu viel getanzt, es hat seine guten und schlechten Seiten, es wird zu viel erklärt, es wird nicht genug erklärt, nicht genug erklärt, nicht genug erklärt (das habe ich dreimal wiederholt, weil es immer wieder auftauchte), die Schauspieler spielen sich einen Wolf, aber der Funke springt einfach nicht über. Keiner sagte, das Stück gefiele ihm nicht; alle sagten, dass man sich anstrengen müsse, es zu mögen. Rätselhafterweise berichteten sie aber auch von begeistertem Applaus.

Also betrat ich gestern Abend das Theater wie Wyatt Earp eine trügerisch stille Gasse in Tombstone, den Finger schon am Abzug. Und was erwartete mich dort? Ein recht gelungenes Stück. Man muss zwar immer noch wie ein Schießhund aufpassen, dass man mitkommt, aber meinem Hauptspion zufolge wird einem das Mitkommen jetzt schon viel leichter gemacht. Cox, der Oberschurke, wurde mit einer unnötigen Hintergrundstory ausstaffiert; im Buch ist er bloß ein gemeingefährlicher Psychopath, fast schon eine Naturgewalt. Er sollte so eindimensional rüberkommen: das personifizierte Böse. Es gab ein oder zwei Stellen, wo die Gesetze des Erzählens nicht so ganz auf ihre Kosten kamen; wenn ein viktorianisches Mädchen jemandem während einer Musiknummer das Bein absägt, ist es nicht unwichtig, dass das Publikum versteht, warum das passiert. Und wer nach schrecklichen Entbehrungen auf einer rettenden Insel strandet, sollte wirklich mehr tot als lebendig aussehen – was die Sache mit der Amputation dann auch glaubwürdiger machen würde. Und meiner Erfahrung nach fehlen am Schluss noch ungefähr zwanzig Wörter Dialog, damit eine sehr komplexe und gefühlvolle Szene ihre volle Wirkung entfalten könnte. Aber sonst? War ich hingerissen. Was auch nicht an meinem Buch lag. Das Medium ändert alles. Wo das Buch wispert, brüllt das Stück. Aber das Buch muss ja auch nur die Augäpfel des Lesers erreichen, das Stück dagegen die hintersten Reihen des Theaters. Allein die Lautstärke ändert alles. Die Exposition der Handlung, die durch die auktoriale Erzählerstimme und den inneren Monolog eines Protagonisten gemächlich auf einer ganzen Buchseite entwickelt werden kann, muss auf der Bühne in Sekunden abgehandelt werden. Im Buch bleibt genügend Zeit, dafür zu sorgen, dass der Leser – und sogar der Rezensent – den Unterschied zwischen den Großvätern – dahingeschiedenen Stammesältesten – und den Großvatervögeln – geierähnlichen Aasfressern – begreift. Im Stück vermengen sie sich, was insgesamt aber nicht schlecht funktioniert. Ohne Marc Ravenhill, der *Eine Insel* für die Bühne adaptiert hat, etwas anhaben zu wollen, muss man sagen, dass dem Roman wohl nur eine Inszenierung von Wagnerianischen Ausmaßen gerecht werden könnte. Deshalb musste leider vieles auf der Strecke bleiben. Sicher ließe sich manches auch noch effektvoller herausarbeiten, aber insgesamt war ich, obwohl ich mich auf das Schlimmste gefasst gemacht hatte, von dem Stück doch sehr angetan. Die Plätze waren zu zwei Dritteln besetzt, was anscheinend für einen Mittwoch durchaus passabel ist. Das Publikum weinte, japste, jubelte und johlte, und immer an den richtigen Stellen, und mir dämmerte, dass ich hier so etwas wie ein viktorianisches Melodrama für das einundzwanzigste Jahrhundert erlebte.

Weil ich nach der Vorstellung jede Menge Autogramme geben musste, kam ich mit vielen Zuschauern ins Gespräch, und ich hörte nur Gutes. Selbst das ältere Ehepaar, das zugab, einiges nicht ganz »mitgekriegt« zu haben, zeigte sich zufrieden damit, dass es eine Idee gab, die man hätte mitkriegen können, selbst wenn es ihnen persönlich nicht geglückt war.

Und der donnernde Applaus hätte keinem Theater im Land zur Schande gereicht. Es ist nicht mein Job, den Anreißer für das National Theatre zu machen. Immerhin bin ich als Autor ja sowieso aus dem Schneider. Ich finde bloß, man hätte mehr und früher auf mich hören können. Und vollkommen nutzlos kann ich auch nicht gewesen sein, sonst hätten wir uns nicht hinterher im freundschaftlichen Gespräch noch über ein paar Änderungen zugunsten besserer Verständlichkeit einigen können. Aber die Schauspieler waren großartig, und ich habe meine *Insel* eindeutig wiedererkannt, auch wenn sie etwas kurzatmig daherkam. Ich habe mir das Stück definitiv nicht zum letzten Mal angesehen.

Onkel Doktor

Rede zur Verleihung der Ehrendoktorwürde, University of Portsmouth, 2001

Bis jetzt ist es mir bereits neun Mal passiert, dass mir eine britische Universität in einem Anfall geistiger Umnachtung für meine Verdienste um die Literatur einen Ehrendoktortitel zuerkannt hat.

Nach inzwischen schon ziemlich alter Tradition revanchiere ich mich für dieses Kompliment, indem ich einem geeigneten Fakultätsmitglied einen Doktortitel der Unsichtbaren Universität zukommen lasse (und dazu noch ein Abzeichen und einen flotten UU-Schal). Alle scheinen sich dabei prächtig zu amüsieren, und ein Foto in der Zeitung gibt es auch. Ich habe die Rede immer auf Latein gehalten, beziehungsweise dem Scheibenwelt-Äquivalent davon, das an miserabelstes Küchenlatein erinnert. Aber es musste schon wirklich hundsmiserabel sein, damit die Leute es »kapierten«. Jack Cohen von der Warwick University bekam seinen Doktor für »habeum tonsorius per Alberto Einstineum«.

Damals, an jenem schönen Tag in Portsmouth, wurde die Rede auf Englisch gehalten.

Verehrter Herr Vizekanzler, sehr geehrte Dozenten, Gäste, Studenten und Absolventen, ich hoffe, Sie werden es mir nicht übel nehmen, wenn ich sage, dass die heutige Veranstaltung eine Feier der Unwissenheit ist. Die Unwissenheit steht bei den Menschen generell nicht hoch im Kurs, obwohl wir auf Erden das einzige Lebewesen sind, das sich wirklich damit auskennt. Dass wir es dahin gebracht haben, wo wir heute stehen, verdanken wir allein der Tatsache, dass wir vollkommen unwissend angefangen haben.

Das war nicht immer so. Noch vor einigen tausend Jahren wussten wir alles – wie die Welt begann, wozu sie gut war, welcher Platz für uns darin vorgesehen war … einfach alles. Das lehrten uns die Geschichten, die die Alten am Lagerfeuer erzählten oder in einem dicken Buch niedergeschrieben hatten. Keine offenen Fragen, alles hatte seine Ordnung.

Heute aber wissen wir, dass es unendlich viel gibt, was wir nicht wissen. Die Universitäten leisten auf diesem Gebiet eine beachtliche Pionierarbeit. Überlegen Sie mal: Wenn man mit seinem frischgedruckten Abizeugnis an die Uni kommt, hat man voll den Durchblick. Aber dann ist das Erste, was man hört – na gut, das Zweite, weil sie einem ja zum Beispiel erst mal erklären müssen, wo die Toiletten sind –, als Zweites also hört man, dass alles, was man bis dahin gelernt hat, nicht etwa die Wahrheit ist, sondern nur eine von vielen möglichen Betrachtungsweisen. Und wenn man dann nach drei Jahren gelernt hat, dass es unendlich viele Sachen gibt, die man immer noch nicht weiß, drücken sie einem eine Urkunde in die Hand und setzen einen vor die Tür. Unwissenheit ist was Wunderbares – sie ist der Zustand, in dem man sich befinden muss, ehe man wirklich irgendwas lernen kann.

Hut ab, dass Sie überlebt haben, Herr Vizekanzler, Dank dafür im Namen der Absolventen und auch in meinem eigenen.

Ich bin mir nicht sicher, warum Sie mir den Doktortitel für

meine Verdienste um die Literatur verliehen haben. Meines Wissens habe ich der Literatur nur einen wertvollen Dienst erwiesen, nämlich den, bei jeder passenden und unpassenden Gelegenheit zu betonen, dass ich gar keine schreibe. Umso größer ist die Ehre. Ich glaube ja, dass ich in Wahrheit für meine Hartnäckigkeit ausgezeichnet worden bin. Seit fast zwei Jahrzehnten schreibe ich jetzt schon die Scheibenwelt-Romane, die hoffentlich Millionen von Menschen unterhalten, auf jeden Fall aber mindestens einem, man mag es kaum laut sagen, viel Spaß und Geld gebracht haben. Ich verdanke ihnen ein Dutzend Weltreisen und dass sogar eine – leider ausgestorbene – Schildkrötenart nach mir benannt worden ist. Ich glaube, ich habe mehr als dreihunderttausend Bücher signiert. Auf Borneo kamen zu einer Lesung im tiefsten Regenwald ganze drei Leute, beziehungsweise vier, wenn man, wie es sich gehört, den Orang-Utan mitzählt.

Aber ich habe mich immer gefragt, wie mein Leben wohl ausgesehen hätte, wenn ich nicht zufällig einen Job bei unserem Lokalblatt bekommen hätte und stattdessen zur Uni gegangen wäre. Sicher hätte ich das billige Bier zu würdigen gewusst. Andererseits war das in den späten Sechzigern, und wie wir von unseren Politikern wissen, konnte man zu jener Zeit an einer Uni nur eins mit Sicherheit lernen: wie man nicht inhaliert. Vielleicht habe ich mich also doch richtig entschieden. Immerhin habe ich ja jetzt meinen Doktortitel, was mich offenbar berechtigt, meinen Hut in die Luft zu werfen, und das wollte ich schon immer mal machen. Nochmals meinen herzlichen Dank an Sie alle für alles und von allen – und nun zu einer kleinen, aber feinen Programmänderung.

Wie gesagt, ich war nicht auf der Uni, habe dieses Versäumnis aber wiedergutgemacht, indem ich mir selbst eine zugelegt habe. Die Unsichtbare Universität, eine Exzellenzuniversität für Zauberer, die vor achtzehn Jahren im ersten Scheibenwelt-Roman ins Leben gerufen wurde, scheint mit jedem Tag realer zu werden. Und da ich dort über einigen Einfluss verfüge, habe ich unserem Erzkanzler die Erlaubnis zu einer kleinen Zeremonie abgerungen, mit der wir die Verbindung zwischen unseren beiden großen Lehranstalten feiern wollen. Also … treten Sie bitte vor, Professor Michael Page.

Natürlich ist Michael für einen echten Zauberer viel zu dünn, doch was ihm an Statur fehlt, macht er durch seinen Humor locker wieder wett – eine reife Leistung für einen Buchhalter, mit der er sich eines Ehrentitels für Verdienste um die Magie als würdig erwiesen hat. Um Angehöriger der Unsichtbaren Universität zu werden, muss er natürlich … den offiziellen Hut aufsetzen … den offiziellen Schal mit dem Wappen der Universität umlegen … und das Oktagon-Abzeichen anstecken, das alle Absolventen tragen. So … hiermit ernenne ich Sie, Professor Michael Page, causas diabolici volentus, zum Ehren-Bakkalaureus des Einflusses. Es ist einem bedauerlichen Mangel an Weitblick zuzuschreiben, dass Ihrem Namen von nun an die Buchstaben BE angefügt werden, aber für diese große Ehre nehmen Sie das kleine Ärgernis sicher gern in Kauf.

Herzlichen Dank, Herr Vizekanzler, meine Damen und Herren.

Ein paar Worte über Hüte

***Sunday Telegraph Review*, 8. Juli 2001**

Ich mag Hüte, besonders die breitkrempigen schwarzen Louisianas, die von den meisten Leuten für Fedoras gehalten werden. In meiner Familie bekommen die Männer bereits mit fünfundzwanzig eine Glatze, und ich habe es einfach lieber, wenn zwischen meinem Gehirn und Gott etwas mehr ist als nur die Schädeldecke.

Alles Weitere zu dem Thema finden Sie im folgenden Artikel, der überhaupt nur wegen einer Bemerkung auf einer Party zustande kam, die ich einem Journalisten gegenüber fallen ließ. Als wäre irgendetwas komisch an Hüten.

Ich war natürlich außer mir, als mein Hut gekidnappt wurde. Man kennt die Horrorstorys. Würden sie ihn an eine Heizung ketten? Mir ein Foto von ihm schicken, auf dem er eine Tageszeitung hochhält? Würde er sich – Gott bewahre! – auf die Seite seiner Entführer schlagen und nie mehr zu mir zurückwollen? Das nennt man wohl das Stockholm-Syndrom, obwohl die Schweden für ihre Hüte gar nicht so berühmt sind.

Nun gut, ich zahlte also das Lösegeld, 75 Pfund, an die Studentenorganisation Rag Day Charity, was der – wohltätige – Zweck der ganzen Übung war. Das Drama war in zehn Minuten vorbei, und ich durfte noch nicht mal kurz mit dem Entführungsopfer telefonieren.

Kaum hatte ich den großen schwarzen Hut zurück, war ich wieder ich selbst.

Ich mag Hüte. Mit einem Hut ist mein Kopf wenigstens zu irgendwas nütze.

In meiner Familie legen sich die Männer schon mit Mitte zwanzig eine Glatze zu, damit sie es hinter sich haben. Das erspart uns später im Leben ein böses Erwachen. Aber wenn man kahl ist, hat man nichts, womit man die ganzen Püffe und Kratzer abfangen kann, von denen haarige Zeitgenossen erst gar nichts mitkriegen. Das moderne Hilfsmittel wäre eine Baseballkappe. Wie bitte? Eine Baseballkappe? Da esse ich schon lieber Würmer.

Meinen ersten großen schwarzen Hut habe ich in einem Laden namens Billie Jean in der Walcot Street in Bath entdeckt. Das war in den späten Achtzigern. Als ich ihn im Regal liegen sah, wusste ich sofort, dass er mein Traumhut war, obwohl ich bis dahin noch gar nicht gewusst hatte, dass ich einen Hut haben wollte.

Er war schwarz, das ist ja klar, breitkrempig und recht fest, zugleich aber auch so biegsam, dass die Krempe den verwegenen Schwung behielt, den ich ihr mit einem dampfenden Teekessel verpasste.

Manchmal sieht man etwas und muss es einfach haben.

Seitdem habe ich wohl zehn solcher Hüte besessen, für das ungeübte Auge alle identisch. Also gut, ich gebe es zu, als Kind war ich schwer beeindruckt von John Steed, der in der Serie *Mit Schirm, Charme und Melone* eine Schranktür öffnet, hinter der sich endlose Reihen von Melonenhüten und zusammengerollten Regenschirmen offenbaren. Das war mir eine Lehre: Wenn man es mit Hüten ernst meint, kann man nicht nur einen haben.

Manche habe ich – nach ausreichender Lüftung – für die eine oder andere Benefizauktion gespendet oder als Preis bei einem Wettbewerb (»Gewinnen Sie Terry Pratchetts Hut!«). Einer ist im stolzen Besitz meines tschechischen Übersetzers. Einer ist gerade verstorben. Es war einer der besten – dünner Filz, der wie Samt aussah, perfekter Sitz, schwarz wie das Pik-Ass. Schmiegsam wie ein Handschuh. So einen habe ich nie mehr gefunden. Ich brauchte ein Jahr, um ihn genauso hinzukriegen, wie ich ihn haben wollte, und zwei Jahre, um ihn aufzutragen.

Keine zwei Hüte sind gleich. Jeder hat seinen eigenen Charakter, wie alle echten Hutträger wissen. Ich besitze einen schweren Filzhut fürs Grobe, den ich gerne bei Schulbesuchen aufsetze, wo ihn bestimmt die halbe Klasse mal aufprobieren will, einen feinen Filzhut für besondere Anlässe und mehrere robuste Exemplare für Lesereisen. Weil ein schwarzer Fedora oder Louisiana für Australien nicht passen würde, setze ich da lieber einen Akubra »Territory« auf, den breitkrempigsten Hut, den es gibt, mal abgesehen von einem Sombrero. Wenn man ihn sich ganz genau ansieht, kann man noch erkennen, wo der Koalabär draufgepinkelt hat.

Als ich offiziell zum berühmten Autor avancierte, mutierte der schwarze Hut zu meinem Markenzeichen. Es steckte keine tiefere Absicht dahinter, sondern passierte einfach, weil es den Fotografen gefiel. »Noch eins mit Hut, bitte«, hieß es immer. Und einem Fotografen widerspricht man natürlich nicht. Bald war der Hut auf allen PR-Fotos zu bewundern, und man kannte mich gar nicht mehr oben ohne. Der Hut war gewissermaßen ich und ich der Hut.

Deshalb finden die Leute, dass ich ihn die ganze Zeit aufhaben müsste. »Wo ist denn Ihr Hut?«, fragen sie mich, wenn ich Bücher signiere, als wüssten sie nicht, wer dieser kleine, bärtige Glatzkopf sein soll, solange der Hut die offizielle Persönlichkeit nicht beglaubigt. Auf Veranstaltungen wollen die Leser mit mir fotografiert werden, was mich nicht stört und zu meinem Gewerbe dazugehört – doch kaum wird die Kamera gezückt, heißt es prompt: »Aber bitte mit Hut!«

Es hat sogar ein paar gescheiterte Versuche gegeben, mir den Hut zu entwenden.

Lustig ist auch die folgende Geschichte. Letztes Jahr kaufte ich für eine Lesereise einen neuen Hut. Er war mir ein bisschen zu eng, und ich hatte dummerweise keinen Ersatzhut dabei. Aber der wunderbare Buchladen in dem Städtchen St. Neots war früher einmal ein Herrenausstatter gewesen und hatte auf dem obersten Regal noch eine alte Hutweitemaschine stehen. Jeder Buchladen sollte eine haben. Während ich die Bücher signierte, wurde der Hut geweitet. Wahrscheinlich dachten manche Leute, es sei eine Art Folter, um mich zum Unterschreiben zu zwingen.

Ich werde oft gefragt, ob ich mich ohne Hut nackt fühle. Die Antwort ist Nein. Ich fühle mich nackt ohne, sagen wir, meine Hose, doch wenn man ohne Hut durch die Straße geht, schert das die Polizei nicht weiter. Aber zugegeben … im Laufe der Jahre bin ich schon sehr mit meinem Hut verwachsen.

Aha, heißt es dann vielsagend, der Hut ist so was wie ein Requisit, richtig? Eine magische Maske? Sie glauben, Sie werden zum echten Menschen, wenn Sie den Hut aufsetzen? Sie sind Ihr Hut, nicht wahr?

Was nur beweist, dass man auf vielsagende Ahas verzichten und sich mit seiner Küchenpsychologie nicht wichtigmachen sollte. Nein, ich werde nicht zum echten Menschen, wenn ich den Hut aufsetze. Mit dem Hut auf dem Kopf werde ich zum unechten Menschen. Zu diesem Mann, der 25 Millionen

Bücher verkauft hat, wahnsinnig lange und anstrengende Lesereisen macht und zu viele Hotelzimmer von innen gesehen hat. Das ist der unter dem Hut. Es ist recht beschwerlich darunter, und deswegen muss der Hut eben auch mal ab.

Der Hut ist eine Anti-Maske, eine, die man abnimmt, um eben nicht erkannt zu werden. Es ist erstaunlich, wie gut das funktioniert. Ohne den Hut kann ich einfach ein Angehöriger der riesigen Bruderschaft kahlköpfiger Brillenträger sein und unbehelligt durch die Gegend laufen, ohne dass mich die Leute plötzlich anstarren und sagen: »Das sind doch Sie, oder? Hier, könnten Sie das mal für meine Frau signieren? Sie wird's nicht glauben, wenn ich's ihr erzähle.« Nicht, dass ich etwas dagegen hätte, aber manchmal will man doch bloß eine Tube Klebstoff und ein paar Schraubenschlüssel kaufen.

Ohne den Hut kann ich ohne Stift aus dem Haus gehen.

Ohne den Hut kann ich einfach ich selbst sein.

Ein weltfremder Träumer

Über die Schulzeit, aufgeschlagene Knie,
erste Jobs, Weihrauch, Weihnachtsroboter, geliebte
Bücher und andere Nebenschauplätze

Im Kaufhaus

Programmheft zu Bob Eatons Bühnenfassung von *Trucker*, März 2002

Es ist alles wahr. Trotzdem bezweifle ich, dass ich den Zauber meines ersten Besuchs in einem großen Kaufhaus richtig rüberbringen konnte. Er fand noch in jener grauen Vorzeit statt, als es keine Fernseher gab – zumindest nicht in Familien, die mit einem Arbeiterlohn klarkommen mussten. Nichts hatte mich auf solche Farben, solche Klänge vorbereitet, auf die endlos langen Regale voller Spielzeug, die vielen bunten Lichter. Die Erinnerung an jenen Besuch hat sich unauslöschlich in mein Hirn gebrannt.

Als ich anfing, *Trucker* zu schreiben, war ich vier oder fünf Jahre alt.

Meine Mutter hatte mich nach London mitgenommen, wo sie Weihnachtseinkäufe erledigen wollte. Man muss sich das vorstellen: Ich wohnte in einem Dorf, das aus vielleicht zwanzig Häusern bestand. Es gab keinen Strom, und wir teilten uns einen Kaltwasserhahn mit dem Haus nebenan. Und plötzlich befand ich mich in London, kurz vor Weihnachten, in einem riesigen Kaufhaus namens Gamages. Ich sehe die strahlenden Farben noch heute so deutlich vor mir, dass mir das Licht eigentlich zu den Ohren herausscheinen müsste. Wenn ich die Augen schließe, höre ich noch das flatternde Geräusch, mit dem die Leinwandwolken ziemlich wacklig hinter dem »Flugzeug« in der Spielwarenabteilung vorüberzogen. Das Flugzeug »flog« uns Kinder zum Weihnachtsmann. An ihn kann ich mich natürlich nicht mehr erinnern. Das wäre so, als wollte man sich an das Gesicht Gottes erinnern.

Später ging ich, trunken von so viel sensorischen Input, einfach verloren. Meine verzweifelte Mutter fand mich auf der Rolltreppe wieder, wo ich verzückt rauf- und runterfuhr und mit offenem Mund die bunten Lichter anstaunte.

Anschließend passierte etwa fünfunddreißig Jahre lang nicht allzu viel, und dann schrieb ich *Trucker:* Kleine Leute in einem riesigen Kaufhaus, das sie für die ganze Welt halten. Ich glaube, meine Finger waren über die Tastatur direkt mit dem Kopf des Fünfjährigen von damals verkabelt. Ich weiß bis heute, wie geheimnisvoll das alles war, und in diesem Alter ist so gut wie alles geheimnisvoll. Man versteht so gut wie nichts, und alles kommt einem wie ein Wunder vor.

Genau so ergeht es den Nomen, die hinter den Sinn des Universums ihrer geschlossenen Kaufhauswelt kommen wollen, und das ohne jeglichen Anhaltspunkt. Was heißt »Alles muss raus«? Oder »Hunde und Kinderwagen bitte hochnehmen«? Um herauszufinden, was diese Hinweisschilder bedeuten, müssen sie, tja, herausfinden, was sie eben bedeuten. Die meisten von uns werden natürlich von Menschen erzogen, die uns helfen, solche Wissenslücken zu füllen, aber die Nomen müssen von selbst darauf kommen, und sie verstehen alles wunderbar falsch. Ihnen gelingt schier Unmögliches, weil ihnen niemand gesagt hat, dass es nicht geht.

Wühler und *Flügel* folgten kurz darauf und ergänzten die

Trilogie, und zu jenem Zeitpunkt hatte ich bereits alles im Griff. Das erste Buch wurde jedoch komplett für den Jungen auf der Rolltreppe geschrieben.

(Kinderfantasien unterscheiden sich natürlich. Vor sechs Jahren erzählte mir eine russische Übersetzerin, wie schwer das Buch ins Russische zu übertragen sei. Ich sagte: Aber auch russischen Kindern dürfte es doch nicht schwerfallen, an kleine Wesen zu glauben. Sie antwortete: Das ist nicht das Problem. Das Problem besteht vielmehr darin, sie an ein Kaufhaus glauben zu lassen, das mit lauter bunten Waren vollgepackt ist.)

Der Roundhead Wood in Forty Green

Spielplatzerinnerungen.
Kindheitserinnerungen berühmter Menschen zur Unterstützung der Elangeni Middle School und der Chestnut Lane Lower School, Amersham, hrsg. von Nick Gammage, 1996

Forty Green liegt unweit von High Wycombe in den Kreidehügeln der Chilterns im Südosten Englands. Wir wohnten dort, als ich zur Grundschule ging, dort lernte ich spucken, mit schorfigen Knien leben und rechtzeitig wegzurennen. Meine Eltern waren großartig, denn es machte ihnen nichts aus, mich einen Tag in der Schule zu entschuldigen, um mit mir nach Lyme Regis zu fahren, um dort Fossilien zu suchen. Einmal fuhren wir an einen Ort namens Church Cliff. Mein Vater hatte einen Eimer mitgenommen, weil man dort Strandschnecken sammeln konnte. Wir packten jede Menge Strandschnecken in den Kofferraum unseres Autos – zum Glück ist der Eimer nicht umgefallen –, und als wir wieder zu Hause waren, schenkten wir allen Nachbarn welche. Es war wirklich fabelhaft, als kleiner Junge in Forty Green zu wohnen.

Mein liebster Spielplatz war damals ein Wäldchen, das Roundhead Wood hieß. Und obwohl es da jetzt nicht mehr so viele

Bäume und dafür mehr Stacheldraht gibt, gilt das eigentlich noch heute. Dort rannten immer vier oder fünf von uns Jungs herum wie ein lärmendes, vielbeiniges Tier. Wir bauten uns Lager, kletterten auf Bäume, fuhren mit den Fahrrädern in der kleinen Kalksteingrube in der Mitte des Wäldchens herum und wurden dabei jeden Tag ein bisschen älter. Für uns stand Roundhead Wood für jeden Wald, jeden Dschungel und später auch für die Oberfläche fremder Planeten. Außerdem konnte man von dort aus hören, wenn man von seiner Mutter gerufen wurde.

Bei einem unserer Spiele musste man in eine junge Birke klettern, sich oben auf eine Astgabel stellen und zu einem anderen, ungefähr anderthalb Meter entfernten Baum mit glatter Rinde hinüberspringen. Ganz wichtig war, dass man den Baum richtig erwischte und die Arme sofort um den Stamm schlang, sonst fiel man drei Meter tief runter in die Stechpalmenbüsche. Hatte man es geschafft, sich festzuklammern, dann rutschte man am Baum hinab und machte sich dabei die Hose total grün. Eine stumme Prozession von Kindern:… klettern SPRINGEN platsch rutschrutsch. Oder SPRINGEN grapsch Panik AAAAAAAAAUA!

Damals mussten wir eben noch selbst für unsere Unterhaltung sorgen.

Ein Musterschüler

Aus: *1951–2011 – 60 Jahre Holtspur School: Eine Festschrift*, 2011

Mir hat es in der Grundschule nicht gefallen. Ich war der Junge, der immer zu spät kam. Nein, ich war kein ausgemachter Dummkopf, aber doch eher eine neugierige Ziege als ein braves Schaf. H.W. Tame, unser Lehrer, glaubte, dass er bei einem sechsjährigen Jungen oder Mädchen bereits voraussagen konnte, auf welche weiterführende Schule er oder sie später einmal gehen würde. Und da ich eine Ziege war, hatte er mich gleich als Verlierer ausgemacht. Meine Mama wollte nichts davon hören, also machte sie das, was viele Mütter tun – sie suchte sich einen Lehrer vor Ort, der mir Nachhilfe gab.

Ich weiß noch, wie H.W. Tame am letzten Tag der Grundschule in der Klasse auf- und abging, um uns die Ergebnisse der Abschlussprüfungen mitzuteilen. Als ich hinausging, um es meinen Eltern mitzuteilen, herrschte tiefes Schweigen im Klassenzimmer. Ich war die einzige Ziege, die bestanden hatte.

Es gab ein Buch über H.W. Tame mit dem Titel Mit sechs Jahren abgestempelt, *aber wäre meine Mutter Lehrerin gewesen, wäre sie ganz bestimmt die Leiterin von irgendwas gewesen.*

•

Natürlich erinnere ich mich an den Rektor meiner ersten Schule. H.W. Tame war ein Riese von einem Mann, ungefähr 600 Meilen groß, wenn ich mich recht entsinne. Er war ein Pionier des Sexualkundeunterrichts für ältere Grundschulkinder, und ich weiß noch, wie ich mit damals ungefähr elf Jahren nach seinem Vortrag, den wir alle mit der angemessenen Beklommenheit und Aufregung erwartet hatten, nach Hause ging. Ich kickte die Herbstblätter in die Luft und wog in meinem Kopf die Wahrscheinlichkeiten und Möglichkeiten gegeneinander ab, bis ich zu meiner eigenen Beruhigung schließlich zu dem Schluss kam, dass er das alles ganz bestimmt völlig falsch verstanden hatte.

Ehrlich gesagt, kann ich nicht behaupten, dass meine Erinnerungen an die Holtspur School die allerbesten wären, was aber womöglich nur daran lag, dass ich geradezu das Musterbeispiel eines einfältigen und weltfremden Träumers war. Irgendwie überstand ich die Schule, und seither habe ich das Talent zum Träumen als überaus nützlich empfunden – solange man es einigermaßen unter Kontrolle halten kann. Was einen nicht umbringt, macht einen stark. Im Ernst, es war … na ja, Schule eben, einigermaßen in Ordnung, und später entscheidet man ohnehin von Mal zu Mal, je nach Stimmung, durch welche Brille man seine Erinnerungen an damals betrachten will.

Ich erinnere mich auch noch an die pantomimischen Theaterstücke, die H. W. Tame schrieb und in denen er gelegentlich selbst mitspielte, besonders dann, wenn ein Riese gebraucht wurde. Einige Zeit später, da war ich schon erwachsen, begegnete ich ihm bei irgendeinem Anlass und staunte nicht schlecht darüber, dass er wie durch ein Wunder jetzt ungefähr genauso groß war wie ich. Es war halt die Schule, und wenn man am anderen Ende in einigermaßen annehmbarer Verfassung herausgekommen ist, kann sie nicht ganz so schlecht gewesen sein.

Oma Pratchett

Falsche Zähne und eine rauchende Meerjungfrau:
Berühmte Menschen enthüllen die seltsame und wunderbare Wahrheit über sich und ihre Großeltern, Age Concern, 2004

Oma Pratchett war sehr klein, sehr intelligent, hatte kaum Schulbildung genossen und drehte sich ihre Zigaretten selbst. Sie dröselte die aufgerauchten Kippen vorsichtig auf und sammelte die Reste in einer alten Tabaksdose, um sich daraus neue Zigaretten zu drehen. Gelegentlich ergänzte sie den alten Tabak mit einer Prise frischem. Als Kind war ich völlig fasziniert davon, denn man musste kein Mathematiker sein, um sich auszurechnen, dass sie auf diese Weise bestimmte Tabakfitzelchen schon seit Jahrzehnten, wenn nicht sogar länger, wieder und immer wieder rauchte.

Sie konnte Französisch, weil sie vor dem Ersten Weltkrieg als Zofe in Frankreich gearbeitet hatte. Meinen Opa hat sie zufällig kennengelernt, weil sie sich von dort aus bei einer Organisation meldete, die einsamen Tommys an der Front Briefpartner vermittelte. Ich vermute, dass es eine glückliche Ehe war – für kleine Kinder sind Opa und Oma einfach nur *da*, basta. Ich vermute jedoch, dass die Ehe glücklicher hätte sein können, wenn sie einen Mann geheiratet hätte, der sich für Bücher interessierte, denn Bücher waren ihre heimliche Leidenschaft. Sie besaß ein heiß geliebtes Regal voller Klassiker, aber als ich ungefähr zwölf Jahre alt war, lieh ich ihr meine Science-Fiction-Bücher, die sie mit großer Begeisterung las.

Jedenfalls hat sie das immer behauptet. Bei Oma konnte man nie ganz sicher sein. Sie war einer der klügsten Menschen, der mir je begegnet ist. In einer anderen Zeit und mit einer anderen Herkunft hätte sie große Konzerne leiten können.

Über Pornos und andere wundersame Geschichten

Noreascon 4: WorldCon-Programmheft, September 2004

Was uns als Kinder begeistert, bleibt auch später wichtig – bei mir zum Beispiel die Astronomie. An dem Tag, an dem mir mitgeteilt wurde, dass ich PCA habe, hatte ich mir gerade ein neues Teil für mein Teleskop gekauft. PCA hat viel mit den Augen zu tun – manchmal kann man gut sehen und manchmal nicht, weil das Gehirn Probleme hat, das von den Augen übermittelte Signal zu verarbeiten. Damit kann ich umgehen, aber kleine Schrift kann ich nicht mehr lesen. Und was das Teleskop angeht… Es macht immer noch viel Spaß, mit einem Bier in der Hand dabeizusitzen, wenn Rob das Ding bedient.

Trotzdem empfinde ich es nicht als ungerechtes Schicksal. Ich habe viel gelesen, meine Güte, was ich alles gelesen habe! Bei mir stapeln sich überall Bücher. Die meisten Comics, mit denen für mich alles angefangen hat, waren ziemlicher Ramsch, aber einige davon haben bis heute überlebt und lassen sich bestimmt noch irgendwo in einer meiner Bibliotheken finden.

Mann, Mann, Mann… Meine erste WorldCon besuchte ich 1965. Natürlich in London. Nur Amerikaner und sehr reiche Leute (was damals eigentlich gleichbedeutend war) flogen damals über den großen Atlantik. Brian Aldiss war der Ehrengast, und Arthur C. Clarke hielt die Bankettrede und illustrierte seine erbaulichen Worte, indem er einen Nagel von der *Mayflower* und ein Stück des Hitzeschilds von, glaube ich, *Friendship 7* schwenkte.

Beim Frühstück beschwerte sich James Blish bei mir, dass es keine Waffeln gab. Was war ich stolz! Der Autor der Trilogie *Die fliegenden Städte* vertraute sich ausgerechnet mir an, um seinem Verdruss hinsichtlich der eingeschränkten Vielfalt britischer Frühstücksprodukte Ausdruck zu verleihen!

Damals gab es noch Riesen auf der Welt, zumindest Menschen, die beträchtlich größer waren als ich.

Aber das war erst später.

Ich glaube, angefangen hat alles mit einem Superman-Comic, den mir ein anderes Kind in den Ferien geborgt hatte. Ich muss ungefähr neun gewesen sein. Am Ende der Ferien trug ich mein rotes Handtuch um die Schultern gebunden, und zwar *ständig*. Trotzdem fand ich Batman besser, warum auch immer. Die meisten Kinder in meiner Umgebung fanden Batman besser. Wenn man seinen Brokkoli aufaß und seine Milch trank, konnte man theoretisch, wenn man erwachsen war, Batman werden, aber Superman konnte man nur sein, wenn man auf einem anderen Planeten geboren war. Mein Freund Nibbsy, ein Fan von Superman, meinte, man könnte ein Superheld werden, wenn *unser* Planet in die Luft flog und wenn dein Vater so schlau war, rechtzeitig eine Rakete für dich zu bauen. Er meinte, dass ich ganz gute Chancen hätte, weil mein Papa schweißen konnte. Ich hatte jedoch den Eindruck, dass seine Theorie auf ziemlich wackligen Füßen stand.

In der Schule stritten wir uns darüber, ob Batman fliegen konnte oder nicht. Diejenigen, die sagten, er könne nicht fliegen, waren in der Minderheit und wurden deshalb von den dümmeren Kindern verprügelt. Aber, hahaha, wir waren jedenfalls nicht diejenigen, die sich die Knochen brachen, weil sie aus ihren Zimmerfenstern raushüpften. Auf dem Weg nach unten ganz laut »Batmaaaaaua!« zu schreien half dann auch nicht weiter.

Aber was dahintersteckte, wühlte mich auf. Nun gab es in Gotham City alles in allem zu viele Karnevalsumzüge und zu viele dumme Handlungsverläufe, selbst für einen Neunjährigen. Ungefähr zu dieser Zeit brachte die Firma Brooke Bond Tea Sammelkarten heraus, die in jeder Teepackung enthalten waren – genauer gesagt, eine Serie namens *Out Into Space (Auf ins All)*.

Sie liegen, während ich das hier tippe, vor mir. Vergesst Proust und seine Kekse, mein Fahrschein in die Vergangenheit ist Karte neun, »Planeten und ihre Monde«.

Die Farben sind grellbunt, die Abbildungen nicht besonders, aber meine Familie trank Tee, bis er ihnen zu den Ohren rauskam, nur damit ich sie alle sammeln konnte. Wenn man die Rückseite von jeder Karte auswendig lernte, wusste man besser am Nachthimmel Bescheid als die meisten anderen Leute. Ich gebe zu, dass man auch ein paar falsche Dinge lernte: Der Mars war beispielsweise mit Kanälen abgebildet. Aber diese Karten fachten meine Begeisterung für den Weltraum an, eine wunderbare Sucht, denn Weltraum gibt es jede Menge und er ist frei verfügbar. Und das war großartig, denn damals ging es mit den Raumflügen gerade so richtig los.

Meine Eltern kauften mir natürlich ein Teleskop. Es war eins von den Dingern, die sehr nette Eltern ihren Kindern kaufen, ohne sich vorher ein bisschen über Teleskope schlauzumachen. Jupiter war eine verwackelte Kugel aus lauter Regenbogen, aber ich lernte so einiges über den Mond.

Ich wollte mal Astronom werden, denn als Astronom musste man nicht um zehn ins Bett.

Aber es stellte sich bald heraus, dass es mir nichts ausmachte, schon um zehn im Bett zu sein, denn ich war auf diese Weltraumgeschichten gestoßen …

Ich bin so froh, dass ich behaupten kann, alles richtig gemacht zu haben. Ich habe den richtigen SF-Buchladen gefunden. Natürlich findet man einen *richtigen* SF-Buchladen, dessen Betreiber selbst Fan ist und seine Kunden so gut kennt, dass sie manchmal auch hinter der Verkaufstheke aushelfen, üblicherweise zwischen einem Tattoo-Studio und einem Pornoladen.

Meine Quelle befand sich *in* einem Pornoladen. Das Hauptgeschäft, das von einer netten alten Dame geführt wurde, die immer strickte, wenn gerade nichts los war, waren Pornos.* Aus irgendeinem Grund, vielleicht, um der Behauptung, ein Buchladen zu sein, etwas mehr Gewicht zu verleihen, war die Hälfte der Verkaufsfläche des kleinen Ladens mit Pappkisten voll britischer und amerikanischer Secondhand-SF-Magazine bestückt, oft so gut wie neuwertig.

Wo kamen die her? Ich bin nie dahintergekommen. Ich weiß nur, dass sich die Kisten so schnell wieder füllten, wie ich sie leerkaufte. Nie habe ich auch nur einen einzigen anderen SF-Fan in dem Laden gesehen. Ab und zu hielten sich ein paar

---

* Softpornos, soweit ich mich erinnern kann, obwohl gewisse Kunden am Tresen nach ein paar leise gewechselten Sätzen auch geheimnisvolle braune Umschläge ausgehändigt bekamen. Dabei könnte es sich natürlich auch um sehr, sehr seltene SF-Magazine gehandelt haben.

Männer in Regenmänteln dort auf, die in zen-artiger Trance auf die Sachen in den oberen Regalen starrten und keinerlei Notiz von dem Jungen nahmen, der weiter unten herumwühlte. Die Besitzerin, die mich ins Herz geschlossen hatte, weil ich wahrscheinlich ihr einziger Kunde war, der sich nicht für die oberen Regale interessierte, machte mir manchmal eine Tasse Tee und sagte nur vage, dass »die Leute sie da reintun«.

Astounding, Analog, Fantasy and SF, Galaxy, New Worlds, Science Fantasy… ungeahnte Reichtümer regneten zum Preis von ein paar Pennys auf mich herab. Sie waren nicht das, womit die alte Dame ihr Hauptgeschäft machte, sie hatte auch keinen blassen Schimmer von SF, aber ungefähr dreimal die Woche verließ ich ihren Laden mit einer prallen Schultasche. Trotzdem fand ich noch Zeit, meine Hausaufgaben zu machen.

Dann erwähnte ein englisches Magazin etwas von einer *British Science Fiction Association.*

Erstkontakt! Der wiederum führte mich zu den Cons und zu der Ermunterung, selbst Geschichten zu schreiben, was einen Teil der Atmosphäre dort ausmacht. Ich schrieb. Ich schrieb hauptsächlich Müll, aber ein paar Sachen waren nicht ganz so schlecht, und ich hörte auf die Leute bei den Diskussionsrunden, die sagten: »Wenn man Schriftsteller werden will, sollte man sich einen anderen Job suchen.« Das war für mich die Arbeit bei einer Zeitung und, als Volontär, die wunderbare Gelegenheit, jede einzelne Stunde, die Gott mir schenkte, mit Arbeit zu verbringen. Die Leute hätten sagen sollen: »Such dir einen anderen Job, aber einen, der nicht dein ganzes Leben auffrisst.« Dann gab es noch die Mädchen. Der andere Job und, ja, auch die Mädchen gewannen die Oberhand.

Die WorldCon 1965 blieb für einundzwanzig Jahre meine letzte Convention. Ich war nur drei Jahre offizieller Fan, die

Lehrjahre in dem kleinen Laden nicht mitgezählt, und ich fand erst wieder zurück, nachdem ich vier Romane geschrieben hatte. Ich freue mich sehr, wieder dabei zu sein.

Als ich zuletzt an dem Laden vorbeikam, war er unter dem betonierten Vorplatz eines Autohauses verschwunden.

Vielleicht war es aber auch so, dass die kleine alte Dame an dem Tag, an dem ich ihren Laden zum letzten Mal verließ, wusste, dass sie ihre Aufgabe erfüllt hatte. Sie legte den Hebel unter dem Tresen um, woraufhin der gesamte Laden sich einfach zusammenfaltete und entschwand …

Brief an *Vector*

Vector, 21. September 1963

Als ich ein Teenager war, passierte ringsum alles Mögliche – wir reden hier schließlich von den sechziger Jahren –, aber wenn ich ein MAD-Heft in die Schule mitbrachte, konnte es immer noch ganz schön Ärger geben! Meiner Meinung nach war das, was man uns so beibrachte, ziemlich beschränkt.

TERRY PRATCHETT (Beaconsfield)

Den Artikel »SF in der Schule« in *Vector*, Heft 20, fand ich hauptsächlich deshalb interessant, weil ich

a) Schüler bin und

b) mich sehr für SF interessiere.

Vor allen Dingen finde ich, dass Ron Bennetts Schüler echt Schwein haben, dass ihr Lehrer sich für Science-Fiction interessiert. Bei uns in der Schule kriegen wir immer wieder dieselben langweiligen Aufsatzthemen wie »Mein Haustier« oder »Ein Tag am Bahnhof«. Beim ersten Mal ist so was ja noch ganz reizvoll, aber es wird schon deutlich langweiliger, wenn man ein fünftes oder sechstes Mal darüber schreiben soll. (Ich übertreibe kaum, ehrlich.)

Dabei heißt es immer gleich: »Nicht jeder interessiert sich für Science (Igitt!) Fiction.« Na und? »Ein Tag auf dem Bahnhof« ist auch nicht jedermanns Sache. Abgesehen davon schreiben die meisten Jungs in meiner Klasse die Geschichten sowieso aus irgendwelchen Zeitschriften ab; vielleicht wäre es ja interessant für sie, auch mal was aus *New Worlds* oder *Science Fantasy* abzuspicken.

[Antwort der Redaktion: Die beiden Aufsatzthemen, die du erwähnt hast, lassen sich doch ganz einfach in SF-Themen umwandeln. »Mein Haustier« könnte ja auch ein kleiner Fuzzy oder ein kleines Thoat sein. (Ich hatte mal einen Banth, aber den durfte ich nicht behalten.) »Ein Tag am Bahnhof«: Jemand gräbt irgendwann in der Zukunft, wenn Teleportation längst völlig normal ist, in den uralten Ruinen herum. AM]

Lektüren eines Schriftstellers

Waterstones' *Books Quarterly*, 12, 2004

Meine Oma hatte nur ein Bücherregal. Ich erinnere mich noch deutlich an ein großes Buch darin, ein Buch, das ihr in Zeiten des Kummers und der Orientierungslosigkeit stets eine große Hilfe war. Es war das einzige Buch, das ich sie je aufschlagen sah. Es hieß: *Das große Kreuzworträtsel-Lösungsbuch.*

In diesem Regal stand aber auch G. K. Chestertons *Der Held von Notting Hill*, ein Buch, das Seele und Herz der Fantasy in gleichsam destillierter Form enthält – was nur sehr wenig mit Zauberern zu tun hat, dafür umso mehr mit … na ja, mit allem anderen. Als Kind bevölkert man seine vertraute Umgebung mit allerlei Schrecken und Gefahren (nicht weit von uns entfernt stand eine Scheune, in der, das wusste ich ganz genau, Riesen wohnten). Chesterton wusste, warum, und er konnte in einem Satz mehr ausdrücken als so mancher Philosoph in einem ganzen Buch. Er brachte mir etwas bei, was ich stets beherzigt habe: dass es nämlich nichts Merkwürdigeres gibt als die sogenannte Normalität.

Ich habe erst spät mit dem Lesen angefangen, war dann aber so ausgehungert, dass ich Kinder- und Erwachsenenbücher gleichermaßen verschlang, ohne groß zwischen ihnen zu unterscheiden. *Der Wind in den Weiden* war das Buch, bei dem ich Blut geleckt habe, und noch heute bewahre ich meine billige Ausgabe von damals sorgfältig in einer Plastikhülle auf, weil der Rücken sich schon vor Jahren völlig aufgelöst hat. Wenn Sie es mal wieder lesen, achten Sie unbedingt auf die Größe der Tiere. Sie verändert sich im Laufe des Buches ständig, was aber völlig egal ist.

Der reine Zufall spielte mir *Schloß Malplaquet oder Lilliput im Exil* von T. H. White in die Hände, ein Buch, das mich völlig begeisterte, weil es ein Kinderbuch war, das überhaupt keine Zugeständnisse an Kinder machte. Außerdem war es eine erfundene Geschichte, in der eine andere erfundene Geschichte *(Gullivers Reisen)* Wirklichkeit war; so eine verschachtelte Idee ist ein Mordsspaß, wenn man elf ist. Außerdem entwickelte ich dadurch ein Faible für Geschichten, die uns die Wirklichkeit aus einer anderen Perspektive zeigen, und das wiederum führte mich unweigerlich zu den Regalen mit der Science-Fiction.

Offensichtlich weiß jeder ernst zu nehmende Schriftsteller, dass es bei Science-Fiction »immer nur« um Roboter, Raumschiffe und fremde Planeten geht. Klar gibt es davon oft jede Menge, quasi als Sahnehäubchen obendrauf, aber bei guter Science-Fiction geht es in erster Linie um uns und unseren faustischen Pakt mit unseren großen Gehirnen, der uns von den Bäumen heruntergelockt hat, uns aber auch jederzeit in den Vulkan locken kann. Das beste Science-Fiction-Buch aller Zeiten ist fast kaum mehr erhältlich. Ich rede von *Edward – Wie ich zum Menschen wurde,* verfasst von dem mittlerweile verstorbenen Roy Lewis. Keine Roboter. Aber auch keine *Homo sapiens,* denn bei den Mitwirkenden handelt es sich um eine Humanoiden-Familie aus dem Pleistozän.

Sie haben gelernt, aufrecht zu gehen, und sind jetzt bereit

für die ganz großen Knaller: Feuer, Kochen, Musik, die darstellende Kunst und die erstaunliche Entdeckung, dass man sich nicht mit seiner Schwester paaren sollte. Und zwar deshalb, weil es zu einfach wäre, sagt jedenfalls Vater, der visionäre Anführer der Horde. Um sich weiterzuentwickeln, muss die Menschheit Hindernisse, Enttäuschungen und Komplexe erschaffen und sich selbst aus einem animalischen Garten Eden vertreiben. Wenn wir uns erheben wollen, müssen wir uns erst verkorksen. Großartiger Stoff, ich muss das Buch jedes Jahr einmal lesen. Höchste Zeit, dass es von einem großen Verlag wieder unter die Leute gebracht wird.

Meinen letzten Tipp dürften Sie in keiner modernen Buchhandlung finden, aber die meisten Secondhand-Läden führen ihn (es sei denn, ich war kurz zuvor dort, denn ich kaufe alle Exemplare, die ich finde, und dränge sie dann meinen Freunden auf). Es geht um *The Specialist* von Charles Sale, ein Buch von nur wenigen Dutzend Seiten. Genau genommen handelt es sich um die Erinnerungen eines Plumpsklobauers, aber eigentlich ist es eine sanfte Lektion über das Wesen des Humors. So ein Stoff verlangt nach saftigem, gut gedüngtem Boden; Verstand lässt sich auch auf einem feuchten Waschlappen züchten.

Vorwort zu Roy Lewis' *Edward – Wie ich zum Menschen wurde*

Corgi, 1989

Sie halten eines der lustigsten Bücher der letzten fünfhunderttausend Jahre in der Hand.*

Es geht, kurz gesagt, um die humorige Schilderung einer Familie sehr, sehr früher Frühmenschen und wie sie einige der mächtigsten und erschreckendsten Dinge, die sich die Menschheit jemals angeeignet hat, entdeckt und sich zunutze macht: das Feuer, den Speer, die Ehe und so weiter. Ganz nebenbei erinnert uns das Buch auch daran, dass die Probleme des Fortschritts nicht erst mit dem Atomzeitalter anfingen, sondern bereits mit der Notwendigkeit, etwas zu kochen, ohne selbst gekocht zu werden, und zu essen, ohne selbst gefressen zu werden.

Es ruft uns auch ins Gedächtnis, dass die erste Waffe, die Menschen tötete und Gebäude stehen ließ, die Keule war.

---

* Na ja, leider halten *Sie* es jetzt nicht in der Hand – jedenfalls nicht *Edward – Wie ich zum Menschen wurde.* Aber Sie sollten alles daransetzen, es in die Finger zu bekommen.

Bis jetzt war das Buch noch kein Bestseller (zumindest nicht im herkömmlichen Sinne des Wortes), was vielleicht daran liegt, dass es sich in keine bestimmte Schublade stecken lässt. Nichts schadet einem Buch mehr, als wenn die Leute nicht wissen, in welches Regal sie es stellen sollen. Nachdem es zum ersten Mal im Jahr 1960 erschienen ist, gab es bis heute eine Vielzahl von Ausgaben, die unterschiedliche Titel trugen.

Als Brian Aldiss das Buch als einen der ersten Romane für die neue SF-Liste bei Penguin auswählte, gab er ihm wieder den Originaltitel *The Evolution Man* (deutsche Ausgabe: *Edward – Wie ich zum Menschen wurde*). Aldiss fiel auf, was bis dahin niemandem aufgefallen war, nicht einmal dem Autor – nämlich, dass es sich bei dem Buch um extrem gute Science-Fiction handelte. Den wahren Jakob. Natürlich kommen darin keine Raketen vor. Na und? Raketen sind nicht notwendig. Das wissen wir inzwischen. 1960 gehörte das noch nicht zum Allgemeinwissen.

Ich habe mein Exemplar damals gekauft, weil auf dem Einband »SF« stand. Damals kaufte ich alles, solange nur »SF« auf dem Einband stand, ungefähr so, wie man in der Wüste kurz vor dem Verdursten alles trinkt, auf dem »Flüssigkeit« steht. Aber dann stellte ich fest, dass ich etwas Literarisches las, etwas Neuartiges und sehr, sehr Lustiges. In den vergangenen achtundzwanzig Jahren habe ich das Buch schon so oft an Freunde verliehen, dass die Buchstaben schon allein durch die vielen Augen abgenutzt und kaum mehr lesbar sind.

Falls Sie bis hierhin gelesen haben, kann ich Ihnen wahrscheinlich gefahrlos verraten, dass es sich um ein Kultbuch handelt. Keine Bange, dieser Ausdruck bedeutet nur, dass man nicht aufgrund massiver Werbemaßnahmen darüber stolpert, sondern rein zufällig, und anschließend das wohlige Gefühl genießt, praktisch der Einzige zu sein, der etwas davon weiß. Mit anderen Worten: Es ist ein *gutes* Kultbuch. Wenn Sie es ausgelesen haben, ist der Kult um einen Fan erweitert worden.

Dieses Buch wird Ihr Leben ganz unmerklich verändern. Die Anfangsszene von *2001* beispielsweise wird nie mehr dieselbe sein, weil Sie sich von jetzt an fragen, welcher Affe wohl Onkel Wanja ist. Und wenn Sie beim nächsten Mal eines dieser nützlichen kleinen Bücher sehen, in denen alle essbaren und alle giftigen Pilze aufgeführt sind, bedanken Sie sich stillschweigend bei den vielen Hunderten äffischen Forschern, die ihr Leben bei dem Versuch geopfert haben, herauszufinden, welcher Pilz denn nun genießbar ist und welcher nicht.

Sie können sich auch an einer wahren Geschichte erfreuen: Die Idee zu diesem Roman keimte in Roy Lewis auf, als er Mitte der fünfziger Jahre als Reporter der Zeitung *The Economist* den bekannten Anthropologen Louis Leakey bat, ihm die Bedeutung einiger prähistorischer Höhlenmalereien zu erklären. Leakey *tanzte* ihm die Bedeutung vor.

Daraus, und aus seinen eigenen Beobachtungen während der Auflösung des britischen Kolonialreiches in Afrika sowie aus seinen Überlegungen zu den vielen, vielen Schichten von Geschichte, die unter dem alltäglichen politischen Geschehen liegen, schuf Lewis dieses Buch.

Später meldete sich der berühmte französische Biochemiker Jacques Monod zu Wort und wies auf den einen oder anderen formalen Fehler hin, fügte aber sogleich hinzu, dass es überhaupt keine Rolle spiele, weil er bei der Lektüre des Buches so heftig lachen musste, dass er mitten in der Sahara vom Kamel fiel.

Also nehmen Sie bitte auf etwas Soliderem Platz.

April 1988 (irgendwo im Holozän)

Der König und ich

Oder wie einem Weisen aus dem Morgenland der Boden unter den Füßen weggezogen wurde

***Western Daily Press*, 24. Dezember 1970**

Bei dieser Zeitung hatte ich meine zweite Stelle, nachdem ich die Bucks Free Press *verlassen hatte. Als ich diesen Artikel schrieb, hatte ich dort gerade angefangen. Bei der* Bucks Free Press, *meinem ersten Job nach der Schule, hatte ich die Bekanntschaft dreier wahrhaft weiser alter Männer gemacht: Mr Church war eher der strenge Typ. Er nahm seine Stellung sehr ernst und sorgte dafür, dass auch wir Anfänger sie ernst nahmen. Der zweite war Bugsy Burroughs, der einen anschnauzte, wenn man etwas falsch gemacht hatte. Von beiden habe ich viel gelernt. Gleich am ersten Arbeitstag sah ich meine erste Leiche, und zwar eine* extrem *tote Leiche. Unter Anleitung von Mr Alan, dem dritten weisen alten Mann, der mir zeigte, wo's langgeht, schrieb ich meinen Text zusammen und dachte mir dabei: »Ich glaube, heute habe ich mehr gelernt als in sämtlichen Schuljahren zusammen … Jedenfalls habe ich gelernt, dass ein Mensch sehr viele erstaunliche Farben annehmen kann.«*

Ich wollte doch nur Gold, Weihrauch und Myrrhe. Wie ein moderner orientalischer Herrscher. Mehr nicht. Eine einfachere Wunschliste für Weihnachten gibt es eigentlich nicht. Ein Kinderspiel, dachte ich. Ganz simpel.

Dann stand ich mitten auf der Broadmead in Bristol im Regen. Ich war angezogen wie ein Flüchtling aus *El Khobar – Schrecken der Wüste* und kam mir vor wie ein soeben geschasster Potentat aus dem Mittleren Osten.

»Für so was bist du nicht geschaffen«, ging es mir immer wieder durch den Kopf. »Wenn dir jemand ein Kamel geben würde, könntest du nicht mal damit umgehen.«

Trotzdem machte ich mich frohgemut ans Werk. Ich hatte sogar eine Einkaufstasche dabei. Daran sieht man, wie ahnungslos ich war.

Gold. Das gibt es doch überall, man findet es in Ringen und in Zähnen. Weihrauch stellte sich als zartbitter riechendes Pulver heraus, Myrrhe als pharmazeutische Heilpaste oder eine Art Kaugummi.

Ich begab mich in die nächstbeste Drogerie.

»Weihrauch? Wer stellt so was her?«, fragte mich die Dame in der Parfümabteilung.

Na prima. Aber es gab ja noch andere Drogerien. Ich klapperte sie ab.

Ein cooler Haufen, diese Drogisten von Bristol.

Sie kontern deine Frage nach Weihrauch eiskalt mit einem »Tut mir leid, der Herr, das führen wir nicht.« Ohne mit der Wimper zu zucken. Einer sagte tatsächlich: »Ach du lieber Gott!«

Ich bekam den Tipp, es bei der Vereinigung der britischen Pharmaindustrie zu versuchen.

»Wie bitte? Ach. Im Ernst? Wir rufen Sie zurück«, bekam ich dort zu hören.

Als sie zurückriefen, hieß es: »Also, da haben Sie uns ja ganz schön suchen lassen. Allem Anschein nach wurde Myrrhe mal als eine Art Mundwasser verwendet. Wenn Sie vielleicht einen von den ganz alten Apothekern ausfindig machen könnten ... Gut möglich, dass der so was noch hat.«

Mundwasser schien mir nicht das Richtige zu sein, aber ich ließ nicht locker und machte Mr Pughe-Jones ausfindig, einen Apotheker im Stadtteil Bedminster, in der West Street.

»So was wird heute nicht mehr verlangt«, sagte er. »Vor dem Krieg haben wir Myrrhe verkauft. Vielleicht ist noch irgendwo ein Stückchen übrig, aber ich glaube nicht, dass ich es finde.«

Dann dachte ich mir: Vielleicht liegt es an dir. Was dir fehlt, ist der richtige Aufzug. Dann kapieren die Leute vielleicht eher, was du willst.

Also ab zum Kulturzentrum, wo ich mich unverzüglich als orientalischer Prinz ausstatten ließ.

Das Gewand hatte zuletzt Herodes getragen. Ich sagte ja bereits, dass ich kein Snob bin.

»Das geht schon«, sagte die Gewandmeisterin und musterte mich kritisch, »schließlich haben Sie eine lange Reise hinter sich.«

Ein cooler Haufen, die Kunden in den Läden Bristols. Keiner von ihnen nahm auch nur die geringste Notiz von einem orientalischen Prinzen, der zwischen den Pfützen herumhüpfte, um sein Gewand nicht nasszumachen.

Und so ergeht es einem Weisen aus dem Morgenland, wenn er in Bristol Gold kaufen möchte ...

Bei der Bank von England bekommt er von einem sympathischen jungen Mann ein Formular ausgehändigt. Bald darauf erfährt er, dass es keine gute Idee ist, nach Gold zu fragen, nur weil man welches haben möchte.

Man erklärt ihm: »Ich will nicht pessimistisch erscheinen, aber das ist so ungefähr der schlimmste Grund, den man angeben kann.«

Ein wahrhaft weiser Mann hätte an diesem Punkt aufgegeben, denn dieses Formular lässt eindeutig nichts Gutes erahnen. Ein Drittel davon besteht aus Großbuchstaben und Formulierungen wie BEI NICHTEINHALTUNG DER BEDINGUNGEN.

Wenn er jedoch hartnäckig ist, sucht er ein paar Juweliere auf. Das tat ich. Man zeigte mir einen Serviettenring aus reinem Gold, den ich um ein Haar gekauft hätte, aber dann riss ich mich gerade noch zusammen.

Es hat keinen Sinn. Gold, Weihrauch und Myrrhe haben als Weihnachtsgeschenke nicht die geringste Chance.

Nächstes Jahr besorge ich einfach einen Picknickkorb.

Ihre Kamele würde man den Heiligen Drei Königen in Bristol im Handumdrehen wegen Parkvergehens abschleppen.

Selbstverständlich sind sie nie durch Bristol gekommen – was zeigt, wie weise sie wirklich waren.

Schätzchen, diese Bienen hatten ein Herz aus Gold

***Bath and West Evening Chronicle*, 24. April 1976**

Nachdem ich schon ein paar Jahre als Journalist gearbeitet hatte, wurde ich bei dieser Zeitung Redaktionsassistent. Dort wurde immer noch, wie in der guten alten Zeit, mit Bleisatz gearbeitet, was mich sehr faszinierte. Nur da, wo man mit heißem Metall druckt, herrscht wahrer Journalismus.

Jede Zeitung braucht jemanden, der schreiben kann – nicht nur Journalesisch, sondern auch anderes. Auf diese Weise erschlich ich mir das Vertrauen der Redaktion und bekam ein kleines Kabuff auf dem Dach zugewiesen, wo ich die Vögel füttern konnte. Außerdem wurde ich für diese Artikel, bei denen es meistens um Land und Leute ging, sogar bezahlt.

Die Einkaufsliste, die ich mit nach London nahm, war sehr kurz: Gold. Und ich bekam es auch. Aber so fängt man eigentlich nicht an, oder?

Der Bildhauer, Schriftsteller und Maler Michael Ayrton, ein wahres Allround-Genie, ist vor nicht allzu langer Zeit gestorben. Ich bin ihm nur zwei Mal begegnet, dennoch fällt mir niemand ein, dessen Tod mich so berührt hat.

Er hat ein Buch mit dem Titel *Ich erbaute das Labyrinth* geschrieben, in dem es um das Leben der halbmythischen Gestalt Dädalus geht. Dädalus war der Vater von Ikarus, derjenige, der die Flügel konstruierte – in dem Buch ist es ein primitiver Hängegleiter –, mit denen sein Sohn auf so spektakuläre Weise versuchte, der Sonne zu trotzen, und dabei scheiterte.

Das Buch ist wohl nie ein Bestseller gewesen, trotzdem nehmen es viele Menschen immer wieder gerne in die Hand.

Aber das nur nebenbei. Jedenfalls wird Dädalus auch zugeschrieben, er habe einmal eine Bienenwabe aus Gold gegossen, und Ayrton beschreibt in seinem Buch, wie er es bewerkstelligt haben könnte.

Um Metall zu gießen, kann man ein Wachsmodell anfertigen, es in eine Art Gipsform einkleiden, das Wachs herausschmelzen und den Abdruck ausgießen. Eine Wabe ist allerdings bereits ihr eigenes Wachsmodell. Die Beschreibung las sich so verlockend, dass ich es selbst ausprobieren wollte.

Dädalus schmückte seine Wabe mit in Gold gegossenen Bienen. Man kann das tote Insekt wie Wachs behandeln und die Asche, die beim Schaffensprozess entsteht, aus der Form wieder herausbrennen.

Es war November. Ich meldete mich ganz in der Nähe bei einem Silberschmiedekurs an, was mir erlaubte, Gold zu kaufen. Gold! In London wird das Zeug in kleinen Läden mit hohen Tresen verkauft, Läden, die mit dem teuren Stoff ausgestattet sind wie Feinkostgeschäfte in Sachen Edelmetall. Ich kaufte genug davon, jedenfalls genug, dass man etwas erkennen konnte, wenn man genau hinsah, aber eigentlich mehr Silber.

Es war Winter, aber die Bienenforschungsgesellschaft half mir mit einer Streichholzschachtel voller toter Bienen, einem

Stück wilder Honigwabe und einem Strauß interessierter Glückwünsche zum guten Gelingen aus der Patsche.

Ich baute mir eine Wachspyramide und setzte eine Biene darauf, wie kurz vor dem Abflug. Dann führte ich winzige Wachsfäden zu Fühlern und Flügeln, damit das geschmolzene Metall in jede Ritze rinnen konnte, wobei ich mit einer Pinzette und einer heißen Nadel arbeitete.

In der Werkstatt hüllte ich alles in einen einigermaßen guten Kokon, brannte es, bis es rot glühend war, schmolz ein Fragment 22-karätigen Goldes in einem Tiegel, schleuderte alles in einer Gussschleuder und ließ die Form in einen Eimer kaltes Wasser fallen. Sie explodierte. Und aus dem dampfenden Wasser zogen wir eine goldene Biene heraus, mit Facettenaugen, perfekten Flügeln und prallvollen Pollensäcken – allerdings voll mit Gold. Es dauerte zwei Tage, um sie aus ihrem goldenen Netz zu befreien und die letzten Tonreste zu entfernen.

Dann schmolz ich sie ein. Warum auch nicht? Ich brauchte das Gold. Ein wenig Überredungskunst an der richtigen Stelle verschaffte mir fünf Heuschrecken aus dem Londoner Zoo – ein Dutzend flog davon, als ich die kleinen Heuschreckenzuchträume unter dem Insektenhaus betrat, wo sie für die Insektenfresser des Zoos gezüchtet werden. Ich kann Ihnen versichern, da drin geht es zu wie bei *Quatermass – Das grüne Blut der Dämonen,* ehrlich. Aber diejenigen, die entkommen sind, haben das Land nicht entlaubt, denn sie können sich in Großbritannien nicht fortpflanzen.

Die Heuschrecken habe ich in Silber gegossen. Das Naturkundemuseum spendierte mir vier tote Grashüpfer, die nicht mehr gebraucht wurden. In Gold hätte man ihre Hinterbeine als Sägen benutzen können, und einmal wurden sie tatsächlich, allerdings in Bronze, zu genau diesem Zweck benutzt. Ich goss eine Wabe aus Silber, mehrere Quadratzentimeter groß. Die Vorbereitung dauerte einige Tage, und sie tropfte vor Silberhonig. Das Gold kam schließlich bei einer anderen Biene zum Einsatz, die diesmal nicht wieder in den Tiegel wanderte.

Es funktionierte tatsächlich, und ich war auf diese Weise zu einem bescheidenen Experten für die Umwandlung von Insekten in Gold geworden. Leider wäre jeder weitere Versuch lediglich eine Wiederholung gewesen, weshalb ich damit aufhörte. Zumindest wusste ich, dass es machbar war.

Michael Ayrton auch. Als ich ihn später kennenlernte, sah ich die goldene Wabe, die er gegossen hatte, nachdem ihn ein reicher Leser seines Buches dazu herausgefordert hatte. Auf seiner Wabe saßen sieben goldene Bienen, die besten Ergebnisse aus vierzig Versuchen. Das Stück dürfte damals an die tausend Pfund wert gewesen sein. Als der neue Besitzer die goldene Wabe neben seinen Bienenstöcken ins Gras gesetzt hatte, waren Bienen zu Besuch gekommen. Ich habe mich immer gefragt, ob sie die Wabe mit Honig gefüllt haben und ob der Honig außergewöhnlich süß war.

Hört sich echt *fungi* an, das muss der Chor der Morgendämmerung sein

***Bath and West Evening Chronicle*, 2. Oktober 1976**

Ich glaube, ich war einer der Ersten, der auf die Idee kam, von zu Hause aus zu arbeiten. Ich sah mir meine Arbeit etwas genauer an und sagte zu meinem Chef: »Für ein bisschen weniger Geld könnte ich einen Tag pro Woche freinehmen.« Von da an fuhr ich dann immer mit dem Motorrad die ganze Strecke nach Hause in die Mendips, es war eine herrliche Zeit. Ich war gerade Vater geworden, und wir hatten jetzt weniger Geld, aber viel mehr Zeit füreinander.

Das Lied der Pilze weckte mich. Ich zog mich leise im Dunkeln an und schlich die Treppe hinab, denn morgens um fünf macht man nicht einfach so das Licht an.

Vorbei an der Katze, die auf ihrem Sessel schläft, vorbei am letzten Holzscheit des vergangenen Abends, der im Kamin zu Asche zerfallen ist. Oben im Garten fängt ein junger Gockel zu krähen an. Das verdammte Vieh hat doch tatsächlich das Küchenlicht aufflackern sehen. Wo ist, verflixt noch mal, die Papiertüte? Ach …

Und raus, vorbei an den schlafenden Häusern, dabei immer schön auf dem Gras gehen, denn zu dieser Stunde machen Stiefel auf der Straße einen Heidenlärm. Wahrscheinlich bin ich trotzdem von irgendjemandem gesehen worden. (Mein Vater erzählt immer wieder die Geschichte, wie er mal versucht hat, an seinem alten Singer eine neue Windschutzscheibe einzubauen, und zwar in einer Einfahrt, die ringsum von dichten Büschen umgeben war und obendrein am Ende einer unbefestigten Straße lag. Die Scheibe passte nicht. Als er am Abend in die Dorfkneipe kam, begrüßte ihn ein Mann, der ganz am anderen Ende des Dorfes wohnte, mit einem Grinsen und sagte: »Hat wohl nicht gepasst, das Ding, hä?«)

Nebel kräuselt sich klischeehaft über den Wiesen, durch die ich über eine halbe Meile zurücklegen muss. Karnickel stieben auseinander. Ein größeres Säugetier, womöglich ein Nilpferd, trottet durch das Unterholz davon.

Links und rechts vom Waldweg stehen Tintlinge. Wenn sie reif sind, zerfließen sie zu einem besorgniserregenden schwarzen Glibber. Sie sind essbar und schmecken wie richtige Pilze, werden aber von den ignoranten Massen Gott sei Dank verschmäht, weshalb ich sie ohne lästige Konkurrenz sammeln und tellerweise in mich reinschaufeln kann. Also genau so, wie man Pilze essen soll.

Sie an diesem Morgen mitzunehmen wäre jedoch, als würde man auf Legehennen schießen. Meine Beute ist flüchtiger, unbeständiger, eher wie ein Geschenk der Götter.

Durch eine Brombeerhecke auf eine kleine, dunstverhangene Wiese. Alles ist nichtssagend grün, bis man sich daran gewöhnt hat und nach der richtigen Sorte Gras Ausschau hält.

Sobald die Augen den Bogen raushaben, stechen die Pilze wie Sterne heraus.

Ich pflücke den ersten – und vernehme ein leises Husten. Nichts Bedrohliches, wohlgemerkt, nur eine Art verbales Signal. Auf der Wiese ist noch jemand. Mit einer Plastiktüte.

Wir beäugen uns ganz kurz, dann widmen wir uns wieder unserem Tun, wobei jeder den anderen verstohlen im Blick behält. Er hat die richtige Technik drauf, lässt die kleinen Knöpfe und die fauligen Riesen stehen, schnappt sich nur die leckeren rosigen Teenager. Dabei ist ein richtig reifer Pilz durchaus schmackhaft, wenn man einen robusten Gaumen hat. Vor zwei Jahren kannte ich eine Wiese, auf der riesige Schafchampignons wuchsen, so viele, dass ich sogar, nachdem ich mein Hemd ausgezogen und es mit Pilzen gefüllt hatte, kaum feststellen konnte, dass welche fehlten.

Nach wenigen Minuten habe ich meine Ration beisammen, und mein einsamer Sammlerkollege begegnet mir auf dem Weg zum Zauntritt am anderen Ende der Wiese. Wir nicken einander zu. Um halb fünf an einem nebligen Morgen auf einer Pilzwiese wäre jedes Wort ein Frevel.

Dann nach Hause, wobei ich bei zwei enger befreundeten Nachbarn kurz haltmache, um ihnen ein paar Pilze vor die Hintertür zu legen. Zu diesem Zeitpunkt wandern auch ein paar Tintlinge in die Tüte. Es wäre eine Schande, sie einfach stehen zu lassen.

Dabei vermischen sich fröhliche und traurige Gedanken. Ich bin fröhlich, weil mich ein Frühstück mit Pilzen und großen, knubbeligen Tomaten erwartet, und traurig, weil es irgendwo Wiesen voller Pilze gibt, von denen niemand weiß und die ich nie betreten werde – ach, allein bei dem Gedanken fangen die Finger an zu kribbeln.

Nach dem Frühstück ist der Himmel hellgrau, in manchen Cottages brennt Licht. Gummistiefel poltern die Straße hinab – da glaubt jemand, er gehe Pilze sammeln, und wahrscheinlich sucht er auf den üblichen Wiesen, auf denen die Bauern Dünger aus einem großen Sack verstreuen. Und dann behaupten sie, in diesem Jahr gibt es keine Pilze. Man muss schon genau hinhören, wenn das Lied der Pilze einen aus der Nacht anweht.

Vorwort zum Roman *The Leaky Establishment* von David Langford

Big Engine, 2001

Der Titel sagt eigentlich schon alles: Wir haben beide dort gearbeitet, wo Wissenschaft, Technik und Bürokratie aufeinanderprallten, in der Atomindustrie.

Als Pressesprecher, also als jemand, der dafür verantwortlich ist, Informationen möglichst schnell herauszugeben (manchmal jedenfalls), war es mir offiziell verboten, eine Schreibmaschine anzurühren. Genau genommen sollte ich meine Presseinformationen handschriftlich verfassen und sie dann ins Schreibbüro schicken, von wo ich sie dann möglicherweise schon morgen zurückbekam. Bis dahin konnte ein durchschnittlicher Atomreaktor natürlich längst abgefackelt sein, weshalb ich meine Sachen lieber selbst getippt habe. Es hatte auch nie jemand etwas dagegen einzuwenden.

Rückblickend war es eine tolle Zeit für einen SF-Fan. Nach Tschernobyl schien es keine Frage zu geben, die für die Ahnungslosen dieser Welt zu abwegig gewesen wäre, um sie von willigen Reportern stellen zu lassen. Können Ihre Atomkraftwerke eine Eiszeit überstehen? Nicht? Warum nicht? (Antwort: Weil ein zwei Meilen hoher Gletscher, der den Kontinent bis aufs Grundgestein abschmirgelt, so ziemlich jedem den Tag versaut.) Ist es nicht unerhört, dass mitten durch den Parkplatz des Kraftwerks eine Verwerfungslinie verläuft? (Antwort: Eigentlich nicht. Sie ist ungefähr 70 Meter lang und hat sich seit 60 Millionen Jahren nicht mehr bewegt…)

Zu meinen nicht wenigen mehr als eigenartigen Aufgaben gehörte es, Drehortscouts für Film- und Fernsehproduktionen zu begleiten, die sich Kraftwerke als mögliche Drehorte für zukünftige Katastrophenfilme ansehen wollten. Ich ging mit ihnen hinauf zur Haube (ganz oben auf dem Reaktor), wo sie sich umschauten und bestürzt feststellten, dass nirgendwo grüner Dampf zu sehen war. Sie wollten mir einfach nicht glauben, dass grüner Dampf keineswegs zu den üblichen Produkten eines Reaktors gehört. Also brachten sie zum Drehen ihren eigenen Dampf mit, dazu große Schalttafeln mit jeder Menge dramatischer Blinklichter, weil wir nicht genug von den Dingern hatten. Im Grunde waren unsere Kraftwerke eine komplette Enttäuschung. Sie waren so ganz anders als die echten.

Ich war acht Jahre dabei. Ein herrliches Leben, wenn man seinen Sinn für Humor bewahrte.

Soweit ich es beurteilen kann, ist die Handlung von The Leaky Establishment *nur einen kleinen Schritt von der Wirklichkeit entfernt.*

Ich hasse Dave Langford dafür, dass er diesen Roman geschrieben hat, denn ich hätte ihn gerne selbst geschrieben. Gott hätte gewollt, dass ich dieses Buch schreibe.

Einen Großteil der 1980er Jahre arbeitete ich hauptberuflich (was nicht heißt, dass ich hauptberuflich gearbeitet hätte) für die staatliche Atomwirtschaft, jedenfalls für den Zweig, der im Südwesten Englands billigen, sauberen Atomstrom produzierte, wenn ich mich richtig entsinne.

Reaktoren flogen so gut wie nie in die Luft. Glauben Sie mir, ich war schließlich Pressesprecher. Aber sie mussten überhaupt nicht explodieren. Eine wenig bekannte Komponente der radioaktiven Strahlung sorgte dafür, dass das Leben eines jeden, der mit der öffentlichen Seite der Industrie zu tun hatte, sehr, sehr merkwürdig wurde. Und ich arbeitete ständig mit irgendwelchen Dave Langfords zusammen. Mir blieb gar nichts anderes übrig. Ich konnte mit Worten umgehen, sie mit Uran. Ein wunderbarer Menschenschlag, mit einem erfrischend anderen Blick auf das Universum.

Immer dann, wenn ein interessierter Bürger bei einem Atomkraftwerk vorbeischneite und sich als zu radioaktiv erwies, um in die Nähe des Reaktors gelassen zu werden, wurde ich verständigt. Auch wegen des Zeitungsartikels über den Kobold, der ein Atomkraftwerk lahmgelegt hat, rief man mich. Wissenschaftler mit einem schrägen Sinn für Humor können für die persönliche Bildung wahre Wunder bewirken, vorausgesetzt, man glaubt nur die Hälfte von dem, was sie einem erzählen. (Äh … wenn ich genauer darüber nachdenke, vielleicht lieber nur ein Drittel – ich habe den Satz »Das Ausmaß der Strahlung war so gering, dass man sie kaum sehen konnte« wirklich nie benutzt.)

Sie zauberten Zahlen aus dem Hut, die bewiesen, dass die Sonne illegalerweise Laserlicht ausstrahlte und deshalb eigentlich niemand vor die Haustür gehen dürfte, wenn er die Gesundheits- und Arbeitsschutzvorschriften einhalten wollte. Oder auch, dass die natürliche Hintergrundstrahlung in Gegenden mit Granitgestein so stark ist, dass amtlich zugelassene Arbeiter aus der Atomindustrie nur dann in Cornwall Urlaub machen dürften, wenn sie dort Schutzkleidung tragen. Außerdem kann ich die Formulierung »drei voneinander absolut unabhängige Sicherungssysteme« nicht mehr hören, ohne laut lachen zu müssen.

In diesem Job machte ich zugleich zum ersten Mal Bekanntschaft mit dem Öffentlichen Dienst. Ja, den Mann, der alle sechs Monate vorbeikam und überprüfte, ob ich den uralten Taschenrechner mit den vier Funktionen, für dessen Erhalt ich bei Antritt der Stelle unterschrieben hatte und der wahrscheinlich nur noch ein paar Pence wert war, noch vorweisen konnte – diesen Mann gab es wirklich. Und ja, einige der Langfords im Obergeschoss brachten ihre eigenen Textverarbeitungsprogramme mit, um ihre Berichte zu schreiben, und schickten die Ausdrucke dann, weil es die Vorschriften so wollten, mit einem lauten Seufzen runter ins Schreibbüro, wo sie abgetippt wurden. Und dann gab es noch diesen Typen, der tatsächlich in einen Atomreaktor reinspazierte und … Nein, das erspare ich Ihnen, denn das würden Sie mir sowieso nicht glauben. Genau wie die Geschichte mit der Toilette.

Kein Wunder, dass der Zusammenprall derart konträrer Denkweisen so etwas wie *The Leaky Establishment* hervorbrachte. (Ein Buch, in dem es selbstverständlich um völlig andere Atomeinrichtungen geht als die, für die ich gearbeitet habe, wo nämlich nicht beabsichtigt war, dass irgendetwas in die Luft flog.) Das Buch ist mehr oder weniger dokumentarisch. Ich habe es voller Entsetzen gelesen, wenn ich nicht gerade laut gelacht habe. Dieser Mann hatte in denselben Sitzungen gesessen wie ich! Er hatte sich mit denselben Leuten herumgeschlagen! Er war bei denselben Tagen der offenen Tür gewesen! Aus jeder Seite tropfte unverfälschte Wirklichkeit! Es war genau wie in dem Buch, das ich eines Tages hatte schreiben wollen! Wie sollte ich mein Buch jetzt noch schreiben?

Dann kam ich ans Ende des Romans und … Tja, Dave Langfords Garten würde höchstwahrscheinlich einer Prüfung durch den Arbeitsschutzbeauftragten standhalten, mehr sage ich nicht.

Ich würde dieses Buch auf dieselbe Stufe wie Michael Frayns

Blechkumpel stellen, einem weiteren unbeachteten Klassiker. Seit Jahren habe ich darauf gewartet, dass es wieder erhältlich ist. Es gehört zu den Büchern, von denen man am Ende mehrere Exemplare kauft, weil man sie unbedingt an seine Freunde weitergeben muss. Es ist sehr lustig. Und sehr realistisch.

Ich hoffe, dass es wahnsinnig erfolgreich wird, und schieße zufrieden alle Pläne für mein eigenes Atombuch in den Wind. Schließlich kann ich mich jederzeit an meinen Erinnerungen wärmen. Oder an diesem großen silbernen und eigenartig schweren Kaffeebecher, den sie mir geschenkt haben, als ich dort aufhörte …

Was mir Weihnachten bedeutet

Western Daily Press (Bristol), 24. Dezember 1997

Genau siebenundzwanzig Jahre nach meiner Suche nach Weihrauch in Bristol nahm ich Weihnachten für die Western Daily Press *in Angriff. Auf ein Neues.*

Ich gehöre keiner Religion an und glaube nicht an metaphysische Weihnachtsmänner, egal welcher Couleur. Trotzdem bin ich ein großer Freund von Weihnachten.

Dabei ist es ziemlich verwirrend geworden. Dieses Jahr sind alle offenbar ganz versessen auf Tinky Winky Spice, dabei bekommt man das Ding im Februar für einen Fünfer nachgeschmissen.

Meiner Theorie nach folgen alle Eltern, die auf der Suche nach dem richtigen Teletubby oder Action Man von Laden zu Laden pilgern, immer noch dem uralten Jäger-und-Sammler-Ritual. Es spricht etwas Vorzeitliches tief in ihnen an.

In meinem letzten Taschenbuch, *Schweinsgalopp,* habe ich mich mit den Traditionen eines gewissen Festes zur Wintersonnenwende beschäftigt. Man muss schon ein sehr blinder und fundamentalistischer Christ sein, wenn man nicht begreifen will, dass es eine sehr alte Tradition gibt, die im Winter die Wiedergeburt der Sonne feiert.

Sogar heute, in unseren zentralgeheizten Wohnungen, wo wir vom »großen Kreislauf der Natur« abgeschnitten sind, jammern wir darüber, dass es jeden Tag früher dunkel wird. Wir brauchen Weihnachten.

Ich bin jetzt neunundvierzig. Als ich klein war, wurde Weihnachten so richtig üppig gefeiert. Es gab Sachen, die man sich das ganze Jahr über nicht leisten konnte. Heutzutage können sich sehr viele Leute jederzeit allen möglichen Luxus kaufen, sodass Weihnachten einfach nicht mehr dasselbe ist.

Trotzdem spricht immer noch sehr viel für die Weihnachtsfeiertage. Wenn man beispielsweise, so wie ich, selbstständig ist, fällt es einem oft schwer, mit dem Arbeiten aufzuhören. Wenn dein Büro gleich neben den Wohnräumen liegt, kannst du immer mal kurz rübergehen und anfangen, etwas zu schreiben. Samstags und sonntags kann man am allerbesten arbeiten, weil das Telefon nicht so oft klingelt wie sonst.

Die Tatsache, dass es heutzutage gesellschaftlich völlig akzeptiert ist, eine ganze Woche lang nicht zu arbeiten, ist einer der Gründe, weshalb ich Weihnachten so mag. Um diese Zeit wird Inventur gemacht.

In gewisser Hinsicht teile ich die Meinung, dass Weihnachten viel zu kommerziell geworden ist. Es kann nicht gut für das Land sein, wenn sich schon ab Oktober aller möglicher Plunder in den Geschäften stapelt.

Manche Einzelhändler stehen und fallen mit dem Weihnachtsgeschäft. Die Buchläden beispielsweise. Sie leben für Weihnachten. Wenn sie nur am 1. Dezember auf- und am 24. Dezember wieder zumachen würden, kämen sie vermutlich trotzdem über die Runden. Sie werden zu Schreinen für die gerade angesagten Bestseller, insbesondere bei den geschenkträchtigen Kochbüchern.

Trotzdem überwiegen die Plus- die Minuspunkte. Wohltätigkeitsorganisationen geht es zu dieser Jahreszeit sehr gut. Selbst wenn man nur im Dezember ein paar Münzen in eine Sammelbüchse wirft, ist es ganz bestimmt besser, als nie etwas zu geben. Außerdem mag ich die Weihnachtsgeschichte. Sie ist eine optimistische Geschichte, die den Kindern heute zum Glück auch nicht mehr so zwanghaft in den Rachen gestopft wird. In den Schulen geht es meist politisch korrekt zu; die Lehrer können nicht mehr davon ausgehen, dass die Eltern ihrer Schüler Christen sind.

Tatsache ist, dass unsere weltliche Gesellschaft kein alternatives Fest und keinen ähnlichen Anlass bietet, worauf man sich mitten im Winter freuen kann. Ein Premierminister-Tag oder so etwas würde einfach nicht dasselbe wohlige Gefühl im Bauch hervorrufen.

Auch in diesem Jahr wird unsere Familie an Weihnachten das tun, was sie an Weihnachten immer tut: Wir zünden ein großes Holzfeuer an, braten einen Truthahn – es gibt auch eine vegetarische Option –, und ich werde wie immer meine ungetrübte Freude daran haben.

Früher mal habe ich mich dazu verleiten lassen, Weihnachten nicht zu genießen, weil es cool war zu sagen, dass die ganze Sache überkommerzialisiert sei, aber dann dachte ich mir: Es macht aber doch auch viel Spaß. Inzwischen denke ich mir: Na und? Ich muss überhaupt nicht mehr cool sein. Wie auch immer, das traditionelle Wintersonnwendfest wurde schon immer mit Völlerei begangen, egal, ob man sich an einem Mastschwein oder an einem bratfertigen Truthahn gütlich tat.

Wer unbedingt will, kann Weihnachten auch auf seine ganz eigene Weise feiern. Aber ein bisschen Kommerz tut niemandem weh. Schließlich hatten schon die drei Weisen aus dem

Morgenland Geschenke dabei, obwohl die Läden rappelvoll waren und sie irgendwo dieses Myrrhe-Zeug herkriegen mussten.

Trotz des ganzen Rummels sind die Leute meistens eine Zeit lang ein kleines bisschen netter zueinander. Sie benehmen sich nicht so zickig wie sonst und kommen mit den anderen ein bisschen besser aus. Selbst wenn es nur an Weihnachten ist – was soll's? Besser einmal im Jahr als nie.

In unserer Familie haben wir einen »Nichtangriffspakt« verabschiedet. Wir versuchen, einander nur eine Kleinigkeit zu schenken, für die man sich aber sehr viele Gedanken machen muss.

Es ist besser, sich vom Weihnachtsmann ein Paar Hausschuhe als den Weltfrieden zu wünschen. Die könnte man nämlich sogar bekommen.

Für den Weltfrieden sind keine dicken, fröhlichen Männer mit weißen Bärten zuständig. Daran müssen wir schon selbst arbeiten. Und um diese Zeit des Jahres gibt es nichts Besseres, als schon mal bei den Nachbarn gleich nebenan anzufangen.

Weihnachten mit Aliens

1987

[Tischrede nach dem »Christmas Dinner« auf der BECCON '87 … also dem Bankett vor der Preisverleihung anlässlich der UK Eastercon, der britischen SF Convention Ostern 1987.]

I'm Dreaming of the Right Christmas …

Nicht besonders originell, ich weiß, aber ich dachte mir, dass man um 22 Uhr bei einem britischen Convention-Bankett (zu dem ALKOHOL ausgeschenkt wird) nicht unbedingt mit Oscar Wilde einsteigen sollte. Ich weiß nicht mehr genau, ob ich diese Rede gehalten habe, aber irgendetwas muss ich gesagt haben, denn ich kann mich an den einen oder anderen Lacher erinnern.

Was für eine großartige Idee! Es ist doch viel angenehmer, Weihnachten um diese Jahreszeit zu feiern, anstatt im Dezember, wenn es in den Läden immer so voll ist. Das erinnert mich an die Filmeinspielungen, die man in den Fünfzigern bei der Weihnachtsansprache der Königin an den Commonwealth immer zu sehen bekam, mit den üblichen Aufnahmen von Australiern, die am Bondi Beach gekühlte Garnelen, Putenbraten und Christmas Pudding essen. Und natürlich steckte dort immer ein Weihnachtsbaum im Sand, der mit eigenartigen Sachen geschmückt war – wenn ich heute so darüber nachdenke, handelte es sich höchstwahrscheinlich um Erbrochenes.

Letzte Woche erhielt ich einen von diesen glückskeksartigen Computerausdrucken, auf dem »Deine Rolle ist Esser« stand. Ich dachte: Großartig, ich mag Rollenspiele, und ein Esser war ich noch nie, bin mal gespannt, wie viele Lebenspunkte der hat.

Erst dann sah ich den zweiten Ausdruck dahinter, auf dem stand, dass um 22 Uhr meine Rolle »Tischredner« sei, und solche Kreaturen findet man wirklich nur in den allerfiesesten Kerkern: Monster, die in weißen Rüschenhemden gnadenlos auf ihr Publikum lauern. Drei Stunden später werden die vor Langeweile erstarrten Forscher aufgefunden, der Kaffee in den Tassen eiskalt und die backsteindicken After-Dinner-Minzschokoladen zwischen ihren Fingern zerschmolzen.

Dabei fällt mir wieder ein, warum ich mit *Dungeons and Dragons* aufgehört habe: Es gab einfach zu viele Monster. Wenn man früher in einem Kerker herumspazierte, traf man höchstens ein paar Orks oder Eidechsenmenschen. Aber dann dachten sich auf einmal alle irgendwelche Monster aus, und kurz darauf waren Zauberschwerter aber so was von out. Seitdem brauchte der versierte Abenteurer dringend Marcus L. Rowlands fünfzehnbändigen Monsterführer und die Fähigkeit, sehr, sehr schnell lesen zu können, denn wenn man diese Viecher von außen nicht ziemlich rasch erkannte, bekam man bald Gelegenheit, sich ihr Gaumenzäpfchen von innen anzusehen.

Wie dem auch sei, dieses Stück Papier besagte, dass ich zum Thema *Weihnachten mit Aliens* reden solle, was mir ganz gelegen kam, weil ich immer gern weiß, von welchem Thema ich nur allzu bald abschweifen werde. Ich will's jedenfalls versuchen. Im Laufe meines Lebens bin ich schon so einiges gewesen, und es war nicht immer schön, aber – dem Himmel sei Dank! – ich war noch nie ein Fan der SF-Fernsehserie *Blake's 7*.

Dabei ist Weihnachten an sich schon ziemlich alienhaft, oder finden Sie es nicht komisch, dass der Weihnachtsmann auf allen Bildern immer dieselben Spielsachen in seinem Sack hat? Einen Teddy, eine Puppe, eine Trompete und eine Holzlokomotive. Immer. Manchmal sind noch ein paar rot-weiß gestreifte Zuckerstangen dabei. Weiß der Himmel, wieso man so etwas in keinem Kaufhaus mehr sieht, aber wenn sich ein Kind heute noch eine Holzlok wünscht, dann wohnt es höchstwahrscheinlich in einem tiefen Loch auf einer einsamen Insel und hat noch nie etwas von Fernsehen gehört. Meine Tochter jedenfalls hat letzte Weihnachten jede Menge Spielsachen bekommen, und zwar ein paar Autos, ein Flugzeug und lauter solche Sachen. Der Witz dabei: Es waren alles Roboter. Und zwar keine Nullachtfuffzehn-Roboter. Ich weiß, wie so ein Roboter auszusehen hat, ich hatte als Kind selbst einen. Bei dem sah man sofort, dass er ein Roboter war, denn er hatte zwei Zahnräder in der Brust, die sich drehten, und wenn man ihn aufzog, fingen seine Augen an zu leuchten. Warum auch nicht, jedem von uns würde es so ergehen. Außerdem hatte ich einen Magic Robot … Ja, ich weiß, jeder hatte so einen, oder? Wenn er einem früher oder später auf die Nerven ging, weil er so arrogant auf seinem Spiegel herumkreiselte und immer die richtige Antwort wusste, schnitt man die Fragen heraus und steckte sie andersherum wieder rein, einfach nur zum Spaß. Mann, was waren wir doch für teuflische kleine Racker!

Aber diese neuen Roboter heutzutage sind subversiv. Sie sind nämlich verkappte Roboter.

Um uns herum findet ein ausgewachsener Roboterkrieg statt. Ich bin noch nicht ganz schlau daraus geworden, aber unsere

Kinder scheinen über dieses Thema recht gut informiert zu sein. Anscheinend kann man die guten Roboter von den bösen unterscheiden, weil die guten Roboter Menschenköpfe haben, ein bisschen so wie in der Szene in *Saturn-City.* Sie erinnern sich bestimmt daran, als der Roboter auf die Idee kommt, dass man am ehesten wie ein Mensch aussieht, wenn man jemandem den Kopf abhackt und ihn sich auf die Antenne steckt. Ein heutiger Roboter sieht aus wie ein amerikanischer Footballspieler, der mit einem Volkswagen zusammengestoßen ist.

Diese Roboter sind ständig unterwegs, um das Universum vor einer anderen Roboterbande zu retten, wobei die Rettung in diesem Fall aus gigantischen Laserschlachten besteht. Wenn sie das Universum dann gerettet haben, sieht es ziemlich ramponiert aus, aber was will man schon groß dagegen einwenden, sie haben es schließlich gerettet.

Jedenfalls sah keines der Geschenke meiner Tochter so aus, wie es eigentlich aussehen sollte. Eine Sammlung Plastiksteine stellte sich als »Rock Lords« heraus, mit so aufregenden Namen wie Boulder und Nugget. Natürlich sind die auch nichts anderes als elende Roboter.

Das einzige noch richtig Weihnachtliche in unserem Haus war die Krippe, aber ich bin mir nicht sicher, ob sie sich auf Knopfdruck nicht ebenfalls verwandelt hätte: Dann hätten sich die Maria-und-Josefoiden mit den drei Königonen eine wüste Schlacht geliefert.

Der Schrägste von allen ist allerdings Kraak, der Fürst der Finsternis. Für 14,95 Pfund dürfte er für einen Prinzen der Finsternis ein wahres Schnäppchen sein. Er ist ein Zoid, wahrscheinlich vom Planeten Zoid in der Galaxis Zoid, denn die Modelle sind zwar ziemlich gut, aber die Geschichte dahinter ist der reinste Müll, so ungefähr die Science-Fiction-Entsprechung eines Hamburgers von McDonald's. Trotzdem mag ich den guten alten Kraak, denn wir brauchten nur den ganzen Vormittag des ersten Weihnachtstages, um ihn zusammenzubauen. Er besteht aus rotem und grauem Plastik, ein absolutes Wunder der Kunststofftechnologie, und sieht aus wie ein seit ungefähr drei Monaten totes Hühnchen. Wenn man ihm zwei Batterien in den Roboterhintern schiebt, fängt er sofort an, das gesamte Universum zu terrorisieren, genau wie es auf der Packung steht, und zwar so: Er marschiert ungefähr zwanzig Zentimeter se-e-ehr la-ng-sam und quälend geradeaus, während Dutzende winziger Plastikkolben zucken und zappeln, und dann fällt er um.

Kraak verfügt über einen Überlebensinstinkt, gegen den ein Kamikazepilot einem wie ein Schülerlotse vorkommt. Ich weiß nicht, wie der Boden dort oben auf Zoid beschaffen ist, aber Kraak hat die größten Schwierigkeiten, auf einem stinknormalen Wohnzimmerteppich voranzukommen. Kein Wunder, dass er das Universum terrorisiert, denn es muss ziemlich beängstigend sein, wenn ein Kriegsroboter von vielleicht tausend Tonnen Gewicht auf einen drauffällt und dort liegen bleibt, während seine kleinen Füße sich jämmerlich weiterhin vor- und zurückbewegen. Schon aus Mitgefühl möchte man da am liebsten Selbstmord begehen. Ach ja, Kraak verfügt auch noch über eine andere teuflische Waffe: Sein Kopf fällt ab und rollt unters Sofa. Das ist ganz schön gruselig. Wir haben ihn gegen andere Zoiden antreten lassen, und ich kann Ihnen berichten, dass die Kampftechnik von Kampfrobotern in erster Linie darin besteht, vor dem Gegner umzukippen und dann zu versuchen, ihn zum Stolpern zu bringen. Was gar nicht so einfach ist, denn alle Zoiden kippen, ihrem natürlichen Instinkt folgend, schon um, sobald man sie losgelassen hat.

Aber verglichen mit dem Roboter, den uns der Nachbarsjunge voller Stolz vorgeführt hat, hat sogar Kraak Probleme. Ich glaube, es handelte sich um einen Transformer. So ein Transformer besteht nicht aus nur einem Auto oder Flugzeug, sondern aus einer ganzen Flotte von Fahrzeugen, die sich, sobald Unheil droht, zu einer einzigen großen gigantischen Kampfmaschine zusammensetzen. Theoretisch jedenfalls. Ich wette, dass dieses verdammte Ding im Augenblick der Wahrheit halb fertig in den Kampf ziehen muss, weil sein Oberkörper gerade in Gatwick gelandet ist und sein linkes Bein in einem Stau vor Luton feststeckt.

Neulich haben wir den Film *Santa Claus* gesehen. War da sonst noch jemand drin? Ein ziemlich grässlicher Film. Das einzig Lustige ist die Szene, wo sie das Rentier offensichtlich Koks schnupfen lassen, damit sie endlich losfliegen können. Kein Wunder, dass Rudolf eine rote Nase hat, wenn die meiste Zeit ein Strohhalm drinsteckt.

Jedenfalls bekommt man die Werkstatt des Weihnachtsmanns zu sehen. Genau wie ich's mir immer gedacht habe: nur Holzspielzeug und alles mit bunten Primärfarben bemalt. Natürlich kann es gut sein, und wahrscheinlich ist es sogar unvermeidlich, dass man bei den Schaukelpferden und den niedlichen Holzpuppen nur den richtigen Schalter umlegen muss, damit sie sich in Roboter verwandeln, aber ich bezweifle es. Ich habe mich dort sehr aufmerksam umgesehen und nirgends auch nur eine einzige Plastikpresse gesehen. Von den Elfen sah keiner so aus, als wüsste er, an welchem Ende man einen Lötkolben halten muss. Nirgendwo lagen die üblichen Kinderspielzeuge herum – keine Rambos, keine Plastikfiguren von Karate Kid und auch keine dieser verrückten kleinen Buchstabierlernmaschinen, die Ihrem Kind beibringen, wie jemand von der

NASA-Bodenkontrolle zu reden, und zwar einer mit Nebenhöhlenproblemen und dem geistigen Horizont eines Fünfjährigen.

Inzwischen habe ich für dieses Phänomen eine Theorie entwickelt. Sie fußt im Grunde darauf, dass Weihnachtsmänner planetenspezifisch sind und dass wir den falschen erwischt haben.

Vermutlich waren die Atombombentests in den frühen Fünfzigern schuld daran. Sie haben das Raum-Zeit-Gefüge und das alles verzerrt, Sie verstehen schon. Geheimtests am Nordpol haben ein Loch zwischen den Dimensionen geöffnet, und alle Sachen, die unser Weihnachtsmann herstellt, werden jetzt nach Zoid oder sonst wohin umgeleitet. Dafür bekommen wir den ganzen Kram, den der Weihnachtsmann dort herstellt, und da er ein Roboter aus Plastik ist, macht er eben die Sachen, die *er* besonders gut kann.

Besonders schlimm ist es natürlich für die Kinder auf Zoid. Sie wachen an Weihnachten auf, stöpseln sich von ihren Aufladestationen aus, scheppern zum Fußende des Bettes (wobei sie nur anhalten, um ein oder zwei Mal umzukippen), beballern einander mit ihren Mega-Todeslasern, werfen einen Blick in ihre tragbaren Pedalextremitätenumhüllungen – und was finden sie dort? Nicht die lustigen, knuddeligen Vernichtungswaffen, auf die sie sich mit einiger Berechtigung gefreut hatten, sondern Holzlokomotiven, Trompeten, Kuschelpuppen und haufenweise gebogene rot-weiße Zuckerstangen, wie man sie im richtigen Leben nie sieht. Spielsachen, die nicht mal Batterien brauchen. Spielsachen, die man nicht zusammenbauen muss. Spielsachen, die nicht aus Plastik sind, sondern lackiert. Spielsachen von Aliens.

Und wegen dieses wundersamen, in beide Richtungen funktionierenden Krümmungsdingens bekommen unsere Kinder eben das ganze andere Zeug. Gruselige Masters of the Universe aus Plastik, die sich auf die Fantasie ungefähr so auswirken wie Schmirgelpapier auf Tomaten. Spielsachen für Aliens. Vielleicht geschieht das alles absichtlich, um sie alle in Zoiden zu verwandeln. Wie es schon in dem Gedicht so schön heißt: »Von drauß vom Walde komm ich her …«

Allerdings glaube ich nicht, dass es funktioniert. Neulich habe ich einen Blick ins Puppenhaus meiner Tochter geworfen. Dort gammelt der alte Kraak neuerdings herum, seit seine Batterien leer und seine Mega-Kanonen abgefallen sind. Mr T. wohnt da schon seit ein paar Jahren, nachdem meine Tochter herausgefunden hat, dass ihm die Barbie-Kleider passen, und ich habe gesehen, dass im Bad eine Cat-Woman aus Plastik wohnt.

Ich weiß nicht genau, warum, aber was ich dort gesehen habe, macht mir Hoffnung. Kraak saß mit einem Hund zum Aufziehen, zwei Playmobil-Leuten und drei Puppen am gedeckten Kaffeetisch. Er hat nicht mal den Versuch gemacht, die anderen mit seiner Strahlenpistole auszulöschen. Ganz egal, was der Weihnachtsmann bei uns abliefert, wir kommen schon damit klar …

Und wenn jetzt eure Mamis und Papis kommen, um euch abzuholen, vergesst nicht, eure Luftballons und Geschenktüten mitzunehmen, und denkt daran, dass schon bald der Weihnachtsmann kommt und allen braven Buben und Mädchen, die einen Preis gewonnen haben, Geschenke bringt.

2001 – Vision und Wirklichkeit

Sunday Times, 24. Dezember 2000

Nicht nur in Großbritannien, sondern auch überall sonst auf der Welt haben Journalisten, meiner Erfahrung nach, große Schwierigkeiten, zwischen Fantasy- und Science-Fiction-Autoren zu unterscheiden. Deshalb stehe ich zum Beispiel in den Adressbüchlein der britischen Journalisten als »jemand, mit dem man sich über SF und so weiter unterhalten kann«. Als damals in dem berühmten Marsmeteoriten ALH84001 mögliche Spuren von Leben gefunden wurden, war ich derjenige, von dem sie einen Kommentar dazu haben wollten. Da sie sowieso nur Platz für einen kurzen, prägnanten Beitrag von ungefähr zwölf Sekunden hatten, war es auch schon egal. Jeder einigermaßen geübte Journalist kann zwölf Sekunden lang Experte sein.

Aus ähnlichen Gründen wurde ich gebeten, diesen Artikel zu schreiben. Ich könnte ihn jetzt noch ein bisschen überarbeiten, denn inzwischen ist die gesamte Technik mehr oder weniger veraltet, aber dieses Problem hat man immer mit der Zukunft: Sie hält nicht lange genug still. Egal, es handelt sich schließlich um Journalismus, der nun mal nicht bis in alle Ewigkeit wahr sein muss. Nur bis zum nächsten Morgen. Aber den Artikel zu schreiben hat mir ziemlich Spaß gemacht.

Dah … DAH … DAAAH! (bing bong bing bong bing bong bing … bong …)

So einen Science-Fiction-Film hatte es noch nie gegeben, und seither sind nur wenige an ihn herangekommen. Nirgendwo waren Fäden zu sehen. Alles sah echt aus. Sogar die Dialoge funktionierten, obwohl sie sich oft anhörten, als wollten die Leute einander zermürben, indem sie sich gegenseitig Lebensversicherungen verkauften. Sie sagten nicht: »Nimm diese elektrischen Todesstrahlen, Imperator Ming!«, sondern: »Wie geht es Ihrer entzückenden Tochter?«

Außerdem stimmten die wissenschaftlichen Fakten. Im Weltraum war es nicht laut und überfüllt. Nein, das All war voller schrecklicher, erdrückender Stille, abgesehen vom Atemgeräusch eines Menschen.

Es war so überwältigend, dass wir gebannt mehrere Minuten dabei zusahen, wie ein Raumschiff an eine Raumstation dockte. Keine Explosionen, keine Aliens, keine Strahlenpistolen. Einfach nur … Erhabenheit. Und in Ballett verwandelte Technologie.

Seufz.

Ich erinnere mich noch genau an das Raumschiff. Damals hatten wir noch richtige Raumschiffe, nicht die Dinger, die es heute so gibt.

Dabei gibt es heute eigentlich noch kaum welche, wenn man es sich recht überlegt. Als ich aufwuchs, wartete ich darauf, den ersten Menschen auf dem Mond landen zu sehen. Ich wäre nie auf die Idee gekommen, dass ich auch den letzten sehen würde. Wir dachten, schon bald wird eine Mondbasis errichtet und dann … auf zum Mars!

1968 war die Zukunft noch ganz anders. Sauberer. Nicht so vollgestopft. Und viel, na ja, altmodischer. Wir halten die Zukunft für eine riesige Welle, die uns davonträgt. Wir glauben, dass wir sie kommen sehen. Stattdessen bildet sie erst kleine Pfützen um unsere Füße und steigt uns dann ganz langsam über den Kopf, während wir mit anderen Sachen beschäftigt sind. Wir leben in einer Science-Fiction-Welt und merken es nicht einmal.

Natürlich wurde keine Mondbasis gebaut. Und zwar deshalb, weil allen Beteiligten auf einmal klar wurde, dass der Wettlauf ins All nichts anderes war als ein verrückter internationaler Pimmelvergleich. Also überließen wir die Erforschung des Weltraums einem Haufen fliegender Lego-Baukästen und packten stattdessen langweilige Satelliten in die Erdumlaufbahn, die lauter langweilige Sachen machen.

Wer erinnert sich noch an die ersten transatlantischen Telefonate, die normalerweise an Weihnachten geführt wurden, eine Riesensumme Geld verschlangen und mit einem gewaltigen technischen Aufwand verbunden waren? Wenn die Verbindung endlich stand, sagte man meistens nur: »Hier bei uns ist es dunkel. Bei euch auch?«, und wunderte sich darüber, dass es gleichzeitig zwei verschiedene Zeiten geben konnte. Neulich rief ich zu Hause an, als ich gerade durch Perth in Australien schlenderte, um zu fragen, ob mit der Katze alles in Ordnung ist. Dazu habe ich einfach nur die Nummer gewählt. Es war nicht sonderlich aufregend. Ich habe nicht mal gefragt, ob es dunkel ist.

Für den Preis eines sehr billigen Videorekorders bekommen wir heute ein kleines GPS-Gerät, das uns überall auf dem Planeten genau orten kann. Haben Sie *Längengrad* gelesen? Mit welcher Begeisterung die Menschheit herauszufinden versuchte, wo genau sie eigentlich war! Heute erledigt ein kleines schwarzes Kästchen diese Aufgabe viel besser, als der Mann mit dem Sextanten und dem Chronometer es jemals hingekriegt hätte. Wie fade. Sogar mein Auto weiß, wo es ist, und kann mich mit einer angenehmen Stimme, fast wie HALs Schwester, durch Swindon navigieren. Wir müssen uns nicht mehr verlaufen.

Erinnern Sie sich noch an die Wettervorhersage? Das Wetter war früher nur ein kleines bisschen vorhersehbarer als die Lottozahlen, und die Wettervorhersage alles andere als eine einigermaßen gute Beschreibung dessen, was sich tatsächlich ereignen würde.

Langweilig, langweilig, langweilig. Dieses ganze Zeug ist wahrgewordene Science-Fiction – Arthur C. Clarke ist ein scharfsinniger und überzeugender Verkäufer der Segnungen moderner Satellitentechnologie –, und das alles ist fast unmerklich wahr und nachgerade alltäglich geworden. Wir halten eine Macht in Händen, von denen frühere Herrscher geträumt haben, und wir sagen: »Hat nur 69,95 Pfund gekostet, gab's im Sonderangebot.«

Was wirkt heute an dem Film *2001* komisch? Nein, nicht die Aufschrift »Pan Am« auf der Hülle des Raumschiffs. Große Firmen kommen und gehen. Es ist auch nicht der in der Raumstation herumspazierende Leonard Rossiter oder das Design der sechziger Jahre, alles in Schwarz-Weiß und Kirschrot. Es sind die fehlenden Tastaturen.

Dr. Haywood Floyd ist ein so wichtiger Mann, dass er eine eigene Mondfähre hat – und er schreibt mit einem Kugelschreiber? Wo ist der tragbare Computer? Wo ist das Headset? Soll das heißen, dass er nicht ständig kommuniziert? Warum ruft er nicht: HALLO! ICH BIN IM SHUTTLE!? Warum ist er nicht online? Dieses Videofon von Bell – was ist das denn? Haben die immer noch Telefonzellen? Im Ernst?

Ich müsste kurz überlegen, um genau zu sagen, wie viele

Computer wir zu Hause haben, aber das Erstaunlichste ist, dass drei … nein, vier … nein, sogar fünf von ihnen – am Standard der sechziger Jahre gemessen allesamt wahre Wunderwerke der Technik – unbenutzt in Schränken herumliegen oder nicht mehr vollständig sind, weil sie hoffnungslos veraltet sind. Wie vermutlich viele andere Menschen auch, habe ich ganze Schubladen voller innovativer Technik, die ziemlich schnell uninteressant geworden ist. Sogar ich, der ich gut und gerne schon Großvater sein könnte (dann könnte ich zu den Kindern sagen: »Sehr ihr den Mond dort oben? Da sind wir früher hingeflogen«), habe diese Sachen mehr oder weniger instinktiv benutzt. Als Kind habe ich von solchen Dingen gelesen. Ich leide an einer anderen Art von Zukunftsschock: Ich bin beispielsweise schockiert, dass wir immer noch keine verlässliche Spracherkennung haben, die so gut ist wie die von HAL.

Die Science-Fiction hat das Zeitalter der Computer natürlich vorausgesagt. Blättert man in den Stapeln alter Heftchen, stößt man früher oder später auf so gut wie alles, haarklein vorhergesagt. Wenn man tausend Pfeile auf eine Dartscheibe wirft, treffen immer auch ein paar davon in die Mitte. Es gibt sogar zarte Hinweise auf etwas, was man als Internet bezeichnen könnte. Was uns jedoch überrascht hat, war die Tatsache, dass diejenigen, die diese Computer benutzen, keineswegs strahlende neue Menschen sind, sondern dieselben beschränkten Menschen, die sie schon immer waren. Dass sie die Technologie nicht nutzen – größtenteils jedenfalls –, um sich weiterzubilden. Viel lieber gucken sie sich Pornos an, spielen irgendwelche Spiele, beklauen einander oder chatten.

Wir machen irgendetwas falsch. Wir bekommen diese ganze neue Technologie an die Hand und entsprechen ihren Anforderungen nicht im Geringsten. Aber das geht auch in Ordnung, denn der Traum, so wie er verkauft wird, ist ohnehin ziemlich fragwürdig. Diese Technologie macht uns zu einer weltweiten Gemeinschaft, vorausgesetzt, man benutzt amerikanisches Englisch. Sie ist ein wunderbares berufliches Hilfsmittel, wenn man in der richtigen Branche arbeitet – das heißt, in einer, die nicht nur ständig Verluste macht. Sie bringt Menschen zusammen – vorausgesetzt, man versteht unter sozialem Austausch, dass man von fremden Leuten mit einem Sozialverhalten, das ungefähr dem von Schweinen am Trog entspricht, ständig den Eingangskorb vollgemüllt bekommt. Sie ist ein wunderbares Bildungsinstrument für jeden, der lernen möchte, wie man die Arbeit anderer Leute direkt in den eigenen Aufsatz downloadet.

Letztendlich sind wir elektronische Affenmenschen. Wir sind eben erst in der elektronischen Morgendämmerung aufgewacht, und vor uns zeichnet sich vor dem heller werdenden Himmel dieses riesige schwarze Rechteck ab. Wir greifen danach, berühren es und sagen: »Kann es auch drahtlos? Kann man damit Sex haben? Gibt's das auch in einer anderen Farbe? Kriegen wir es billiger, wenn im nächsten Monat der Monolith2 rauskommt, denn der hat zum selben Preis einen eingebauten PDA? Kann man damit Sex haben? Ach, hier steht: ›Verdienen Sie sagenhaft viel Geld im Monat durch bloßes Auf-dem-Arsch-Sitzen.‹ Toll, kann man damit auch Schweinen eins über die Rübe ziehen? Und kann ich damit Sex haben?«

Und wie Affenmenschen, die zum ersten Mal Stöcke und Steine und Feuer ausprobieren, rammen wir uns den neuen Speer erst mal selbst ins Knie, lassen unabsichtlich Steine auf die Kinder fallen, handeln uns akute Probleme bei dem Versuch ein, sexuell mit Feuer zu verkehren, und so weiter. Wir müssen lernen, damit umzugehen.

Wo führt uns das alles noch hin? Wir wissen es nicht, weil

wir wieder Affenmenschen sind. Und wenn Affenmenschen sich die Zukunft ausmalen, wünschen sie sich meistens nicht viel mehr, als noch größere Schweine zu erlegen.

Wir wissen nicht, was uns die neue technologische Entwicklungswelle alles bringt, weil sie uns momentan erst bis zu den Knien reicht und wir noch nicht an das Leben mit ihr gewöhnt sind. Daher probieren und verwerfen wir alle möglichen Ideen sehr schnell. Bücher auf einem Bildschirm lesen? Scheint für uns nicht gut zu funktionieren. Aber es gibt schon jede Menge elektronische Zeitungen. Vielleicht möchte man nur ein Buch im Regal stehen haben, das wie ein richtiges Buch aussieht und sich auch so anfühlt, das aber jedes x-beliebige Buch unter Abertausenden von Titeln sein kann, aus denen man mit der kleinen Tastatur auf seinem Rücken auswählt? Das sind alles immer noch Affenmenschengedanken. Da draußen entstehen gerade Technologien, die uns die Macht von Göttern verleihen könnten – zumindest, wenn diese Götter etwas einfacher gestrickt sind.

Im Film schleudert der Affenmensch den Knochen in die Luft, und der Knochen kommt nicht mehr herunter. Glück für ihn. Wir haben schon viele Knochen in die Luft geworfen, und sie sind an allen möglichen Stellen wieder heruntergekommen, oft dort, wo wir sie nicht mehr sehen können, bis es zu spät ist. Und allzu oft treffen sie andere Leute. Das Wasser steigt, und diesmal im wahrsten Sinne des Wortes. Immer mehr Menschen tummeln sich auf immer weniger Land. Damit bringen wir den Planeten nicht um, er hat sich schon von schlimmeren Katastrophen als uns Menschen erholt. Aber die Knochen knallen mit voller Wucht wieder herunter, und es ist gut möglich, dass wir die Tatsache, dass wir nicht intelligent genug waren, nicht überleben.

Von den Raumschiffen einmal abgesehen, ist die Botschaft des Films noch genauso relevant wie damals in jener anderen Zukunft: Die Affenmenschen müssen dringend lernen, Menschen zu werden. Es wäre gewiss keine schlechte Idee, wenn sie es sehr schnell lernten, oder was meinen Sie?

Der Gottesmoment

Mail on Sunday, 22. Juni 2008, unter der Überschrift »Neue Götter erschaffe ich alle naslang«

Ich mag die unbedeutenden, die geringen Götter. Anoia zum Beispiel. Ich bin auch davon überzeugt, dass das Universum einen Sinn und Zweck hat. Es hat eine Bestimmung. Gut möglich, dass es nicht die unsere ist, aber wir sind ein Teil davon.

Als ich damals in Penn wohnte, war der dortige Pastor ein gewisser Hochwürden Muspratt. Er war ziemlich vornehm für einen Geistlichen – vermutlich hat er von vielen alten Damen viel Geld und viel Tee bekommen. Eines Tages schneite er durch die Spülküche zu uns herein. Mein Vater hatte aus Burma eine Buddha-Büste mitgebracht, die meiner Mutter außerordentlich gefiel. Hochwürden Muspratt zeigte darauf und sagte: »Das ist eine heidnische Ikone.«*

Selbst ich wusste zu jener Zeit bereits, dass jeder, der so mit meiner Mama sprach, sich um Kopf und Kragen redete. Tatsächlich setzte sie ihn im Handumdrehen vor die Tür.

Ich bin eher Atheist, weil … na ja, man kann ja nie wissen …

---

* Damals gab es noch Spülküchen. Mir gefallen sie.

Es gibt einige Gerüchte, die besagen, ich hätte Gott gefunden. Was ich allein deshalb für unwahrscheinlich halte, weil es mir schon schwerfällt, meine Schlüssel zu finden, und für die Existenz meiner Schlüssel gibt es immerhin empirische Beweise.

Es stimmt allerdings, dass ich neulich in einem Interview ein plötzliches, sehr deutliches Gefühl beschrieben habe: Es überfiel mich an einem ziemlich hektischen Tag, und auf einmal wusste ich, dass alles, was ich tat, richtig war und alles genau so geschah, wie es geschehen sollte. Es kam mir vor wie die Erinnerung an eine Stimme und schien in seiner ganz eigenen kleinen Blase aus Gelassenheit und Seelenruhe daherzukommen. So was kenne ich eigentlich überhaupt nicht.

Als Fantasy-Autor erschaffe ich mit fast jedem Buch neue Götter und Philosophien (besonders zufrieden bin ich mit Anoia, der Göttin der Dinge, die in Schubladen klemmen, einer Göttin, deren Tempel mit den verbogenen Überresten von Schneebesen und Pfannenwendern geschmückt ist. Sie scheint auch in unserer Welt am Werk zu sein.) Aber seit ich mir die Alzheimer-Krankheit eingefangen habe, verbringe ich meine langen Winterspaziergänge damit herauszufinden, woran ich – wenn überhaupt – wirklich glaube.

Mit dreizehn habe ich das Alte Testament von vorne bis hinten gelesen und war entsetzt. Ein paar Monate später las ich *Über die Entstehung der Arten* – allerdings leicht halluzinierend, weil ich gerade mit einer Grippe im Bett lag. Trotzdem oder vielleicht gerade deshalb erschien mir das alles total schlüssig. Sobald ich wieder aus dem Haus durfte, lieh ich mir die Fortsetzung aus. Schon damals fiel mir auf, dass Darwin sich mit der Wahl dieses Titels eine große Chance hatte entgehen lassen. Wenn ihn ein guter Presseagent darauf hingewiesen hätte, dass *Der Aufstieg der Menschheit* wesentlich ansprechender sei, wäre vielleicht gar nicht so viel Tamtam darum gemacht worden.

Die Evolution war für mich weitaus spannender als die biblische Geschichte. Wer wäre nicht lieber ein aufstrebender Menschenaffe als ein fallender Engel? In meinen jugendlichen Augen zeigte sich Tag für Tag, dass Darwin richtiglag. Es braucht nicht viel, damit wir uns wieder in Affen zurückverwandeln.

Das Neue Testament hingegen gefiel mir richtig gut. Jesus hatte sehr viel Gutes zu sagen, und was seinen Vater anging, so muss er als jemand, der mit Holz arbeitete – einem Material, das in Palästina sicherlich nicht überall erhältlich war –, bei der Gemeinde hoch im Kurs gestanden haben.

Allerdings konnte ich die beiden Testamente nie als eine zusammenhängende Geschichte sehen. Abgesehen davon las ich Mythologie inzwischen rein zum Spaß und landete irgendwann bei Sir George Frazers *Die Arche: Biblische Geschichten im Lichte der Völkerkunde,* einem Verriss mit Samthandschuhen, wie er besser nicht sein könnte. Mit vierzehn war ich bereits schlauer als die Polizei erlaubt.

Die Antworten habe ich allerdings nie gefunden. Vielleicht habe ich die falschen Fragen gestellt, vielleicht war ich für die richtigen Fragen das falsche Kind, sogar damals schon, in der Grundschule.

Dass es, wie es in dem Choral heißt, in weiter Ferne einen grünen Hügel »ohne Stadtmauer« geben sollte, verunsicherte mich. Was war so ungewöhnlich an einem Hügel ohne Mauer drumherum? Wenn es mir nur jemand erklärt hätte … Aber so erging es mir immer – nirgendwo gab es eine Erklärung.

Als ich eine Lehrerin fragte, was das Gegenteil von einem Wunder sei, antwortete sie – vermutlich ohne groß nachzudenken – das sei höhere Gewalt. So etwas sollte man keinem Kind erzählen, aus dem später mal ein Schriftsteller wird, denn wir Schriftsteller haben ein gutes Gedächtnis. Die Frage hatte ich deshalb gestellt, weil mir meine Mutter von zwei Familien erzählt hatte, die im Londoner East End wohnten, und zwar in einem Doppelhaus. Die Tochter der einen Familie sollte den Sohn der anderen heiraten, aber in der Nacht vor der Hochzeit löschte eine deutsche Bombe die Mitglieder beider Familien, die sich in diesen Häusern aufhielten, auf einen Schlag aus – bis auf den Bruder des Bräutigams, einen Seemann, der gerade noch rechtzeitig eintraf, um mitzuhelfen, mit bloßen Händen in den Trümmern zu wühlen. Wie viele Geschichten, die mir meine Mutter erzählte, hat auch diese großen Eindruck auf mich gemacht. Ich hielt sie für ein Wunder. Sie hatte genau denselben Zuschnitt wie ein Wunder. Nur eben … umgekehrt.

Dankte der Seemann seinem Gott, dass die Bombe ihn verschont hatte? Oder verfluchte er ihn, weil sie seine gesamte Familie ausgelöscht hatte? Wenn Gott diesen einen gerettet hatte, warum nicht auch alle anderen? Schließlich ist Gott doch für alles zuständig! Warum also handelt er so, als wäre er nicht dafür verantwortlich? Möchte er, dass auch wir so handeln, als wäre er nicht verantwortlich? (Als Kind hatte ich ein sehr klares Bild vom Allmächtigen: Er trug einen Frack und Hosen mit Nadelstreifen, hatte glatt nach hinten gekämmtes schwarzes Haar und eine Adlernase. Alles in allem war ich wahrscheinlich ein ziemlich eigenartiges Kind, und ich frage mich, wie mein Leben verlaufen wäre, wenn ich im Alter von neun Jahren einem guten Theologen begegnet wäre.)

Ungefähr vor fünf Jahren erwachte dieses Kind in mir wieder, und ich machte mich an ein Buch, das alsbald unter dem Titel *Eine Insel* das Licht der Welt erblickte. Es war mir über Nacht einfach so zugeflogen, fast bis in die kleinsten Einzelheiten.

Die Handlung spielt in einer Welt, die der unseren sehr ähnlich ist, nur kurz nach einer riesigen Explosion, etwa wie beim Ausbruch des Krakatoa. Im Mittelpunkt meines Buches steht ein dreizehnjähriger Junge, der zum Waisen geworden ist und der seine Götter anschreit und Antworten haben will, obwohl er noch nicht ganz verstanden hat, wie die Fragen eigentlich lauten. Er hasst die Götter zu sehr, um nicht an sie zu glauben; dafür, dass er seine ganze Familie begraben musste, wird er sich bei *niemandem* bedanken. Und ich beobachte ihn dabei, wie er eine neue Nation und eine neue Philosophie aufbaut. »Der Schöpfer hat uns so klug gemacht, dass wir mithilfe unseres Verstands beweisen können, dass es ihn nicht gibt«, sagt er als alter Mann. »Es ist besser, einen Seismografen zu bauen, als einen Vulkan anzubeten.«

Ganz meine Meinung. Ich glaube nicht. Ich habe nie geglaubt, jedenfalls nicht an große Rauschebärte im Himmel. Aber ich bin durchaus in der Tradition der britischen Staatskirche erzogen worden, was bedeutet, dass meine Familie sich zwar nicht unbedingt groß um den sonntäglichen Kirchgang scherte, aber eigentlich alle zehn Gebote instinktiv befolgt wurden und ganz allgemein ein Klima von Vernunft, Freundlichkeit und Anstand herrschte. Über so etwas wie Glauben redeten wir zu Hause nie, aber das richtige Handeln wurde uns durch tägliches Vorbild beigebracht.

Vielleicht war ich aus genau diesem Grund nie *gegen* Religion eingestellt. Ich bin der Meinung, dass Religion in der Entwicklung des Menschen einen gewissen Zweck erfüllt. Ich halte auch nicht viel von der Behauptung, Religion sei die Ursache der meisten unserer Kriege, denn die wurden offenkundig stets von verrückten, manipulativen und machthungrigen Menschen angezettelt, die ihren Ehrgeiz lediglich mit Gott verbrämt haben.

Ich zähle Gläubige aller Richtungen zu meinen Freunden. Einige von ihnen beten für mich, was mich wirklich freut, aber wenn es darauf ankommt, würde ich doch eher auf die Wissenschaft setzen.

Nur, was soll ich jetzt mit der Stimme anfangen, die neulich zu mir sprach, als ich gerade ein bisschen herumspazierte und mich auf eine weitere Sitzung auf einem Talkshow-Sofa vorbereitete? Genauer gesagt, diese Erinnerung an eine Stimme in meinem Kopf, die mir sagte, dass alles in Ordnung sei und alles so geschehe, wie es geschehen soll. Einen Moment lang kam mir die Welt absolut friedlich vor. Wo kam das her?

Aus mir selbst – also eigentlich dem Teil von uns allen, der mich, in meinem Fall, dazu brachte, ehrfürchtig stehen zu bleiben, als ich zum ersten Mal Thomas Tallis' *Spem in alium* hörte, und bei einem Spaziergang im vergangenen Februar Erhabenheit zu empfinden, als das Licht der untergehenden Sonne ein gepflügtes Feld in ein unerhörtes Rosa tauchte. Ich glaube, es ist das, was Abraham auf dem Berge fühlte und Einstein, als sich herausstellte, dass $E=mc^2$ ist. Das Ich. Es ist dieser Augenblick, diese kurze Epiphanie, wenn sich das Universum öffnet und uns etwas offenbart. In diesem Moment erfahren wir das Gefühl einer gewissen Ordnung, die größer als der Himmel ist und – bis jetzt jedenfalls – jenseits dessen liegt, was ein Stephen Hawking zu fassen bekommt. Es bedarf keinerlei Anbetung, aber ich glaube, es belohnt die Intelligenz, die Beobachtungsgabe und den suchenden Geist. Ich glaube nicht, dass ich Gott gefunden habe, aber es kann gut sein, dass ich gesehen habe, wo die Götter herkommen.

Ein waschechter schusseliger Professor

Antrittsvorlesung am Trinity College, Dublin, 4. November 2010

Ich mag das Trinity College. Ich hoffe, dass ich eines Tages mal wieder vorbeischauen kann, obwohl dort inzwischen ein anderer an der Spitze steht, seit Professor David Lloyd an die University of South Australia gegangen ist – sehr weit von Dublin entfernt. Als ich gefragt wurde, ob ich am Trinity Professor werden wolle, sagte ich: »Seid ihr verrückt?«

Die Antwort lautete: »Ja. Wir sind Iren.«

Verehrte Damen und Herren von der Universität, ehrenwerte Gäste!

Zu meiner großen Verwunderung darf ich mich hier und heute als Ihr neuester und höchst unordentlicher Professor an Sie wenden. Es ist noch nicht lange her, da konnte ich das Wort Akademiker nicht einmal buchstabieren, und jetzt bin ich selber einer. Ich grüße Sie als der Autor der berüchtigten Scheibenwelt-Romane, die im Laufe von mehr als dreißig Jahren von einem Mann verfasst wurden, der lediglich einen abgeschlossenen Leistungskurs aufzuweisen hat – und den auch noch im Fach Journalismus, was wahrscheinlich ohnehin nicht zählt.

Obwohl ich komischerweise gelegentlich mit Beweisen konfrontiert werde, dass ich selbst so manchen Akademiker auf den Weg gebracht habe. Denn im Laufe der Jahre habe ich ziemlich viele Briefe von dankbaren Eltern erhalten, die mir berichten, ihr Sohn – ja, meistens handelt es sich um ihren Sohn – habe nie ein Buch auch nur angefasst, bis er die Scheibenwelt entdeckte und plötzlich wie ein Wahnsinniger zu schmökern anfing. Und jetzt studiere er erfolgreich an einer Universität. Und manchmal ist es mir richtig unangenehm, wenn mir Uni-Professoren anvertrauen, sie hätten mit neunzehn Jahren Schlange gestanden, um sich von mir ein Buch signieren zu lassen. So was ist peinlich und zugleich beglückend, außerdem komme ich mir in solchen Momenten sehr, sehr alt vor.

Der heutige Abend könnte für uns alle zu einem interessanten Experiment werden, denn Sie, verehrte Damen und Herren, haben sich mit mir tatsächlich einen waschechten schusseligen Professor eingehandelt. Es ist allgemein bekannt – auch deshalb, weil ich mir große Mühe gegeben habe, es bekannt zu machen –, dass ich an einer seltenen Art von Alzheimer erkrankt bin, an posteriorer kortikaler Atrophie, die ich als topologische Version der üblichen Krankheit beschreiben würde. Kurz gesagt, ich bin topologisch benachteiligt, bei so komplizierten Dingen wie verspiegelten Drehtüren muss ich mich immer sehr konzentrieren, um mir bewusst zu werden, ob ich nun komme oder gehe – obwohl ich ehrlich gesagt zeit meines Lebens nie so richtig gewusst habe, ob ich komme oder gehe. Auch morgens meine Unterhose anzuziehen war ein Problem geworden, bis ich herausfand, dass die Lösung darin besteht, die Situation auf den Kopf zu stellen und sie aus einer anderen Richtung zu betrachten. Wie alle vernünftigen Männer meines Alters trage ich robuste Exemplare mit Y-Eingriff (ich hoffe, Sie schreiben alle eifrig mit), aber sosehr ich mich auch bemühe, die Chancen, sie gleich beim ersten Mal richtig anzuziehen, stehen 50 zu 50. Natürlich weiß ich, wo die Beine durchmüssen, ich setze sie mir auch nicht auf den Kopf, aber wo hinten und vorne ist – das steht auf einem ganz anderen Blatt. Ich brauchte eine Weile, bis mir klar wurde, dass es keinen Sinn hat, meine Zeit mit Nachdenken über eine Unterhose zu vertrödeln, weil meine geschädigte Koordination zwischen Auge und Gehirn große Probleme hat, Unterhosen zu dekonstruieren. Daher lasse ich, sollte der Y-Eingriff an der falschen Stelle sein, also hinten anstatt vorne, das verdammte Ding einfach wieder runter, lege es auf den Boden, gehe einmal drum herum und ziehe es dann von der anderen Seite an – funktioniert jedes Mal. Außerdem verschaffe ich mir so eine kleine sportliche Ertüchtigung.

Ich will mich auch gar nicht dafür entschuldigen, dass ich Ihnen das alles erzähle, schon deshalb nicht, weil mehrere ältere Herren im Saal bei meiner Beichte garantiert gedacht haben: »Was für eine geniale Idee! Das probiere ich auch mal aus!«

Um der Genauigkeit willen sollte ich Ihnen allerdings auch berichten, dass ich gestern, nach dem üblichen Gesundheitsspaziergang um meine Unterhose herum und daher im entsprechenden Bereich korrekt genordet, in mein Büro marschierte, wo ich am zweiten Durchgang meines neuen Buches arbeitete, und es entstand ein echt guter Text, doch, ehrlich, denn inzwischen weiß ich, wann ich in Form bin; ich hatte einen wahren Höhenflug.

Wenn kein menschliches Wesen in meiner Nähe ist, um mir bei den ersten Entwürfen zu helfen, diktiere ich normalerweise die meisten Briefe direkt in den Computer, was jemandem, der von plappernden Affen abstammt, nicht besonders schwerfällt. Es funktioniert nicht perfekt, denn Pratchetts Erstes Gesetz der digitalen Systeme besagt, dass sie, kaum haben sie eine gewisse Komplexität erreicht, sofort anfangen, sich wie analoge Systeme zu verhalten und eigene Gedanken zu entwickeln. Es ist ungefähr so, als würde man ein gutes, aber sehr nervöses Rennpferd reiten: Man lernt, wann es zum Galoppieren bereit ist und wann man es lieber ein bisschen ruhiger angehen lassen sollte. Trotzdem würde ich, selbst wenn mein Tippvermögen wundersamerweise wieder zurückkehren würde, die Geschichten weiterhin ins Mikro sprechen, einfach deshalb, weil Geschichten gesprochen werden sollten.

Hier bei Ihnen in Dublin werde ich mit jungen Leuten reden – das heißt, mit Leuten, die jünger sind als ich – und die auf die Gefahr hin, dabei ihre Seele zu verlieren, den Beruf des Schriftstellers ergreifen wollen. Diese jungen Leute bekommen die wunderbare Gelegenheit, feststellen zu können, dass mein Schreiben, zumindest beim ersten Durchgang, völlig instinktiv erfolgt, während ich mir den Film ansehe, der in meinem Kopf abläuft. Erst beim zweiten Durchgang nähere ich mich dem, was ich eigentlich sagen will.

Was mich an etwas erinnert: Vor vielen Jahren sagte ich einmal in der Öffentlichkeit, ich wüsste nicht genau, wie ich schreibe, und überließe die Diskussion darüber (ich zitiere) »lieber den Schlaumeiern an den Universitäten«. Diese Bemerkung ist mir seither von Ihrem Forschungsdekan, einem netten Kerl, der aber meiner Meinung nach nicht dick genug für seinen Posten ist, immer wieder vorgehalten worden, und zwar mit der Feststellung, dass ich jetzt selbst einer von diesen Schlaumeiern sei! Ganz amtlich! Ich habe nicht schlecht gestaunt, wobei ich eigentlich mein ganzes Leben lang kaum aus dem Staunen herausgekommen bin, wie ich gleich erzählen werde …

Trotzdem muss ich leider eine Warnung aussprechen. Das,

was die PCA mit dem Gedächtnis anstellt, macht es einem so gut wie unmöglich, eine aufgeschriebene Rede abzulesen. Wenn ein Sprecher beabsichtigt, die Aufmerksamkeit seines Publikums in Bann zu halten, lässt er üblicherweise seine Blicke unauffällig zwischen dem gewissenhaft vorformulierten Text und dem Publikum selbst hin- und herwechseln. Dieser Fähigkeit bin ich leider beraubt worden. Deshalb will ich versuchen, meine Rede aus dem Gedächtnis zu halten, und lasse mir dabei von meinem geschätzten Assistenten Rob Wilkins helfen. Mit ihm habe ich abgesprochen, dass er sich, da wir hier ja unter Freunden sind, hin und wieder einmischt und mir mit Kommentaren auf die Sprünge hilft, wie zum Beispiel: »Du hast überhaupt nichts von dem Nilpferd erzählt, du bescheuerter alter Sack«, woraufhin ich antworten werde: »Danke, dass du mich daran erinnerst, aber denke beim nächsten Mal bitte daran, dass es ›Professor bescheuerter alter Sack, OBE, und Tafelwart‹ heißen muss, wenn's recht ist.«

Warum ich Sie diesem ganzen Theater aussetze? Weil es die blanke Wahrheit ist, weil die ganze Welt älter wird und weil ich mit meiner Technik besser dran bin als viele andere.

Schon zwei Mal haben mir hilfsbereite Christen, als ich zu Themen wie Alzheimer und Sterbehilfe gesprochen habe, geraten, ich solle meine Krankheit doch als Geschenk Gottes ansehen. Mir persönlich wäre eine Schachtel Pralinen lieber gewesen, aber vielleicht steckt sogar ein Körnchen Wahrheit in diesem Vorschlag. Eine merkwürdige, verschwurbelte Wahrheit, denn sie hat mich dazu gebracht, die Welt, genau wie bei meinen Unterhosen, aus einer anderen Perspektive zu betrachten, und genau darin besteht laut G. K. Chesterton die Aufgabe von Fantasy. Ich lebe jetzt in einer Art Fantasy und habe festgestellt, dass in mir eine Härte erwächst, die ich dort nie vermutet hätte, eine Sicht auf die Welt, mit der verglichen Bob Dylan wie ein Mann wirkt, der nur ein kleines bisschen sauer auf die Regierung war. Wohingegen ich mich bis vor nicht allzu langer Zeit glücklich und zufrieden durch die Welt treiben ließ und nur gelegentlich hier und da ein bisschen aneckte. Dann machte ich die Augen auf, was zu der schrecklichen Neigung führte, die Obrigkeit infrage zu stellen. Doch Obrigkeit, die nicht infrage gestellt werden darf, ist Tyrannei, und Tyrannei werde ich nie akzeptieren, nicht einmal die des Himmels.

Die Obrigkeit infrage zu stellen bedeutet ja nicht grundsätzlich, sie anzugreifen, obwohl die Obrigkeit immer sofort davon ausgeht, denn sie muss ihr Recht auf Herrschaft immer wieder neu begründen. Sollte das gewaltsam geschehen, dann stellt sich schnell heraus, dass es schon die ganze Zeit über Tyrannei gewesen ist. Meine Güte, nicht zu fassen, dass ich so etwas einem irischen Publikum predige! Sehen Sie: Kaum hat ein Engländer mal eine Viertelstunde logisch gedacht, schon verwandelt er sich in einen Iren!

Vor Kurzem musste eine Organisation ganz in der Nähe meines Wohnorts einige ihrer Angestellten entlassen. Sie wurden ins Büro irgendeines Funktionärs gerufen, der ihnen sagte, dass sie, ich zitiere, »gelöscht werden«. Der Vorfall schaffte es bis in die regionalen Nachrichten, aber das Erstaunlichste daran ist, dass niemand dem Cyberman nach seiner Verkündung eins auf die Zwölf gegeben und seinen Schreibtisch angezündet hat. Ich wäre jederzeit für die Kaution aufgekommen.

Wir leben in einer korrupten Welt, die hauptsächlich von Menschen gelenkt wird, die Zahlen zählen, und weil sie auch Menschen zählen können, halten sie diese ebenfalls für Nummern. Wir akzeptieren Halbwahrheiten, wir haben gelernt zu glauben, dass wir tun müssen, was uns die Regierung sagt –

dabei trifft das Gegenteil zu, nämlich dass die Regierung tun muss, was wir ihr sagen. Regierungen haben Angst. Im Gegensatz zu Irland, wo man sich, wie ich mir habe sagen lassen, sowohl bei Hochzeiten als auch bei Beerdigungen aus reinem Spaß an der Freud eins auf die Zwölf gibt, hält die Regierung in England absolut nichts von Volksentscheiden, denn das würde bedeuten, dass dumme Menschen, also Menschen, die keine Politiker sind, die Entscheidungen treffen. Wir sollen die Entscheidungen lieber dummen und, wie wir immer häufiger erfahren, unehrenhaften Politikern überlassen. Sie verachten uns, bis die nächste Wahl ansteht, und dann tun sie so, als würden sie uns nicht verachten.

Unterdessen gehen im Nahen Osten drei Völker, die denselben Gott anbeten, einander an die Kehle. Wie dumm kann eine Spezies noch sein? Aber wir werden weiterhin so dumm bleiben, bis wir erkennen, dass die Eisenzeit vorbei ist. Ich verfasse fantastische Romane, aber nicht einmal ich hätte mir so etwas ausdenken können.

Sie wundern sich wahrscheinlich nicht darüber, dass ich ein bisschen irisches Blut in meinem Stammbaum habe, aber wahrscheinlich geht es allen so, so wie wir alle irgendwie mit Karl dem Großen verwandt sind.

Meine Mutter, die leider nicht mehr unter uns weilt, hatte einen irischen Großvater, der ihr als Kind immer Geschichten erzählt hat und sich darüber freute, dass sie diese Geschichten ihrerseits mir erzählt hat, als ich noch sehr klein war. Ich war zu jung, um mich noch daran zu erinnern, aber manchmal vermute ich, dass vieles davon seit damals in den unteren Regionen meines Unterbewusstseins lauerte und – zum Verdruss der Götter der Literatur – nur darauf wartete hervorzuspringen, sobald ich mein erstes Textverarbeitungsprogramm in die Finger bekam. Ich bin ziemlich sicher, dass eine davon in *Lords und Ladies* an die Oberfläche kam, denn diese Geschichte hat einen undefinierbar irischen Aufbau.

Ich verdanke meinen Eltern sehr viel. Meine Mutter hat miterlebt, wie ich zum Ritter geschlagen wurde, aber wissen Sie, was? Sie wäre sogar noch stolzer gewesen, wenn sie über »meinen Sohn, den Professor« hätte plaudern können. Meine Eltern haben mich mit Güte erzogen und da, wo es angebracht war, mit einer kleinen Beigabe knapper und effektiver Strenge und – mögen sie für diese Entscheidung für alle Zeit gesegnet sein – ohne jede wie auch immer geartete religiöse Erziehung. Soweit ich mich erinnere, hat keiner meiner Eltern je eine Kirche aus rein religiösen Absichten betreten. Ich weiß, dass es in der Familie meiner Mutter einen leisen Hauch von Katholizismus gab, aber nur deshalb, weil ich einmal im Alter von sechs Jahren ein Kruzifix fand und zu ihrer großen Belustigung zu meiner Mutter sagte: »Kuck mal, Mama, ich habe einen Stock mit einem Akrobat dran gefunden!« Und obwohl sie meines Wissens tatsächlich nie im engeren Sinne andächtig war, folgte ihr der Akrobat bei jedem Umzug, und nach ihrem Tod suchte ich so lange verzweifelt in ihren Sachen, bis ich ihn gefunden hatte. Sogar beim Verfassen dieses Vortrags befand er sich vor mir. Ich habe ihn immer als Vorbild für die Menschheit angesehen, aber *Über die Entstehung der Arten* hatte mich, vielleicht leider, bereits vor der Bibel gepackt.

Als Kind las ich nicht zum Vergnügen. Lesen hatte immer etwas mit Schule zu tun, abgesehen davon hinkte ich stets einen Schritt hinterher. Eine Eigenschaft, die mich, wie mir scheint, zeit meines Lebens verfolgt hat. Es fing schon damit an, dass ich zu spät zur Welt kam! Es war der reinste Schock, das kann ich Ihnen versichern, aber nicht für meine Mutter, die mehrere

Stunden nach der angekündigten Zeit dalag und auf mich wartete, *drei elende Stunden,* wie sie es mir gegenüber später einmal ausdrückte.

Als es einige Jahre später an der Zeit war, in die Schule zu gehen, befand sich die Familie noch im Urlaub, weshalb ich meinen ersten Schultag verpasst habe. Dabei ist der erste Tag, wie jeder weiß, der allerwichtigste Tag überhaupt. An diesem Tag gewinnt man neue Freunde und Feinde und, wesentlich wichtiger, man bekommt den bebilderten Haken zugewiesen, an den man die nächsten drei oder vier Jahre seinen Regenmantel hängt. Vielleicht hätte ich sogar den Panzer bekommen! Ich wäre womöglich ein Kandidat für den Soldaten gewesen! Sogar mit der lachenden Sonne hätte ich vorlieb- und den violetten Hund mit Kusshand genommen, aber nein, für mich blieben natürlich nur die zwei vermaledeiten Kirschen übrig. Also hinkte ich hinterher, aber mit einer Mama, die einem das Lesen mit viel Liebe, Nachsicht und Zuneigung – und wenn das alles nichts hilft, mit Bestechung wie einem Penny pro fehlerfrei gelesener Seite – beibringt, kann man nicht lange hinterherhinken. Dieser Penny sollte sich schon bald als sehr kluge Investition herausstellen, vor allem noch viel später, als meine Eltern in ihr neues Haus in einer ziemlich schnieken und begehrten Gegend zogen …

Wie auch immer, Mama beging den Fehler, mir mehr beizubringen, als ich für mein Alter wissen musste. Ich erinnere mich noch genau an den Tag in der dritten oder vierten Klasse – er ist geradezu in meine Psyche eintätowiert –, an dem die Lehrerin uns fragte, wo der Regen herkomme. Meine Mutter hatte mir bereits alles über den Wasserkreislauf erzählt, also wie die Meere ganz allmählich zu Wolken verdunsten und diese Wolken dann übers Land geweht werden, dort abkühlen und als Regen herabfallen. Natürlich rissen alle schlauen Kinder, diejenigen, deren Kleiderhaken nicht mit weichen Früchten verziert waren, die Hände mit den üblichen »Ich-Fräulein-ich«-Geräuschen nach oben, aber das Auge der Lehrerin richtete sich auf das dumme Kind, dessen Hand noch höher als alle anderen Hände aufragte. Und nach ihrem erstaunten Nicken rief ich triumphierend in die Klasse: »Aus dem Meer, Fräulein!«

Das Ergebnis? Hämisches Johlen der Klasse, angestachelt durch die Lehrerin, die sich nicht mal die Mühe machte nachzufragen, wie ich darauf kam. Ich war verunsichert und verwirrt, aber auf eine erschrockene Art und Weise war mir eines klar: Sie kann doch nicht wirklich glauben, dass ich nicht weiß, dass der Regen vom Himmel fällt! Aber sie hat gefragt, wo er herkommt, und ich habe nur die Wahrheit gesagt. Für solche Lehrerinnen gibt es einen eigenen Kreis in der Hölle, gleich neben dem, der für die Lehrerinnen reserviert ist, denen es nicht passt, dass Eltern ihren Kindern das Lesen beibringen, bevor sie in die Schule kommen, und auch nur einen Kessel weit entfernt von den Leuten, die davon überzeugt sind, dass man Kindern nur Bücher geben sollte, die für ihr Alter geeignet sind. Und eines kann ich Ihnen verraten: Dieser Höllenkreis ist nicht groß und eigentlich auch nicht abgrundtief genug. Natürlich habe ich meiner Mutter nichts davon erzählt, denn so etwas erzählte man seiner Mutter nicht, weil einem so etwas womöglich noch größere Scherereien eintrug, aber damals fing etwas an zu gären und zu wachsen, da bin ich ganz sicher. Trotzdem machte ich weiter. In meiner Schule entschied die Lehrerschaft bereits bei allen Sechsjährigen, je nachdem, wie gut sie lesen konnten, ob sie später den alten Eleven-plus-Test bestehen würden oder nicht. Die Gewinner gingen dann nach der Grundschule weiter in die verschiedenen Grammar Schools (Gymnasien), und die Verlierer besuchten die sogenannten Secondary Moderns (Hauptschule), wo viel Heulen und Zähneklappern war, besonders, wenn es einen selbst betraf.

Weil ich trotz aller Bemühungen meiner Mutter, mir das Lesen überhaupt erst mal beizubringen, diesen Test der Lehrerschaft nicht bestand, wurde ich zu den Ziegen gesteckt, nicht zu den Schafen, und das war das Beste, was mir in meiner Schulkarriere jemals widerfahren ist. Ich war vielleicht ein bisschen seltsam, aber ein aufgewecktes Kind, und während die Schafe von der Lehrerin, die sie durch die Prüfung bringen würde, auf die grüne Weide geführt wurden, war ich, der immer irgendwo im Mittelfeld mitgeschwommen war, auf einmal einer der Besten, und das ohne jede Anstrengung. Und wie jeder weiß, wenn man erst mal oben ist, will man auch oben bleiben – doch, doch, diese Erfahrung haben Sie ganz bestimmt auch mal gemacht. Und so kam es, dass ich zum ersten Mal richtig eifrig für die Schule lernte.

Ungefähr zu dieser Zeit besuchte ich mit meinen Eltern einen Onkel in London, der mir ein Exemplar von *Der Wind in den Weiden* schenkte. Ich explodierte. Von solchen Büchern hatte ich noch nie etwas gehört. Bücher waren die langweiligen Dinger, aus denen uns die Lehrer vorlasen, aber auf einmal gab es da einen Maulwurf, der eine Ratte zum Freund hatte, die wiederum einen Dachs zum Freund hatte, und alle waren mit einer Kröte befreundet, und zwar nicht mit irgendeiner Kröte, sondern mit einer Kröte, die Auto fahren und mit einer Waschfrau verwechselt werden konnte! Dabei war sogar ich mir ziemlich sicher, dass Waschfrauen zwar nicht unbedingt Kandidatinnen für die Wahl der Miss Universum waren, aber wohl trotzdem nicht so leicht mit einer Kröte verwechselt werden konnten.

Damals hätte ich meine Gefühle nicht ausdrücken können,

weil mir die Sprache dafür fehlte, aber heute würde ich sagen, dass ich mit großer Freude erkannt hatte, dass uns der Autor ganz schön an der Nase herumführte, dass er uns manipulierte und die Welt einfach auf den Kopf stellte! Mir war klar, dass ich von solchem Stoff dringend mehr brauchte.

Übrigens fiel mir beim Aufsetzen dieser Zeilen wieder ein, dass ich mir damals große Sorgen um das Pferd gemacht habe. Erinnern Sie sich noch? Das Pferd, das in dem Buch den kanariengelben Zigeunerwagen zog? Als Kind dachte ich, dass diese Tiere alle sprechen können und deshalb nicht, wie mein Papa, arbeiten gehen müssen, aber das Zugpferd muss die ganze Arbeit machen, ständig, und es hat keine Stimme. Das, was ich damals empfand, war lupenreiner Sozialismus. So wurde ich zum Samstagsjungen unserer Bücherei und füllte aufgeregt den nächsten Leihzettel aus, wenn ich wieder auf ein Buch gestoßen war, das ich lesen wollte. Und ich las alles.

Damit setzte so etwas wie eine Kettenreaktion ein: Ein Buch schickte mich zum nächsten, das ich ebenfalls las, dann weiter zum nächsten, ohne System, Ordnung und Plan, bis auf den, sie möglichst alle zu lesen, und so las ich Mayhews *Arbeit und Armut in London* zur gleichen Zeit wie Tove Janssons Mumin-Geschichten, und zwar gewissermaßen im selben inneren Tonfall.

Manche Sachen hielt ich für Schrott, was wahrscheinlich auch stimmte, aber es bildeten sich gewisse Muster heraus. Wenn ich mir ein Buch über die Seidenstraße auslieh, dann einfach nur deshalb, weil es sich interessant anhörte. Aber es führte mich unweigerlich zu geschichtlichen Ereignissen, die wir in der Schule nicht lernten, und zwar nicht, weil wir schlechte Lehrer gehabt hätten, sondern weil sich niemand Gedanken darüber gemacht hatte, was Unterricht eigentlich sein sollte. In der

Schule hörten wir von den Getreidezollgesetzen. Ich weiß nur noch sehr vage, worum es dabei ging; aber ich kann mich erinnern, dass das Ganze eine Riesensauerei der Regierung zum Nachteil der Armen war. Tja, in dieser Hinsicht hat sich also nicht viel geändert! Aber der richtige Geschichtsstoff, die Geschichte, die jeder kennen sollte – die Entstehung der Erde, der Tanz der Kontinente, die Reisen der Menschheit, die Entwicklung der Wissenschaften – nahm im Stundenplan nur wenig Raum ein, war jedoch dankenswerterweise in der Bücherei – Gott segne sie – im Überfluss vorhanden.

Meine Ausbildung in der Bücherei verlief so, als würde ich nach und nach ein großes Puzzle aus Science-Fiction, Geschichte und Paläontologie zusammensetzen. Ich las mich durch diese Themen, als gehörten sie alle zusammen, was, ganzheitlich betrachtet, zweifellos auch zutrifft.

Der zweite Durchbruch ereignete sich, als ich im Alter von ungefähr zwölf Jahren die Existenz von Secondhand-Buchläden entdeckte. Hier gab es die Bücher, die in den Regalen der Bücherei gar nicht mehr auftauchten, denn meine Gemeindebücherei in Beaconsfield war eine nigelnagelneue Bibliothek mit nigelnagelneuen Büchern. Irgendwann erzählte mir mein Vater, es gebe in der Ortschaft Penn einen Buchladen mit gebrauchten Büchern – also nur einen kurzen, wenn auch recht beschwerlichen Fahrradweg entfernt, jedenfalls dann, wenn man auf der Rückfahrt zwei prallvolle, knarzende Einkaufstaschen am Lenker hatte. Es war ein wunderbarer Buchladen, der Ort, an dem ich mit dem Humor in Kontakt kam.

Und zwar auf die einfache Tour, obwohl die ja oft gar nicht so einfach ist. Vergnügt las ich alle gebundenen Jahrgänge der Zeitschrift *Punch* von 1840 bis zur Mitte der 1960er Jahre. Warum? Jedenfalls nicht, um einen Meisterkurs in humoristischem Schreiben zu absolvieren, sondern rein aus Spaß. Meinen Meisterkurs bekam ich trotzdem, weil ich nämlich die besten Satiriker und humoristischen Schriftsteller eines ganzes Jahrhunderts kennenlernte, darunter Mark Twain und Jerome K. Jerome, deren lakonischer Stil, so kam es mir vor, eine gewisse Ähnlichkeit besitzt, obwohl zwischen ihnen ein ganzer Ozean lag. Geoffrey Willans und Ronald Searle erfreuten mich mit der Molesworth-Reihe. Die kennen Sie doch bestimmt auch, oder? Der absolut beste Schulbubenhumor in Büchern wie *Down with Skool!, Whizz for Atoms, How to be Topp* und *Back in the Jug Agane.* Dann saugte ich die Kolumnisten wie Beachcomber, Patrick Campbell, Robert Robinson und nicht zuletzt, ganz gewiss nicht zuletzt, Alan Coren in mich auf – was Situationskomik angeht, ist er womöglich der König von allen.

Ich habe sie alle gelesen, obwohl ich, zumindest nach den Maßstäben der späten fünfziger Jahre, noch ein Kind war, aber da ich es aus purem Vergnügen tat, trat ich unbewusst ziemlich heftig auf das Pedal zum Erwachsenwerden. Ich fand heraus, dass Humor themenbezogen sein muss, und beim Lesen der muffigen *Punch*-Jahresbände nahm ich quasi durch Osmose die Themen, die Anliegen und sogar die Sprachmuster jener Epochen in mich auf, was für einen Schriftsteller bares Geld wert ist. Ich suchte nicht nach Ideen, nach Techniken oder – was für ein grässliches Wort – Tipps. Ich saugte einfach nur auf. Wahrscheinlich machen das alle Schriftsteller auf die eine oder andere Art, schließlich fällt es schwer, sich einen Autor vorzustellen, der nicht zuallererst Leser gewesen ist. Ich staunte über die Reichhaltigkeit, die sich vor mir ausbreitete. Ich lernte von den Meistern und dachte darüber nach, was ich gelernt hatte. Damals wusste ich es noch nicht, aber in meinem Kopf hatte sich eine satanische Mühle in Gang gesetzt, die letztendlich einen

Schriftsteller hervorbrachte, aber wie jede Mühle benötigte ich jede Menge Mahlgut. (Wenn Sie nicht wissen, was Mahlgut ist, schlagen Sie es nach. Sie sind doch Akademiker, oder?)

Besonders beeindruckt hat mich Alan Corens Zugriff auf den Wortschatz des durchschnittlichen verunsicherten Engländers, insbesondere derjenigen Vertreter, die wir damals die Arbeiterklasse nannten. Das alles war mir nicht fremd, denn meine Londoner Oma nahm mich damals immer mit zum Markt, und jeder Marktschreier, jeder Warenanpreiser, jeder Händler und Verkäufer, jeder Busfahrer und sogar meine Großmutter redete genauso wie die Leute bei Coren. Ein großartiger Mann.

Ich weiß noch, dass ich einmal ein munteres Streitgespräch mit meiner Mutter führte, nachdem mir meine Londoner Oma gesagt hatte, dass man immer weiß, wo ein Bus hinfährt, weil der Name vorne angeschrieben steht. Meine Mutter hatte mir die griechischen Sagen erzählt und auch den ersten Marathon erwähnt, der von Pheidippides absolviert wurde, indem er – wie jeder Schuljunge weiß, oder wohl eher: wusste – von Marathon nach Athen rannte. Ich erinnere mich noch daran, dass ich mit meiner Mutter diskutierte, dass es eigentlich, da Pheidippides nach Athen lief, eher Athenlauf und nicht Marathonlauf heißen müsse. Jedenfalls wäre es so gewesen, wenn er bei den Londoner Busbetrieben gearbeitet hätte. Diese Argumentation akzeptierte meine Mutter gnädigerweise, ohne mir eins hinter die Löffel zu geben.

In Übereinstimmung mit den satanischen Mühlen und um mich in einem Zustand permanenter Überraschung zu halten, sorgte der Kalender, dem meine Mutter und mein Vater, beide berufstätige Menschen, folgen mussten, dafür, dass ich auch in die weiterführende Schule einen Tag zu spät kam. Dabei ist es, wenn Sie gut aufgepasst haben, natürlich der erste Tag, an dem man alles Wichtige erfährt. Es hilft nichts, am zweiten Tag zu erscheinen, weil der zweite Tag nicht der erste ist, denn der zweite Tag ist natürlich der Tag, an dem man die Dinge erfährt, die man am zweiten Tag erfährt, wodurch das Gefühl, dass »alle anderen etwas wissen, was ich nicht weiß«, meine verwunderte Grundstimmung nur noch untermauerte, falls Stimmungen überhaupt untermauert werden können.

Offensichtlich war den anderen an jenem ersten Tag das Geheimnis der Algebra offenbart worden. Später träumte ich davon, Algebra zu verstehen und die Welt zu beherrschen, aber vor zehn Jahren setzte sich mein Freund Ian Stewart, Mathematikprofessor in Warwick, nach einem Festessen in der Universität zu mir und kritzelte mehrere Servietten mit den klaren, unmissverständlichen Grundlagen der quadratischen Gleichung voll. Auf seiner Stirn bildeten sich dabei lauter kleine Schweißperlen, worauf ich betrüblicherweise mit dem philosophischen Äquivalent des Wörtchens *Lurks* reagierte. (Ich musste meiner Spracherfassung das Wort Lurks erst beibringen, o ja, ich musste einem Computer beibringen, dumm zu sein. Ein Projekt für einen verregneten Nachmittag.)

Also gewöhnte ich mich abermals daran, in der Klasse irgendwo im Mittelfeld mitzumischen, und tat für die Schule gerade so viel, dass ich nicht unterging. Meine wahre Bildung erfolgte immer noch über die Bücherei und erstaunlicherweise durch die Science-Fiction-Bücher, die ich wie Süßigkeiten konsumierte. Welche Wonne, in jener Morgendämmerung des Raumzeitalters zu leben, aber dummerweise hieß meine einzige Quelle für erstklassige amerikanische Secondhand-SF-Magazine »Die kleine Bücherei« und befand sich in einer Baracke in Frogmoor, einem winzigen Ortsteil von High Wycombe, in der eine sehr nette ältere Dame gute Stimmung, gelegentlich eine Tasse

Tee, aber vor allem Pornografie unters Volk brachte. Wahrscheinlich um den Namen des Ladens zu rechtfertigen und womöglich, um ein paar Artikel zu haben, die sie ins Schaufenster legen konnte, verkaufte sie auch anständige gebrauchte Science-Fiction und Fantasy aus Pappkartons, unterhalb der, wie soll ich es ausdrücken, unterhalb der fleischfarbeneren Regale, die mich zu jener Zeit ohnehin nicht besonders interessierten. Warum sollte man den Blick nach oben richten, wenn unten ein Brian Aldiss stand, den man noch nicht gelesen hatte, oder etwas von Harry Harrison und der dritte Band von James Blishs Trilogie *Die fliegenden Städte?* Mein wachsender Konsum machte mich schon bald zum Stammkunden. Ich bekam garantiert zweimal die Woche eine Tasse Tee, ehe ich mit prall gefüllter Schultasche wieder von dannen ging, vermutlich zur großen Verwunderung aller anderen Kunden, denen die SF-Beute, die ich ergattert hatte, wahrscheinlich komplett entgangen war.

Als ich gerade wieder mal nach der Schule glücklich und zufrieden in den Kisten wühlte, wurde die Tür jäh aufgerissen und ein Mann kam herein, der, so wie er sich bemühte, nicht wie ein Polizist in Zivil auszusehen, auf den ersten Blick als solcher zu erkennen war. Er zeigte wütend auf mich und wollte von meiner Ladeninhaberin, einer wirklich liebenswerten alten Dame, wissen: »Was hat der Junge hier zu suchen?«

Freudestrahlend schwenkte sie eine druckfrische Ausgabe von Robert Heinleins *Fremder in einer fremden Welt* – was ich mit Sicherheit in diesem Laden auch war – und antwortete: »Onni swaki malli pons, Geoffrey«, was er zwar nicht verstand, aber anscheinend als Antwort gelten ließ. Und für diejenigen unter Ihnen, die nur wenig Latein hatten: Das Gesagte heißt so viel wie »Wer darin etwas Schlechtes sieht, sollte mal im Wörterbuch nachschlagen«. Spiel, Satz und Sieg für die alte Dame, finde ich, denn sie war eine gute Seele, und diesem Schuljungen, den sie wohl als ihren einzigen legitimen Kunden ansah, eine liebenswerte Freundin. Sie forderte mich nie auf, auch die fleischfarbeneren Regale in Betracht zu ziehen, und bot mir auch keinen dieser schmalen Umschläge an, die sie, wenn sie dachte, ich würde gerade nicht hinsehen, den ernsthaften und ziemlich verstohlenen Connaisseurs von der Regenmantelfraktion überreichte, die von meiner Anwesenheit immer peinlich berührt waren. Wahrscheinlich glaubte ich damals, die Umschläge enthielten absolut druckfrische und von daher irre teure Erstdrucke von Science-Fiction-Romanen. (Der Groschen fiel, wie so manch anderer, erst ungefähr ein Jahr später …)

Die alte Dame war Witwe, und ich glaube nicht, dass ich jemals ihren Namen erfuhr. In gewisser Hinsicht gehörte sie zu meinen Privatlehrern, denn ein Autor gedeiht auf vielen unterschiedlichen Sorten von Kompost, und genau das brauchte ich damals, weil ich mit der Schule nicht viel anfangen konnte – und die Schule auch nicht mit mir.

Es war durchaus eine ordentliche Schule, mit dem üblichen zusammengewürfelten Kollegium (üblich jedenfalls für die damalige Zeit): ein paar Lehrer, die von ihrem Fach begeistert waren, ein paar, die einen begeistern konnten, ein paar Kriegsveteranen und ein paar grundlos sarkastische Zeitgenossen, und ein Verrückter war natürlich auch dabei. Der war bei allen Jungs in der Schule am beliebtesten.

Auch meine Mitschüler waren entsprechend sortiert. Die meisten hielten den Blick starr auf die Abschlussprüfungen und eine gute Anstellung danach gerichtet, ein paar hatten dort eigentlich nichts verloren, und dann gab es den Klassenrüpel, den Spinner und schließlich den Unruhestifter, und der war ich.

Es war eine schlimme Zeit, es waren die … ach, was soll's, fahren wir einfach fort, es war jedenfalls eindeutig die allerschlimmste Zeit, weil ich eben der Unruhestifter war. Stellen Sie sich folgende Situation vor: Nur ganz allmählich und sehr zäh sickerten die sechziger Jahre nach High Wycombe durch, aber bedauerlicherweise betrachtete sich der Direktor meiner Schule als Bollwerk gegen die neuen Verhaltensweisen der Sixties.

Im Grunde genommen wollten die meisten Schüler einfach nur ihre Prüfungen bestehen, genau wie ich. Aber nachdem ich einmal ein *Mad*-Heft mit in die Schule gebracht hatte, galt ich offenbar als schlechter Einfluss auf die anderen. Ich! Der Junge, der so viel Zeit in der Bücherei verbrachte, dass er blinzeln musste, wenn er wieder ans Tageslicht trat! Ich wunderte mich sehr darüber, obwohl ich zugeben muss, dass *Mad* damals ein paar erstaunlich gut beobachtete Parodien von Broadway-Shows brachte, oft gewürzt mit einer Prise harmlosen politischen Humors und unverblümtem Blödsinn, wie er im Comic üblich war. Aber für unseren Direktor schien es der Vorbote des Niedergangs der Gesellschaft zu sein – wobei die Gesellschaft, wie er sie kannte, tatsächlich bedroht war. Ich mochte *Mad* einfach, und dann wurde ich bei einer anderen Gelegenheit mit einer Ausgabe von *Private Eye* erwischt, offensichtlich auch das ein Verbrechen gegen die Gesellschaft. Dabei war ich ein freundlicher, wenn auch ein bisschen redseliger Junge, der gerne las und noch nicht mal eine Platte von Bob Dylan besaß, wahrscheinlich als Einziger unter meinen Altersgenossen. Harry Ward war vielleicht ein guter Lehrer, aber ich glaube nicht, dass er ein guter Direktor war, jedenfalls wusste er nicht, dass Heranwachsende nun mal Heranwachsende sind. Von uns war damals nun wirklich keiner auch nur im Entferntesten problematisch. Jeder von uns besaß ein Messer, weil ein Taschenmesser viel besser als ein

Bleistiftspitzer war, wenn man, wie wir, jede Menge technische Zeichnungen anfertigen musste. Ich kann mich an nur eine Gelegenheit erinnern, bei der tatsächlich bei einem Streit ein Messer gezogen wurde, und zwar von dem Spinner, der kurz danach die Schule verließ. Aber Harry beging den klassischen Tyrannenfehler und witterte bei der geringsten Verfehlung sofort Rebellion und eine Verfehlung hinter der unschuldigsten Handlung oder sogar dann, wenn überhaupt nichts vorgefallen war. Ich erinnere mich noch an einen Jungen, den ich hier Charles nennen will und der das Pech hatte, mit einem fröhlichen Gemüt geboren zu sein. In seinem Gesicht stand stets ein gut gelauntes Grinsen, und sein einziger anderer Gesichtsausdruck war, soweit ich weiß, eine leicht mürrische Verunsicherung, den er immer dann aufsetzte, wenn ihn sein fröhliches Grinsen wieder einmal in die Bredouille gebracht hatte. Die Atmosphäre des Misstrauens an unserer Schule sorgte dafür, dass er entweder als Clown dastand oder als jemand, der eine dümmliche Unverfrorenheit zur Schau stellte. Harry sorgte dafür, dass er stets zwischen den beiden Gesichtsausdrücken hin- und herwechselte.

Als geborener Idiot musste ich mich auch stets vor dem Raufbold in Acht nehmen, weil ich bei einer Auseinandersetzung lieber meine Stimme, er aber seine Fäuste einsetzte. Allerdings hat mir einer meiner Freunde aus jenen Tagen voller Schadenfreude wieder in Erinnerung gerufen, wie ich einmal die Beherrschung verlor, quer durch den Raum rannte und mich auf den Burschen stürzte. Dabei rammte ich ihn mit einer solchen Wucht, dass er zu Boden ging und sich an einem eisernen Kaminofen eine Platzwunde zuzog. Danach war ich für ihn offensichtlich unsichtbar geworden, denn ich hatte keine Probleme mehr mit ihm. Dem Schülerkodex zufolge wurde alles unterhalb von Mord selbstverständlich nicht dem Lehrpersonal gepetzt.

Erst neulich erzählte mir ein damaliger Mitschüler, dass er, nachdem ich (früher als vorgesehen) von dieser Schule abgegangen war, als Primaner einmal lange mit dem Direktor gesprochen und dabei erfahren hätte, dass Harry unter seinen schrecklichen Erlebnissen im Zweiten Weltkrieg litt. Er war sicher, dass der Mann wohl deshalb ständig den Finger am Abzug hatte, aber das kann ich nicht beurteilen.

Nachdem ich heute weiß, was er alles mitgemacht haben muss, kann ich ihm einiges nachsehen, aber wie wäre mir das damals möglich gewesen? Abgesehen davon war ich schlimmstenfalls ein Clown, und durch seine Strenge hat Harry Ward damals etwas erschaffen, was davor überhaupt nicht da gewesen war. Doch ich danke ihm *in absentia* dafür, dass er mich in meiner Entscheidung, die Schule noch vor den Abschlussprüfungen zu verlassen, bestärkt hat, eine Entscheidung, die zuvor geradezu undenkbar gewesen war. Ich wusste, dass ich schreiben wollte. Ich hatte bei einem Wettbewerb von *Punch* einen Preis gewonnen und zwei Kurzgeschichten an Science-Fiction-Magazine verkauft. Aber da ich der Sohn meiner Eltern war, hörte ich mich ein bisschen um, und mir wurde rasch klar, dass die Chancen, sich seinen Lebensunterhalt als freier Schriftsteller zu verdienen, in der Praxis gleich null waren, wohingegen man als Journalist bei einer Zeitung wöchentlich bezahlt wurde. Noch als Schüler, der Aussicht auf den Posten des Schulbibliothekars hatte, schrieb ich an den Herausgeber der *Bucks Free Press,* unserer Lokalzeitung, und fragte ihn, ob er im folgenden Jahr eine Praktikumsstelle für mich hätte. Er antwortete sofort und schrieb: »Ich weiß nicht, wie es nächstes Jahr aussieht, aber jetzt gerade wäre so eine Stelle frei.«

Dank Harry Ward stellte ich mich gleich am folgenden Samstag bei der Zeitung vor, gab am Montag in der Schule alle meine Bücher zurück, und dann ging ich durch die Tür hinaus, die nur von Vertrauensschülern und Besuchern benutzt werden durfte. Ein köstliches Gefühl. Schule kann etwas sehr Schönes sein, und meine Entscheidung wurde durch das Wissen bestärkt, dass Harry in aller Öffentlichkeit eisern behauptete, ich sei für die Rolle eines Vertrauensschülers, die mit dem Posten des Bibliothekars verbunden war, nicht geeignet. Ich hatte jeden Donnerstagabend damit verbracht, in der Bibliothek aufzuräumen und Bücher zu reparieren, und diese Behauptung war bösartig, einfach nur bösartig. Vertrauensschüler gewesen zu sein machte sich immer gut auf dem Lebenslauf und wäre später vielleicht nützlich gewesen; andererseits hat mir Arthur Church, der Herausgeber der *Free Press,* den Job ohnehin sofort nach dem Vorstellungsgespräch gegeben. In meiner Erinnerung sagte er: »Mir gefällt deine Art, junger Mann.« Hat er das wirklich gesagt? Es würde passen. Aber man darf nie vergessen, dass mein Unterbewusstes das eines Schriftstellers und ehemaligen Journalisten ist, der findet, jedes Zitat kann durch eine kleine Ausschmückung von der Hand eines Experten nur gewinnen. Oder wie Douglas Adams, glaube ich, einmal gesagt hat: »Nachdem man so oft über sich geredet hat, weiß man manchmal nicht mehr, wie wahr manche Dinge wirklich sind.«

Die Arbeitsbedingungen eines Zeitungspraktikanten Mitte der sechziger Jahre lagen nur knapp oberhalb von Sklaverei; immerhin durfte man zu Hause wohnen und wurde nicht mit Ketten geprügelt. Ich habe öfters jeden Tag in der Woche gearbeitet, an den Abenden natürlich sowieso, und auch die Samstage, besonders im Sommer, gehörten nur selten mir. Angeblich existierte irgendwo ein geheimnisvolles Etwas namens »Ausgleichstag«, das ich aber erst viel später in meiner Karriere zu sehen bekam. Ich war Lehrling, ein echter Lehrling. Mein

Vater musste sogar eine Ausfertigung meines Ausbildungsvertrages unterschreiben, ein mittelalterlich aussehendes Dokument. Unterm Strich verkaufte ich damit für drei Jahre meine Seele, wofür man mir im Gegenzug sämtliche Grundlagen, Tricks, dreckigen Witze, zwielichtigen Gebräuche und Klischees des Lokaljournalismus beibrachte. Mit Johnny Howe als Korrektor hatte man die dreckigen Witze schnell drauf, denn Johnny war mit einer herrlich schmutzigen Fantasie gesegnet. Die hatte er auch dringend nötig. Als Korrektor, jedenfalls bei einer Lokalzeitung, braucht man einen messerscharfen Blick für jede noch so unbeabsichtigte Doppeldeutigkeit. Hatte wirklich einmal ein Korrespondent einen Artikel über die Blumen-, Obst- und Gemüseausstellung des Frauenvereins eingereicht, in dem von einem nackten Mann berichtet wurde, der durch das Zelt flitzte und »für ziemliche Aufregung bei den Torten sorgte, bevor er an den Stachelbeeren hängen blieb«? Johnny, der dem späten Stubby Kaye wie aus dem Gesicht geschnitten aussah, blickte mir fest und vertrauensvoll in die Augen und hat mich dabei, glaube ich, so gut wie sicher angelogen. Jeder Schriftsteller braucht ein Auge für Zweideutigkeiten, genau wie der Wildhüter wie ein Wilddieb denken muss. Andererseits ist absichtliche Zweideutigkeit keineswegs zu verachten; ich selbst habe einmal eine Dreideutigkeit begangen und vermute, dass mit entsprechend hohen Fördergeldern sogar die Vierdeutigkeit nicht unerreichbar wäre.

Johnny war klein und dick, der finstere Lokalredakteur Ken Burroughs (den alle hinter seinem Rücken Bugsy nannten) hingegen lang und dünn. Wenn die beiden um die Mittagszeit zum Pub loszogen, sah es immer so aus, als machte die Zahl 10 einen Spaziergang. Bugsy brachte mir bei, meine Manuskripte rechtzeitig abzuliefern, die Fakten stets zu überprüfen und nicht zu versuchen, ihn reinzulegen. George Topley, seines Zeichens Chefreporter und der beste geborene Journalist, der mir je begegnet ist, machte mich mit dem Umgang mit der Wahrheit und einigen nützlichen Geheimnissen hinsichtlich der menschlichen Natur vertraut. Und schließlich Arthur Church, der Herausgeber der Lokalzeitung, der schon immer in High Wycombe lebte und die Angelegenheiten des Ortes überaus ernst nahm. Er lehrte mich Redlichkeit und Selbstachtung und dass ich nach Möglichkeit die Methodisten nicht verärgern sollte. Er war ein anständiger Mann, den die Sixties ebenso verunsicherten wie meinen ehemaligen Schulrektor, aber Arthur kam mit den Sixties klar, solange sie sich auf High Wycombe beschränkten. Als der erste Apollo-Flug zum Mond diese glorreichen Bilder von der Erde, aus der Ferne gesehen, zurückfunkte, bekam Westminster Press, der Eigentümer der Zeitung, einige davon in die Hände und versuchte eines schönen Donnerstags voller Verzweiflung herauszufinden, welche ihrer Zeitungen, die sie in Farbe abdrucken konnte, an diesem Tag als Erste erschien. Sie müssen ganz schön gestöhnt haben, als sie erfuhren, dass sie Arthur Church anrufen und ihm klarmachen mussten, dass er die Titelseite und mindestens noch zwei weitere Seiten freimachen müsse. Wahrscheinlich haben die Bosse eine Münze geworfen, aber wir Reporter, die an seiner Bürotür lauschten, hörten seine gequälte Stimme, mit der er die Interessen von High Wycombe gegen die des Universums verteidigte. Dabei hatte er nicht ganz unrecht, denn am nächsten Tag würde jede landesweite Zeitung Bilder vom Mond bringen, aber nur eine Zeitung berichtete über die Ereignisse, die wirklich wichtigen Ereignisse, von High Wycombe, ganz zu schweigen von Marlow, Lacy Green, Loosely Row, West Wycombe und Speen. Es war eine Szene wie bei Chesterton, und obwohl Church zweifellos recht hatte, nahm er den versteckten Befehl hinter der Anfrage sehr wohl wahr und lenkte nach ziemlich langem Hin und Her ein. Wir machten sofort klar Schiff zum Gefecht, während er, den Tränen nahe, grummelnd und brummelnd umherstapfte. Letztendlich war der Mond doch bloß ein großer Steinbrocken, oder? Aber dann sah er die Lösung der vertrackten Angelegenheit plötzlich klar und deutlich vor sich, er strahlte und verkündete versöhnlich: »Na ja, der Mond scheint in High Wycombe genau wie überall sonst auch.« Wir wären beinahe in lauten Jubel ausgebrochen.

Am nächsten Tag war die *Bucks Free Press* innerhalb weniger Minuten ausverkauft, sogar in Speen, und Arthurs Telefon war ständig vom Haken, weil alle einheimischen Honoratioren anriefen und ihm zu dem großartigen Coup gratulierten. High Wycombe hatte seine Entscheidung abgesegnet. Um ein Haar hätte er uns allen einen Drink spendiert, so zufrieden war er.

Die Redakteure dieser kleinen Zeitungen wurden – und werden es wahrscheinlich immer noch, falls es die Blätter überhaupt noch gibt und sie nicht durch die unbrauchbaren und fragwürdigen »Informationsbroschüren« der Kommunalverwaltungen ersetzt wurden – des Provinzialismus bezichtigt. Dabei ist ein gewisses Gespür für das Provinzielle für diese Arbeit unabdingbar. Jeder weiß, wie John F. Kennedy gestorben ist; nicht ganz so viele interessiert das Ableben eines unglücklichen Mitbürgers, der in seiner eigenen Garage tot in seinem Wagen aufgefunden wurde, mit einem Schlauch vom Auspuff durch den kleinen Spalt am Seitenfenster. Wahrscheinlich kein Mord, höchstwahrscheinlich Selbstmord, aber die Gemeinde und die nächsten Nachbarn sollten die Wahrheit erfahren, und in jenen Tagen wurde sie ihnen von mir übermittelt. Ich saß verstört im Gericht zur Untersuchung von Todesursachen und schrieb alles, was der Rechtsmediziner nach Lage der Tatsachen herausgefunden hatte, in leidlich guter Kurzschrift fleißig mit. Nicht, dass uns sowas Spaß gemacht hätte. Der Mensch ersinnt viele sehr unterschiedliche Möglichkeiten, wie er sein Leben abrupt beenden kann, und nicht alle sind besonders appetitlich, schon gar nicht für diejenigen, die sich anschließend damit auseinandersetzen müssen. Selbstmord verlangt wirklich ein gewisses Maß an Übung, und genau darin liegt das Problem. Pierrepont, der Henker, wusste genau, wie man einen Menschen geschickt und flink aufhängte, er wusste, wie lang das Seil sein musste und an welcher Stelle im Nacken der Knoten zu sitzen hatte, um für ein barmherziges Ende zu sorgen. Die meisten anderen Leute wissen es nicht. Einmal bat ein Angehöriger bei einem besonders grauenvollen Selbstmord den Rechtsmediziner, den Zeitungen nichts über den Befund der Untersuchung zu verraten. Der Mediziner klärte ihn korrekterweise darüber auf, dass wir Journalisten laut Gesetz bei der Verkündung anwesend sein durften. Damit wäre auch alles in Ordnung gewesen, hätte er nicht noch ein paar Worte hinzugefügt, die ungefähr so lauteten: »Obwohl ich durchaus Verständnis für Sie habe. Ich habe die Presse schon selbst gelegentlich auf den tiefsten Meeresgrund gewünscht.«

Das haben wir natürlich veröffentlicht, und Arthur Church, der, wie gesagt, den Lokaljournalismus sehr ernst nahm, verfasste eine wortgewandte Verteidigung der Berichterstattung auch und gerade über die hässlichen Dinge des Lebens. Im Kern sagte er, dass es im Interesse der Öffentlichkeit liege, die Wahrheit bekanntzumachen, und zwar auf eine sorgfältig recherchierte und aufbereitete Art und Weise. Ohne die Zeitung müsse man sich auf Stammtischwahrheiten und irgendwelche Gerüchte verlassen, die im Zweifelsfall bösartig sind. Stellt aber die Lokalzeitung aus irgendeinem Grund etwas falsch dar, wird es schnell bekannt, gefolgt von einer Entschuldigung und einer Richtigstellung. Es sei zwar nicht die beste aller Welten, aber doch besser als die Welt des Hörensagens. Das alles führte Arthur sehr sorgfältig aus, woraufhin sich der Mediziner entschuldigte, und zwar sehr anständig. Der Ehre war Genüge getan.

Arthur war ein Genauigkeitsfanatiker, und es war kein guter Tag, wenn ein verärgerter Bürger an einem Samstag die Treppe heraufkam, um sich über einen Artikel zu beschweren. Jedenfalls dann nicht, wenn sich herausstellte, dass der unglückselige Reporter tatsächlich etwas falsch verstanden hatte. Kam Arthur jedoch zu dem Schluss, dass der Journalist korrekt gearbeitet hatte, wurde der aufgebrachte Leser höflich wieder hinauskomplimentiert. Dabei ging es nicht nur um die Gerichtsmedizin. Zusammen mit einem anderen Praktikanten fuhr ich auf einer Reihe tückischer Motorräder durch die Gegend, um über jedes auch nur annähernd interessante Ereignis von öffentlichem Interesse zu berichten. Dazu gehörten auch die Amtsgerichte, in denen ich mir bei der Anhörung von Strafprozessen einen lebenslangen Zynismus aneignete. Bedauerlicherweise erfuhr ich dabei auch, dass manch ältere Dame eine unerschütterliche Vorliebe für Schlüpfer im locker fallenden Empire-Stil hegt. In diesem Falle war die unfreiwillige Lehrmeisterin eine Richterin, eine Dame vom Lande, die gerne breitbeinig auf ihrem Stuhl saß, wahrscheinlich ohne zu wissen, dass es an ihrem Tisch keine Knieblende gab. Heute frage ich mich manchmal, ob sie sich jemals darüber gewundert hat, warum die Leute ihr nie ins Gesicht gesehen haben? Tatsächlich kam es häufiger vor, dass jeder Mann im Gerichtssaal nur auf seine eigenen Schuhspitzen starrte, inklusive der Anwälte.

Oft werde ich von Onlinejournalisten um ein Interview oder

einen längeren Kommentar gebeten, und sobald sie sagen, dass sie Journalisten sind, kontere ich: »Gut, dann nennen Sie mir doch mal bitte die sechs Abwehrmaßnahmen gegen üble Nachrede.« Es heitert mich immer ein wenig auf, dass auch heute noch einige wissen, wovon ich rede. Ich bin immer noch ziemlich stolz auf meine Kurzschrift und meinen Ausbildungsvertrag.

Ich war ein ordentlicher Lokaljournalist, immer gut informiert und sorgfältig, aber was den Rummel bei den großen regionalen oder landesweiten Zeitungen anging, hatte ich keine Chance. Mir fehlte einfach dieser Killerinstinkt, wie mir Eric Price, der Herausgeber der *Western Daily Press* in Bristol mit auf den Weg gab, als er mich rausschmiss. Er war nie zufrieden, wenn die Geschichte, die jemand recherchiert hatte, nicht diejenige war, die er sich erwartet hatte. Daher taucht die *Western Daily Press* im Lebenslauf vieler junger Journalisten auf, die Eric eingestellt und alsbald wieder gefeuert hat. Andererseits besaß er die Freundlichkeit, mir viel später einmal mitzuteilen, dass ich der beste Schreiber gewesen sei, den sie je hatten. Was wahrscheinlich sogar stimmte, weil ich über das Talent verfügte – und hoffentlich immer noch verfüge –, mir ein Thema vorzunehmen und innerhalb einer halben Stunde eine stimmige, sachkundige und lesbare Kolumne darüber zu verfassen, gegebenenfalls auf der Basis eines einzigen Anrufs und eines Zeitungsausschnitts.

Warum erzähle ich Ihnen diese unzusammenhängenden Anekdoten? Ich glaube, sie zeigen, wie ein Autor gemacht wird. Vieles aus meiner persönlichen Geschichte ist später, ein wenig aufgeblasen und neu lackiert, irgendwo in einem Buch wieder aufgetaucht. Ich bin ziemlich sicher, dass ein eifriger, gewitzter Akademiker hinter den Zauberern der Unsichtbaren Universität den Lehrkörper der High Wycombe Technical High School in den späten Fünfzigern erkennen könnte, wobei damals nicht alle von Drachen gefressen wurden. Einige jedoch, darunter auch der Fachbereichsleiter Geschichte, den ich wirklich mochte, sind in gedruckter Form auf den Seiten meiner Romane unsterblich geworden. In den Kulissen meiner Bücher sehe ich das kleine Dorf, in dem ich aufwuchs. Figuren reden so, dass es mich an meine Großmutter erinnert, und es sieht ganz so aus, als würde die Mühle jedes Erlebnis und jede Begegnung wieder zutage fördern und als würde sie unermüdlich weitermahlen. Manchmal entdecke ich Einflüsse meiner Lehrer, obwohl sie nicht mal wussten, dass sie mich beeinflusst haben. Wie auch immer, das Mahlwerk gibt stets etwas zurück.

Ein paar Tage, bevor ich diese Zeilen aufsetzte, erzählte mir eine Bekannte, sie habe einen Brigadekommandeur kennengelernt, der die Scheibenweltbücher in Afghanistan für sich entdeckt hatte, gleich mehrere in einem kleinen Stapel. Ich kenne solche Geschichten, und ziemlich oft höre ich von einfachen Soldaten: »Wir mussten das Lager sofort räumen und alles Unwichtige zurücklassen«, und bedauerlicherweise stellt sich dann heraus, dass Lesestoff als unwichtig gilt. Aber der Schutz suchende Brigadekommandeur hatte eins der Bücher zur Hand genommen und war rasch süchtig geworden, was mich natürlich sehr freut. Angeblich hat er zu meiner Bekannten gesagt: »Wie macht er das? Er ist nie Soldat gewesen, aber *Weiberregiment* wurde von jemandem geschrieben, der sich beim Militär sehr gut auskennt. Das sind Sachen, die man nicht aus Büchern erfährt. Also noch mal: Wie macht er das?«

Ich glaube, ich weiß es, denn vermutlich ist es dieselbe kleine Entdeckung, die es mir erlaubte, den *Amelia Bloomer Award for Feminist Writing* in den USA zu gewinnen … sogar zweimal. Ich muss es nicht erklären, denn ein wenig Nachdenken bringt die Antwort zutage.

Seit ich neun Jahre alt war, habe ich mich immer an Wörtern erfreut, nicht notwendigerweise an sinnvoll aneinandergereihten, sondern an Wörtern an und für sich. Zum Beispiel an solchen wie Kladderadatsch und Onomatopoesie und Säuselei, also an Wörtern, die sozusagen mit einem sprechen. Wörter und ihre Bedeutung sind mir wichtig, so sehr, dass ich zum Beispiel den Fernseher während der Lokalnachrichten anschreie: »Wenn ein Polizist sagt, ›wie er den Verdächtigen gesehen hat‹, dann beschreibt er damit entweder seine eigene Beobachtungsposition, oder er hält eine kurze Vorlesung zum Thema Optik.« Das richtige Wort wäre hier ›dass‹ gewesen.

Pedantisch? Tja, ich bin ja jetzt Akademiker. Abgesehen davon, das Argument, es sei elitär, sich über derlei Fragen des Sprachgebrauchs Gedanken zu machen – eine Ansicht, die sogar von Stephen Fry unterstützt wird, einem Mann, dem das Elitäre aus jedem Knopfloch trieft – ist ein großer Haufen Kladderadatsch. Erwartet man denn von einem Musikliebhaber nicht, dass er bei einem falschen Ton zusammenzuckt? Denken Sie darüber nach. Worte verwandeln uns vom Affen zum Menschen. Wir bringen sie hervor, wir verändern sie, jagen sie, essen sie und leben von ihnen – sie sind wahre Arbeitspferde, die jede Last tragen. Sie möglichst gewandt zu gebrauchen, ist die Kunst des schriftstellerischen Gewerbes. Manchmal ist das falsche Wort das richtige Wort, und manchmal kann man Worte so drehen und wenden, dass die Stille schreit. Ihre Pflege, ihre Fütterung und, ja, ihre Aufzucht ist ein Teil der Handwerkskunst, deren Geselle ich bin.

Ich entlasse Sie mit einem Wort, das ich am liebsten vollständig aus der englischen Sprache gelöscht sähe. Verehrte Damen und Herren, dürfte ich vorschlagen, dass Sie »Spaß« aus Ihrem Leben streichen? Denn, liebe Brüder und Schwestern, »Spaß« ist ein Straßenköterwort, ein Ersatzwort, ein wahrer Popcorn-Eimer von einem Wort! Was soll es eigentlich bedeuten? Denken Sie an den verschämten Gebrauch in: »Ich hab es nur so zum Spaß gemacht« oder »Ich dachte, es würde ein bisschen Spaß machen« und, am allerschlimmsten, die weiße Spitze auf diesem Stück Hühnerdreck: »Haben wir alle Spaß gehabt?«

Warum Spaß haben, wenn man sich amüsieren und freuen kann, wenn man sich unterhalten, ablenken, entspannen kann, wenn man einen draufmachen, lustig und vergnügt sein kann, wenn man Befriedigung und vielleicht sogar Zufriedenheit erreichen kann?

Spaß tut so, als ginge es dabei um Genuss und Vergnügen, dabei geht es lediglich um die Bemühung, das Streben danach. Auf der Suche nach Spaß treibt es die Leute an Orte, die Spaß versprechen, aber die sollte man wohl eher meiden, denn soweit ich mich erinnere, bedeutet Spaß so viel wie durch eine triefnasse Küstenstadt zu schlendern, und zwar in Regenüberzügen aus Plastik, die – da können Sie jetzt sagen, was Sie wollen – immer nach Fisch riechen. Na schön, vielleicht treibe ich hier ja nur meinen Spaß mit Ihnen. Aber diese Inseln, unsere Heimat, besitzen die reichste Sprache der Welt und das hauptsächlich deshalb, weil wir von allen anderen Sprachen nützliche Worte abgekupfert haben und außerdem wie besessen selbst immer wieder neue dazuerfinden.

Also sollten wir auch unseren Spaß daran haben – wer weiß, vielleicht macht es ja Spaß!

Verehrte Damen und Herren, vielen Dank.

Samstags

»Großbritannien an einem Tag: Terry Pratchett beschreibt seinen typischen Samstag«, *Radio Times*, 12. November 2011

Aufwachen. Absolut notwendig. Es ist Samstag, für viele Leute üblicherweise ein Tag der Ruhe, aber für mich gibt es nur zwei Sorten Tage: die, an denen mein Assistent Rob Wilkins da ist, und die, an denen er nicht da ist.

Im Allgemeinen schreibe ich an jedem Tag der Woche, soweit es die Familie zulässt, und heute schreibe ich den ersten Entwurf für ein neues Buch, was immer viel Freude bereitet. Deshalb liege ich im Bett, freue mich über das Knacken des Teekessels und bin bereit für die erste Tasse Tee des neuen Tages. Dann ab ins Bad, duschen, Schnurrbart trimmen und die Morgentabletten zusammenstellen, von denen die meisten mit meinem Blutdruck zu tun haben, der jetzt einigermaßen unter Kontrolle ist.

Von den anderen drei Tabletten nimmt es eine mit dem gelegentlichen Ischiasanfall auf, die anderen beiden stehen zwischen mir und dem unerbittlichen Voranschreiten der Alzheimer-Krankheit.

Da ich ein Mann über sechzig bin, geht ein Teil meiner geistigen Kraft zu dieser Tageszeit für ein paar gehässige Gedanken in Richtung der Arzneimittelhersteller drauf, die ihre Waren in hermetisch verschlossene Plastik- und Metallfolien verpacken. Man benötigt zum Öffnen die Kräfte eines Gewichthebers, und darunter befindet sich dann ein Sicherheitsnetz, aus dem man sie noch herauspulen muss. Warum gibt es die kleinen Tablettendosen nicht mehr, die jeder ganz einfach und ohne Zuhilfenahme einer Schere öffnen konnte?

Ich bespreche mit meiner Frau Lyn, was heute so ansteht, dann mache ich mich über die *Times* her und nehme nebenbei eine Schüssel darmreinigenden Müslis zu mir, das mir, da bin ich ganz sicher, irgendwie guttut. Dann raus, um an einem so schönen Spätherbsttag die Hühner und andere Tiere zu füttern.

Vom Gemüsegarten abgesehen, der uns heilig ist, überlassen wir im Großen und Ganzen alles den Wildtieren, und das führt dazu, dass wir Igel haben und, in der Scheune, richtige Schleiereulen. Alles ist ein bisschen verlottert, aber der Tag ist so herrlich, dass man sich einfach freut, auf der Welt zu sein, und es macht einem nicht mal etwas aus, dass es dort auch noch andere Leute gibt.

Seltsamerweise sind Samstage und Sonntage für einen Schriftsteller wie mich gute Tage. Die Werktage werden so oft von Anrufen zerrissen, dass man leicht vergisst, dass man eigentlich an einem Buch arbeiten sollte. Obwohl *Steife Prise,* mein letztes Buch, inzwischen erschienen und für jeden frei zugänglich ist, muss ich in der seltsamen postnatalen Welt, in die ein Autor rutscht, wenn ihm sein neuestes Baby entrissen wurde, noch ein wenig Presserummel über mich ergehen lassen.

Das beste Heilmittel dagegen ist natürlich, mit einem neuen Buch anzufangen, aber meiner Gesundheit und meinem Augenlicht zuliebe ziehe ich mir dann doch in regelmäßigen Abständen etwas Warmes an und gehe nach draußen, um Holz zu hacken. Eine höchst befriedigende Tätigkeit, vor allem, wenn es zu Mittag ein leckeres kleines Curry gibt.

Der Spaziergang am Nachmittag lässt sich nie so genau planen, denn hier auf dem Land trifft man meistens irgendwelche Bekannten, und die ländliche Etikette verlangt es nun mal, dass man stehen bleibt und ein bisschen plaudert.

Anschließend ein zweites Mal die Hühner füttern, ein bisschen Gartenarbeit, solange es noch hell ist, vielleicht auch rauf in mein Arbeitszimmer in der Kapelle, um die E-Mails zu lesen (und sie zu ignorieren! Es ist schließlich Wochenende, Herrschaft nochmal!), und dann für den Rest des Abends wieder zurück ins Haus.

Wir haben eine große Sammlung alter DVDs, und wenn wir nicht ausgehen oder etwas anderes vorhaben, suchen wir uns eine aus, die wir schon lange nicht mehr gesehen haben. Auf jeden Fall und ohne Ausnahme muss ich um 22 Uhr die Nachrichten sehen. Ich war früher mal Journalist, davon kommt man nicht mehr los.

Der letzte Akt des Tages spielt in einer Küche voller zeternder Katzen, die gefüttert werden wollen, dann nach oben, duschen und ins Bett – ein Himmelbett, groß genug, dass wir uns beide bequem darin breitmachen können. Herrlich. Was für ein ruhiger Tag, mit Zeit zum Nachdenken und sich des Lebens zu erfreuen. Es hat sich nicht viel ereignet, und das ist manchmal richtig gut. Was bin ich froh, dass es solche Tage gibt.

Tage des Zorns

Über Alzheimer, Orang-Utans, Kampagnen, Auseinandersetzungen, würdige Abgänge und den Versuch, viele Dinge ein bisschen besser zu machen

Was unsere Schulen leisten

Bildung und was wir darunter verstehen

Ministerium für Bildung und Arbeit, Juli 1997

[Neben Terry haben etwa ein Dutzend anderer Persönlichkeiten Beiträge verfasst, darunter Trevor McDonald, Keith Waterhouse, Carol Vorderman, Arthur C. Clarke und Stephen Hawking.]

Vieles, was ich in der Schule gelernt habe, hat mir überhaupt nichts gebracht. Dabei haben sie es einfach bloß falsch angepackt. Wenn man sich vorstellt, dass man – um nur ein Beispiel zu nennen – halbwüchsigen Jungen Jane Austens Stolz und Vorurteil *zu lesen gibt! Stattdessen hätte man so viele andere interessante Sachen machen können.*

Zuerst baut man eine Bibliothek und um sie herum dann die Schule. Man sorgt dafür, dass die Kinder ordentlich lesen können, in der Lage sind, zusammenhängend zu schreiben, wenn auch vielleicht in einfachen Worten, und zumindest so viel von einfacher Mathematik verstehen, dass sie merken, wenn ein Taschenrechner sie belügt. Dann zeigt man ihnen, wie man die Bibliothek benutzt. *Auf gar keinen Fall* lässt man sie aufs Internet los, ehe sie lesen und schreiben können und alt genug sind, um Daten nicht mit Information zu verwechseln. Andernfalls sind sie im Netz bloß Affen in einer Bananenplantage.

Nicht zu vergessen Werkräume und Ateliers. Ich lernte mal eine talentierte Zeichnerin kennen, die nie die Gelegenheit hatte, herauszufinden, worin eigentlich ihre Begabungen lagen, bis sie bei einem sinnlosen Berufspraktikum, bei dem sie in der Küche eines Zeichenbüros den Tee machte, feststellte, dass sie sich fürs Zeichnen interessierte … Es gibt da draußen bestimmt viele wie sie. Zehntausende Menschen, die nie erfahren, wo ihr wahres Talent liegt. Wo sollen sie es denn herausfinden, wenn nicht in der Schule?

Die Orang-Utans sterben

***Mail on Sunday Review*, 20. Februar 2000**

Dieser Text wurde vor einigen Jahren verfasst. Hat sich seither etwas verändert? Es gab kleine Siege, die mit viel Geduld und durch umsichtige Verhandlungen erzielt wurden, und ich ziehe meinen Hut – alle meine Hüte – vor den Leuten, die sie auf den Weg gebracht haben.

Trotzdem hat sich an den entscheidenden Tatsachen nichts geändert. Die Orang-Utans brauchen Wald. Viel Wald. Die Menschen wollen ihn auch, und zwar nicht nur das, was er hervorbringt, sondern auch das, was übrig ist, wenn sie ihn gefällt haben. Man muss nicht besonders pessimistisch sein, um sich zu fragen, wie es dabei dieser Spezies wild lebender Geschöpfe ergehen mag. Ein Feld hier, eine Plantage da … bis diese Menschenaffen keinen Rückzugsort mehr haben, nur noch die Reservate. Ziemlich genau dann ist es so weit, dass sie nur noch ein Wunder retten kann.

In den letzten zehn Jahren ist vielleicht die Hälfte der Orang-Utans verschwunden. Noch mal zehn Jahre, und wenn kein Wunder geschieht, dann kann man sie nur noch in Zoos und in einigen Schutzgebieten sehen. Dabei rede ich von einem unserer nächsten Verwandten. Momentan sind noch vielleicht 15 000 von ihnen übrig. Das entspricht der Fangemeinde eines drittklassigen Fußballvereins.

Vergessen Sie die Sache mit unserer gemeinsamen DNA. So eine Aussage hat nicht allzu viel zu bedeuten; auch die DNA von Ratten stimmt zu einem erstaunlichen Prozentsatz mit der unseren überein, sogar die von Goldfischen, und zwar mehr, als Sie für möglich halten würden. Orang-Utans sind wie wir. Sie sind intelligent. Sie setzen ihre Fantasie ein. Sie denken nach und lösen komplexe Probleme. Sie verfügen über eine eigene Persönlichkeit. Sie können lügen. Der einzige Unterschied zwischen ihnen und uns besteht darin, dass ihre Vorfahren auf den Bäumen blieben, und unsere herunterkletterten, um sich in der Savanne durchzuschlagen.

Jetzt kehren wir zu den Bäumen zurück. Und zwar mit Kettensägen. Vor ein paar Jahren waren Orang-Utans für mich kaum mehr als diese traurigen Affen, die mit hängenden Köpfen am trostlosen Ende des Affenhauses auf einem alten Pappdeckel saßen. Dann dachte ich mir in einem der ersten Bücher der Scheibenwelt-Reihe einen Bibliothekar aus, der ein Orang-Utan war, und zwar deshalb, weil ich es für eine lustige Idee hielt. Was das reine Maß an Kreativität anging, kostete mich der Bibliothekar kaum fünfzehn Sekunden. Tut mir leid, aber mehr war's nicht. Ich kann nicht behaupten, dass ihm eine lebenslange Faszination zugrunde lag, er war einfach nur ein Witz. An einem anderen Tag wäre der Bibliothekar ein Erdferkel geworden.

Die Romane wurden unerklärlicherweise sehr beliebt, der Bibliothekar sprach die Fantasie der Leser an. Ein (menschlicher) Bibliothekar lobte mich sogar dafür, dass ich »den Status dieses Berufs« angehoben hätte, und verschiedene Organisationen boten mir Geld dafür, dass ich sie besuchte und dort eine

Rede hielt. Das alles war mir ein bisschen peinlich, bis ich von der »Orangutan Foundation« erfuhr.

Ich rief dort an. Ich sagte: »Ich bekomme einen Haufen Geld überwiesen, möchten Sie das haben?« Eine misstrauische Stimme antwortete: »Ja?«

Dann wurde es ernst. Ich wurde zum Kurator ernannt und nehme in dieser Funktion entweder sehr verzweifelt oder sehr wütend an Sitzungen in London teil. Manchmal möchte ich mir bei dem, was ich dort zu hören bekommen, am liebsten die Pulsadern aufschlitzen, meist jedoch lieber die von anderen Leuten.

Die Stiftung ist eine Organisation zur Unterstützung der Arbeit von Dr. Birute Galdikas im Camp Leakey im indonesischen Nationalpark Tanjung Puting. Sie studiert die wild lebenden Orang-Utans dort schon seit dreißig Jahren, muss sich aber zunehmend darum kümmern, dass noch genug von ihnen zum Studieren übrig bleiben. Als ich sie vor sechs Jahren in ihrem Stützpunkt besuchte, um einen Kurzfilm zu drehen, herrschte noch ein gewisser Optimismus, man hatte den Eindruck, als wären ein paar Brücken gebaut, ein paar Kontakte hergestellt worden. Es gab Hoffnung, dass sich mit etwas gutem Willen von allen Seiten eine Möglichkeit der Koexistenz von Affen und Menschen ergeben könnte.

Ich leide an einer Krankheit, die für gelernte Journalisten sehr typisch ist. Unter gewissen Umständen werde ich völlig objektiv und schalte in eine Art »Aufnahmemodus« um. Später setze ich mich dann hin und schreibe alles auf. Der in meinem Kopf festgehaltene Film wird entwickelt, als würden die Dinge erst real, indem ich sie niederschreibe.

Ich erinnere mich glasklar an jede Einzelheit meines Besuchs. Dabei bin ich mir verdammt sicher, dass ich Erdferkeln gegenüber nicht dasselbe empfunden hätte. Ich erinnere mich daran, dass die Augen von Orang-Utans ganz anders als die von Hunden und Katzen sind, es sind die Augen von Menschen. Ich erinnere mich daran, dass Orang-Utans einem die Seife klauen und sich dann damit am Fluss waschen und dass das Motorboot des Stützpunkts immer mitten im Fluss verankert werden musste, weil ein junges Orang-Utan-Männchen sich zu sehr dafür interessierte und intelligent genug war, um den Motor anzulassen. Ich erinnere mich auch an die sanfte Berührung einer Hand, die mir jeden einzelnen Knochen hätte zermalmen können.

Aber ich weiß auch noch genau, dass bei meiner Abreise aus Borneo lange, sehr lange Flöße aus Baumstämmen den Sekonyer River hinuntertrieben und dass es überall nach Rauch roch.

Nichts ist besser geworden, alles hat sich verschlechtert. Die Orang-Utans sterben aus, weil in Indonesien die Regenwälder vernichtet werden.

Mehr als die Hälfte des Holzes aus Borneo und Sumatra wird illegal gefällt. Nicht einmal Nationalparks sind sicher. Vor einigen Wochen haben illegale Holzfäller die Hauptverwaltung des Tanjung-Puting-Nationalparks zerstört. Wenn man genug Macht hat und die richtigen Leute schmiert, kann man tun, was man will. Habgier und Korruption geben den Ton an.

Oder wie man in Borneo sagt: »Es ist illegal – aber es ist offiziell.«

Ja, es waren einige Erfolge zu verzeichnen. Sie wurden durch umsichtige und geduldige Verhandlungen erzielt, ein Stepptanz auf Treibsand, und ich ziehe den Hut vor den Leuten, die das vollbracht haben.

Aber trotz aller Anstrengungen sind die Orang-Utans immer noch die Verlierer. Man hatte gehofft, dass die neue indonesische Regierung den Trend umkehren kann, aber so einfach ist das in

Indonesien nicht. Ungeduldige Leute wie ich fragen sich, wozu ein Nationalpark, der als Schutzgebiet ausgewiesen ist, gut sein soll, wenn er lediglich als weitere Quelle für Nutzholz dient.

Die Foundation bezahlt sogar zusätzliche Patrouillen aus Einheimischen, die die viel zu wenigen Wildhüter unterstützen sollen. Derlei Initiativen hatte man damals, als die Foundation gegründet wurde, nie vorgesehen. Auch sie sind das Ergebnis sehr heikler Verhandlungen, da man sich natürlich nie dem Verdacht aussetzen darf, sich in die inneren Angelegenheiten eines souveränen Staates einzumischen. Deshalb sind die Leute nicht bewaffnet. Allerdings ist der Park nicht so unzivilisiert wie – um nur ein Beispiel zu nennen – manche Teile von Los Angeles, deshalb setzen nicht einmal die Bösewichte Schusswaffen ein. Aber die illegalen Holzfäller verfügen über ziemlich große Macheten und eine gewisse Unbekümmertheit. Die Wildhüter haben … äh … na ja, sie haben das Recht auf ihrer Seite. Wenn sie in die Enge getrieben werden, können sie sich vielleicht mit ein paar deutlichen Worten zur Wehr setzen.

Das alles ist nicht gerade ideal, aber vielleicht hilft es, den Einheimischen klarzumachen, dass die Orang-Utans selbst eine Ressource sind. Damit meine ich das »Öko-Tourismus«-Argument. Wie viel würden Sie bezahlen, um wild lebende Orang-Utans zu beobachten, besonders dann, wenn Sie wüssten, dass Ihr Geld dazu verwendet wird, deren Waldheimat zu erhalten? Derzeit sind es ungefähr 12 Pence, so viel kostet eine Tageskarte für den Park, die Vögel und die Bäume gibt es kostenlos dazu. Ich glaube, da gibt es noch einen gewissen Spielraum.

Leider ist das bloße Fällen von Bäumen nicht die einzige Gefahr. Die Abholzung, ob legal oder illegal, hat es schon immer gegeben. Die Holzfäller kommen und gehen. Der Wald kann sich wieder erholen, wenn man ihm Zeit lässt.

Das größte und immer größer werdende Problem sind heute die Plantagen. Große Flächen ehemaliger Waldgebiete werden mithilfe ausländischer Investoren für die Agrarwirtschaft umgewandelt. Dort werden Palmen angebaut, um Palmöl zu gewinnen, und eine besondere Akazienart, mit der die neuen Zellstofffabriken gefüttert werden. Es ist ein profitables Geschäft, aber es bedeutet, dass der Urwald für immer verloren ist. Die Affen können mit diesen kargen Baumfabriken nichts anfangen.

Die Nutznießer davon sind wir, auch wenn es uns nicht bewusst ist. Aus dem Zellstoff wird Papier gewonnen, aus den Bäumen entsteht alles, von Spanplatten bis zu Hartholztüren. Wir können versuchen, bewusster einzukaufen, aber es wird immer schwieriger.

Wir leben inzwischen in einer globalen Wirtschaft – die Affen nicht. Ihr Lebensraum wird immer mehr beschnitten. Sie werden an die Ränder gedrängt, bis es irgendwann keine Ränder mehr gibt. Dazu fällt mir noch nicht einmal mehr ein Witz ein.

Was haben wir für ein Aufhebens um das mögliche Vorhandensein von Mikroben auf dem Mars gemacht! Wenn Orang-Utans Marsmenschen wären, wären wir ihnen sehr zugetan und würden sie wertschätzen. Voller Begeisterung würden wir darüber staunen, wie ähnlich sie uns sind, so sehr, dass wir sie zu Tee und Zigarren ins Weiße Haus einladen würden.

Aber es sind ja nur Affen, traurig im Zoo und lustig in den Filmen, nützlich in der Werbung und in Fantasy-Büchern, wie ich beinahe beschämt hinzufügen muss. Aber der Bibliothekar auf der Scheibenwelt hat zumindest seinen Teil zum Erhalt der Spezies beigetragen und mehr als nur ein bisschen Zaster in ihre Richtung fließen lassen. Bedauerlicherweise ist Geld nicht das Problem. Das Problem ist sehr viel Geld.

Vor einer Million Jahren haben die Orang-Utans gesehen, wie der Java-Mensch nach Indonesien kam. Vielleicht vergehen jetzt nur noch wenige Jahre, bis wir mitansehen, wie die letzten Orang-Utans unter Kuppeln oder in Käfige oder in eingezäunte Parks gescheucht werden, um ihr Leben in einer Simulation der echten Welt zu verbringen. Sie werden Geister sein, denn ein Orang-Utan braucht den Wald wie ein Fisch das Meer.

Und das alles für billiges Papier und exotische Haustüren.

Es sei denn, Sie glauben an Wunder.

Der staatliche Gesundheitsdienst ist schwer angeschlagen

News of the World, 17. August 2008, unter der Überschrift »Ich bin empört. Ich kann über den Gesundheitsdienst Viagra beziehen, aber kein Mittel, das mir gegen meine Alzheimer-Erkrankung hilft«

Zuerst sagte mir meine Hausärztin, ich hätte kein Alzheimer, aber da ich wusste, dass etwas mit mir nicht stimmte, suchte ich sie noch einmal auf. Sie schickte mich zu einem Spezialisten. Nachdem ich die Diagnose erhalten hatte, stellte sich heraus, dass es zwar ein Mittel gab, das ich dagegen nehmen konnte, aber leider war ich zu jung, um es über den NHS zu beziehen. Aus diesem Grund fing ich an, unangenehme Fragen zu stellen und offen über meine Situation zu reden.*

Unser staatlicher Gesundheitsdienst ist schwer angeschlagen.

Alzheimer ist eine besonders unerfreuliche und gefürchtete Krankheit. Ich kenne niemanden, der sich von Alzheimer erholt hätte.

* NHS: National Health Service (der staatliche, kostenfreie Gesundheitsdienst in Großbritannien. Anm. d. Ü.)

Die Krankheit raubt einem die Persönlichkeit, aber nur ganz langsam, Stück für Stück, sodass man es zunächst kaum bemerkt, bis man schließlich zu einem dahinvegetierenden Stück Gemüse geworden ist.

Ein Medikament namens Aricept kann das Voranschreiten der Krankheit verlangsamen, und die gute Nachricht ist, dass es nur 2,50 Pfund pro Tag kostet.

Die schlechte Nachricht ist, dass es 400 000 an Alzheimer erkrankte Patienten in Großbritannien gibt, weshalb Aricept für die Anfangsstadien der Krankheit überall – außer in Schottland – ausgeschlossen wurde.

In Schottland können Alzheimer-Patienten mit der schwächeren Variante der Krankheit das Medikament tatsächlich erhalten, und meiner Meinung nach sollte ein Gesundheitsdienst genau so funktionieren. Es gibt also einen Zweiklassen-Gesundheitsdienst – den in Schottland und den in England. Dazu später mehr.

Ich bin Millionär, deshalb kann ich das Medikament selbst bezahlen, aber es gibt Menschen, denen es nicht möglich ist.

Ich finde, die Krankheit ist unangenehm genug, um dem Staat die 2,50 Pfund pro Tag für das Aricept wert zu sein.

Nachdem ich es zwei, drei Monate eingenommen hatte, haben meine Frau und mein Assistent deutliche Veränderungen bei mir festgestellt. Vorher hatte ich mich in Knöpfen verheddert und brauchte Hilfe beim Anlegen eines Sicherheitsgurts. Heute kann ich mich ganz normal anziehen, und der Sicherheitsgurt flutscht gleich beim ersten Mal in die Halterung. Vom geistigen Befinden her ist es wie der Unterschied zwischen einem sonnigen und einem trüben, wolkenverhangenen Tag. Und bei allen Göttern, das ist es wirklich wert!

Ich erhielt meine Diagnose vor neun Monaten. Ich bin

immer noch ein paar Jahre von meinem Fünfundsechzigsten entfernt, was aus mir einen »Früherkrankten« macht.

Es gibt viel jüngere Früherkrankte als mich, und besonders ihretwegen rege ich mich auf. Man empfindet es schon normalerweise als gewaltige Beleidigung, Alzheimer zu haben, aber je jünger man ist, desto unverschämter kommt es einem vor. Die Krankheit trifft Menschen, die noch für Angehörige sorgen müssen, ob nun ältere oder jüngere, Menschen, die versuchen, ihren Arbeitsplatz zu behalten.

Ich kann immer noch zu Hause arbeiten und habe meinen Alltag weitgehend im Griff, bis jetzt stellt meine seltene Spielart der Krankheit noch keine echte Belastung dar. Die Romane fallen mir ein wie eh und je – nur das Tippen fällt mir schwer. Manchmal passiert es, dass ein Buchstabe – sagen wir das A – verschwindet. Als würde die Tastatur sich vor mir verschließen und der Buchstabe ist auf einmal nicht mehr da. Dann blinzele ich ein paarmal, konzentriere mich, und er taucht wieder auf.

Ich habe meinen Führerschein abgegeben – wenn mir mein Gehirn den Buchstaben A nicht mehr zeigt, zeigt es mir vielleicht auch das Kind nicht mehr, das gerade über den Fußgängerüberweg geht. In diesem Stadium zwar noch unwahrscheinlich, aber wer möchte so ein Risiko eingehen?

Ich weiß, dass ich besser dran bin als viele andere, Ältere und Jüngere, für die eine Summe von 1000 Pfund pro Jahr ein großes Problem darstellt.

Ich kann mir auch ein Spracherkennungsprogramm für den Computer leisten. Auf gar keinen Fall höre ich zu arbeiten auf, ich schreibe, bis ich sterbe. Schreiben ist meine Leidenschaft.

Ich kann mich von anderen Leuten durch die Gegend fahren lassen. So gesehen habe ich noch großes Glück. Als ich im letzten November erfuhr, dass ich PCA habe, eine seltene Form von

Alzheimer, die die hintere Hirnregion befällt, war ich noch ganz anderer Meinung. Ein Spezialist vor Ort war mit PCA nicht vertraut und konnte mich deshalb nicht behandeln, und ich war nicht alt genug, um den einzigen anderen Mediziner vor Ort aufzusuchen, denn der kümmert sich nur um Patienten über fünfundsechzig.

Diese Ärzte trifft keine Schuld, aber als ich das hörte, kam ich mir absolut schutzlos und alleingelassen vor.

Herrgott nochmal, dachte ich, es ist wahrscheinlich einfacher, sich beim Dicken Charlie hinter dem Busbahnhof Dope zu besorgen, als irgendwie an Aricept ranzukommen. (Den Dicken Charlie hab ich mir, soweit ich weiß, ausgedacht.)

So weit musste ich nicht gehen. Mehrere Monate lang erhielt ich das Aricept von einem aufs andere Mal von einem Privatarzt, bis ich an einen großartigen Spezialisten in Bath geriet.

Außerdem verkündete ich in aller Öffentlichkeit, dass ich Alzheimer habe. Womit ich nicht gerechnet hatte, war der Riesenaufruhr, den ich damit auslöste, und auch nicht damit, dass mein Postfach überquellen würde. Schon verrückt – da schreibt man seit fünfundzwanzig Jahren Bestseller aus einer gewissen und nicht unangenehmen Anonymität heraus, aber kaum fängt man sich so eine lumpige Krankheit ein, schon wird man zu jeder Talkshow eingeladen.

Und ich wurde, wie es so schön heißt, »politisiert«.

Die Entscheidungen, wer über den NHS an welche Medikamente herankommt, werden vom National Health Institute for Health and Clinical Excellence (NICE) – dem Nationalen Institut für Gesundheitsleistungen – getroffen. Es bewertet, welche Behandlungen vom NHS als unterstützungswürdig eingestuft werden.

Ich würde sehr gerne wissen, auf welcher Basis diese Entscheidungen getroffen werden, denn einige davon scheinen völlig sinnfrei zu sein. Ich finde es interessant, dass ich kostenlos Viagra beziehen könnte, bin mir allerdings nicht ganz sicher, ob es zu den Aufgaben des Staates gehört, mich mit Viagra zu versorgen.

Mit etwas Glück kann man sogar Krebs überleben, aber für mich gibt es keine Heilung. Alzheimer ist, jedenfalls momentan noch, ein unaufhaltsamer Prozess des Sterbens in kleinen Schritten.

Daran trägt das NICE nicht allein die Schuld, obwohl diese Behörde heutzutage nicht mehr allzu viele Freunde hat. Aber wir sollten uns den NHS, der inzwischen eigentlich zu einer Art Ad-hoc-Gesundheitsservice geworden ist, sehr genau ansehen, denn so eine Politik führt, um bei unserem Beispiel zu bleiben, zu himmelschreienden Unterschieden zwischen England und Schottland bei der Bereitstellung von Medikamenten und zu einem widerwärtigen Streit über Zuzahlungen.

Eigentlich sind Zuzahlungen untersagt, aber sie fallen an, wenn ein Patient privat für ein Medikament zahlt, das nicht vom NHS finanziert wird, abgesehen davon aber weiterhin die Grundversorgung des NHS erhält. Ich möchte, dass der NHS diesen ganzen Skandal sehr genau prüft, denn das Verbot solcher Zuzahlungen trifft Leute wie meine Eltern, die stets bescheiden und sparsam gelebt, Geld auf die Seite gelegt und überhaupt alles so gemacht haben, wie es früher landauf, landab üblich gewesen ist.

Ich sehe nichts Verwerfliches darin, wenn man sich zusätzliche medizinische Versorgung einkauft. Es ist nichts anderes, als wenn sich Leute Autos oder Häuser kaufen. Die Menschen entscheiden selbst, was sie mit ihrem Geld anfangen. Aber es ist nicht fair, diejenigen zu bestrafen, die sich ein vom NHS nicht bezahltes Medikament leisten können, das ihnen bei ihrer Behandlung hilft, aber nicht in der Lage sind, für ihre gesamte medizinische Versorgung aufzukommen.

Es war nie vorgesehen, dass der NHS zu dem wird, was er jetzt geworden ist. Er sollte uns ermöglichen, Glasaugen, Holzbeine und falsche Zähne zu bekommen, uns gegen alles Mögliche impfen und sich ansonsten um Verletzungen und Wunden kümmern.

Heutzutage haben wir Heilmittel, an die noch zur Zeit meiner Geburt nicht zu denken war. Schon für die nächste Generation wird es, davon bin ich überzeugt, Behandlungsmethoden für Alzheimer geben, die das großartige Aricept weit in den Schatten stellen.

Sie werden nicht billig sein. Wie wird der NHS damit umgehen? Unser NHS, der Leute bestrafen will, weil sie bereit sind, für Medikamente zu zahlen, die der NHS ihnen nicht geben will? Das ist noch schlimmer als in der guten alten Sowjetunion, denn die Reichen, die ohnehin über alldem stehen, kratzt das nicht mal. Aber es trifft die Menschen, die gespart haben.

Wir haben schon jetzt ein zweistufiges NHS-System. Schon jetzt kann man zu einem Arzt gehen und dann entscheiden, ob man dieses oder jenes privat bezahlen will. Ihr NHS-Zahnarzt, falls Sie einen gefunden haben, stellt Ihnen allerlei Extras in Rechnung.

In den frühen Tagen des NHS war es nicht ungewöhnlich, dass diejenigen, die über ein bisschen Geld verfügten, zu ihrer Behandlung einen Eigenbetrag beisteuerten, und alle waren damit glücklich. Was hat sich verändert?

Ich weiß natürlich, dass damit allerlei andere Probleme zusammenhängen. Der NHS kann sich heute weigern, Sie zu behandeln, wenn Sie gleichzeitig für eine andere, von Ihnen selbst initiierte Behandlung bezahlen. Aber wir sind Menschen, keine Affen. Wir sollten in der Lage sein, so etwas vernünftig zu regeln.

Immer mehr Leute versichern sich privat, sobald sich die Gelegenheit dazu bietet. Der NHS ist großartig, wenn es um die gesundheitliche Grundversorgung und um Notfälle geht, kann auf die Dauer aber ziemlich hoffnungslos sein.

Ach ja: auf die Dauer, *in the long haul.* So sagt man gerne in Australien, diesem geradezu wahnhaft gleichmacherischen Land, dessen Mischung aus öffentlichem und privatem Gesundheitssystem so gut zu funktionieren scheint.

Ich glaube wirklich, dass wir überlegen sollten, was wir vom NHS wollen – was wir zusätzlich zu zahlen bereit sind und was wir bereit sind, uns selbst zu kaufen.

Die geburtenstarken Jahrgänge nach dem Zweiten Weltkrieg, zu denen auch ich gehöre, werden immer älter. Das Alter wird ihnen unter den Bedingungen des derzeitigen NHS nicht gefallen.

Auf uns alle rollt ein Tsunami an Patienten zu, auf die der NHS nicht vorbereitet ist. Es wird ein ziemlich übles Hauen und Stechen geben. Und es hat bereits angefangen.

Ich mache mich nach und nach davon … und mir bleibt nichts anderes übrig, als dabei zuzusehen

Daily Mail, 7. Oktober 2008

An dem Tag, an dem bei mir PCA diagnostiziert wurde, fragte mich Rob, wem wir es mitteilen sollten, und ich erklärte, ich wolle es allen sagen. Ich war wütend. Und es hat funktioniert, es hat wirklich funktioniert. Mir haben so viele Menschen geschrieben, dass wir der Flut kaum Herr wurden.

Ich würde gerne berichten, dass ich damit etwas verändert habe. Inzwischen könnte ich auf eine entsprechende Frage vermutlich bei aller Bescheidenheit mit einem halben Ja antworten. Denn zu der Zeit, als ich diagnostiziert wurde, konnte man, wenn man an Alzheimer erkrankt war, nichts tun – man konnte niemanden um Hilfe bitten, es gab keinen goldenen Weg. Ich glaube, dass nach mir zumindest ein paar Sachen ein bisschen besser geworden sind.

Siebenhunderttausend Menschen, die in diesem Land an Demenz erkrankt sind, finden kein Gehör. Ich bin vom Glück begünstigt; ich kann mir Gehör verschaffen. Bedauerlicherweise hören einem die Leute oft erst dann sehr gut zu, wenn man, so wie ich, in aller Öffentlichkeit verkündet, dass man für die Erforschung der Krankheit eine Million Pfund spendet.

Warum habe ich das getan? Ich empfand die Tatsache, dass ich an einer Variante von Alzheimer erkrankt war, als persönliche Kränkung, und beschloss, mit allen mir zur Verfügung stehenden Mitteln sämtliche Kräfte im Kampf gegen diese elende Krankheit in Bewegung zu setzen.

Ich leide an posteriorer kortikaler Atrophie oder PCA. Angeblich ist das, wenn man schon Alzheimer kriegt, die beste Sorte, die man sich einhandeln kann. Das ist zwar ein schwacher Trost, aber wenigstens bleibt man mit PCA, während einem die Krankheit nach und nach die Erinnerung raubt, die Sehschärfe und andere Dinge, von denen man gar nicht wusste, dass man sie besaß, bevor sie auf einmal nicht mehr da sind, mehr oder weniger so sprachgewandt und verständlich wie vorher.

Erst vor Kurzem habe ich mich mit einem Leidensgenossen unterhalten (oder, wie ich es lieber ausdrücke: »einer Person, die komplett sauer auf die Tatsache ist, dass sie an Demenz erkrankt ist«), der wie ein Hochschuldozent redete und in jeder Hinsicht fähig war, an einem lebhaften Gespräch teilzunehmen.

Trotzdem konnte er die Teetasse, die direkt vor ihm stand, nicht sehen. Seine Augen wussten, dass die Tasse da war, aber sein Verstand gab die Information einfach nicht weiter. Diese Krankheit lässt dich Stück für Stück entwischen, und sie lässt dich dabei zusehen.

Rückblickend glaube ich, dass an der Vermutung einiges dran sein könnte, dass die Demenz (von der Alzheimer die am meisten verbreitete Form ist) schon eine ganze Zeit lang im Körper lauert, ehe sie diagnostiziert werden kann.

Für mich spitzten sich die Dinge im Spätsommer 2007 zu.

Ich konnte immer schlechter tippen, meine Rechtschreibung war unberechenbar geworden. Ich gewöhnte mich an Tage, an denen mir meine beruflichen Anforderungen über den Kopf wuchsen – ich nannte sie nach Londons meistfrequentierter U-Bahn-Station meine »Clapham-Junction-Tage«.

Zunächst wurde ich nicht mit Alzheimer, sondern mit einer ischämischen Veränderung diagnostiziert, einem einfachen Verlust von Gehirnzellen, der dem normalen Alterungsprozess geschuldet ist. Das beruhigte mich, bis ich den nächsten Clapham-Junction-Tag erlebte. Ich suchte erneut meine Hausärztin auf und sagte ihr, dass da noch mehr nicht in Ordnung sei.

Zum Glück kannte sie mich gut genug, um mir diesen ehrlich gesagt lächerlichen MMSE-Test (einen 30 Punkte umfassenden Fragebogen, mit dem die Gehirnfunktionen untersucht werden sollen) gar nicht erst vorzulegen. Sie schickte mich gleich ins Addenbrooke's Hospital nach Cambridge. Dort wurde bei mir, nach der Begutachtung meiner MRT-Ergebnisse und nach einem Nachmittag voller komplizierter Tests, PCA diagnostiziert, eine ungewöhnliche Demenzvariante, die dem Adlerauge des ersten Diagnostikers entgangen war.

Wenn Miltons Satan in *Das verlorene Paradies* im Abgrund der Hölle steht und voller Zorn gegen den Himmel wettert, dann war er im Vergleich zu mir an jenem Tag nur ein bisschen angefressen. Ich kam mir völlig verlassen vor, fühlte mich, als würde sich die Welt ringsum in alle Richtungen von mir entfernen. Mit meiner Wut hätte man Stahl schweißen können.

Nur meine Familie und die Tatsache, dass ich Fans unter der Ärzteschaft hatte, die mir nützliche Ratschläge gaben, halfen mir über diese erste Zeit hinweg. Die Leute, denen es nicht so einfach gemacht wird, tun mir sehr leid, und ich bin in ihrem Namen so wütend.

Es ist erstaunlich, wie lange es dauert, bis manche Leute eine Diagnose bekommen (das weiß ich, weil sie mir schreiben). Manchmal frage ich mich, ob es vielleicht daran liegt, dass die Ärzte davor zurückscheuen, einem Patienten das Stigma der Demenz aufzudrücken, weil es dafür keine Heilung gibt.

Mit meiner Hausärztin hatte ich extremes Glück. Ich glaube, sie hat nicht schlecht gestaunt, dass von den beiden Spezialisten in meiner Gegend einer überhaupt keine Erfahrung mit PCA hatte und sich deshalb nicht in der Lage sah, mir zu helfen, und der andere nur Patienten über fünfundsechzig annahm – mit neunundfünfzig war ich eindeutig zu jung für Alzheimer.

Ich weiß noch, dass ich an diesem Tag des Zorns dachte, dass sich, hätte man bei mir irgendeinen Krebs diagnostiziert, wenigstens ein schon von vielen beschrittener Pfad vor mir aufgetan hätte.

Es hätte Spezialisten und Untersuchungen gegeben, kurz gesagt, eine eingespielte Maschinerie wäre angelaufen.

Für eine Erklärung, die mehr oder weniger besagte: »Verschwinde und komm in sechs Jahren wieder«, war ich nun wirklich nicht in der richtigen Stimmung.

Meine Frau sagte: »Gott sei Dank ist es kein Hirntumor«, aber ich dachte immer nur: »Ich kenne drei Leute, die einen Hirntumor überstanden haben, aber ich habe noch von keinem gehört, der sich von Alzheimer erholt hat.«

Meine Probleme mit dem Tippen und der Rechtschreibung überzeugten mich davon, dass die Diagnose stimmte. Da ging es nämlich drunter und drüber. Andere Probleme schob ich auf meinen nahenden sechzigsten Geburtstag.

Ich dachte, niemandem wäre meine Fummelei mit dem Sicherheitsgurt aufgefallen oder die mehrfachen Anläufe, die ich brauchte, um mich richtig anzuziehen, aber meine Frau und mein Assistent machten sich Sorgen. Inzwischen gibt es zwar immer noch ab und zu einen Clapham-Junction-Tag, aber jetzt wissen wir, wo es herkommt und wie wir damit umgehen.

In den vergangenen fünfundzwanzig Jahren habe ich siebenundvierzig Romane geschrieben, und jetzt muss ich bei ganz einfachen Wörtern überprüfen, wie sie geschrieben werden – sie entziehen sich mir wahllos.

Ich würde mich nicht trauen, diesen Text ohne die früher so verachtete Rechtschreibprüfung zu verfassen, und Sie hätten Ihre liebe Not, ihn zu lesen, glauben Sie mir. Wenn mich andererseits – und das ist sehr typisch für PCA – die freundliche Dame, die mich regelmäßig untersucht, darum bittet, alle Tiere aufzuzählen, die ich kenne, fange ich an mit dem Klippschliefer, dem nächsten lebenden Verwandten des Elefanten, und dem Beuteltiger, dem vermutlich ausgerotteten Tasmanischen Tiger.

Das ist das Geschenk oder der Fluch unserer verflixten kleinen Variante. Wir haben Probleme, uns im Alltag zurechtzufinden, können uns aber überall ziemlich gut herausreden, sodass unser Zustand kaum jemandem auffällt. Wir ziehen uns das Hemd falsch herum an, sind jedoch in der Lage, Sie wortreich davon zu überzeugen, dass man Hemden jetzt so trägt.

Ich hatte das Gefühl, dass mir nur noch meine Stimme geblieben war und dass ich sie zu Gehör bringen sollte. Zuvor war ich nie auf den Gedanken gekommen, sie einzusetzen. Ich ging ins Netz und erzählte so gut wie jedem davon. Wie gerne würde ich behaupten, es sei eine mutige Tat gewesen, aber so war es nicht, und ich finde diese Vorstellung auch beinahe obszön.

Wie mutig ist es zuzugeben, dass man eine bestimmte Krankheit hat, die nicht auf eine ausschweifende Jugend, ein zügelloses Leben oder auch nur auf schlimme Essgewohnheiten schließen lässt? Jeder kann dement werden, und tatsächlich passiert genau das jeden Tag vielen Leuten – und es werden immer mehr.

Manchmal hatte ich das Gefühl, ich hätte gleich zwei Krankheiten – die eine war Alzheimer, und die andere war das Wissen darum, Alzheimer zu haben.

Es gab Zeiten, da glaubte ich, ich wäre viel besser dran, wenn ich es nicht wüsste, sondern einfach nur akzeptierte, dass ich Gehirnzellen verliere, die eines Tages wieder nachwachsen oder was auch immer.

Aber es ist natürlich besser, Bescheid zu wissen, und es ist besser, dass meine Krankheit bekannt ist, denn jetzt reden die Leute darüber, und ich glaube, genau das wollte ich bezwecken. Die eine Million Pfund habe ich der britischen Alzheimerforschung nur deshalb gespendet, damit sie eine Zeit lang lauter über die Alzheimer-Krankheit reden kann.

Das Leben wird schon recht seltsam, wenn man sich »geoutet« hat. Die Leute sind verlegen, reden leiser, finden keine Worte mehr. Ein Teil der Studie, der ich mit diesem Artikel zu größerer Öffentlichkeit verhelfen möchte, hat ergeben, dass fünfzig Prozent aller Briten glauben, Demenz sei mit einem Stigma belegt. Nur fünfundzwanzig Prozent glauben, dass es immer noch ein Stigma im Zusammenhang mit Krebs gibt.

Die Geschichten in dieser Studie – von Menschen, denen man sagte, sie seien zu jung oder zu intelligent, um an Demenz erkrankt zu sein, von Nachbarn, die die Straßenseite wechseln, und Freunden, die nichts mehr von sich hören lassen – lesen sich wie aus einem Gruselroman.

Es hat ganz den Anschein, als wäre man mit Krebs jemand, der mutig gegen die Krankheit ankämpft, aber wenn man Alzheimer hat, ist man einfach nur ein alter Trottel. So nehmen einen die Leute wahr. Man kommt sich ganz schön alleingelassen vor.

Mir scheint es mittlerweile so, als gäbe es kaum eine Familie in diesem Land, die nicht auf die eine oder andere Weise von der Krankheit berührt ist. Aber die Menschen reden nicht darüber, weil es so beängstigend ist. Ich wette, dass die Leute glauben, sie würden, wenn sie den Namen der Krankheit auch nur aussprechen, damit den Dämon heraufbeschwören. Genauso war es früher bei Krebs.

Andererseits können Journalisten mit mir kaum über etwas anderes reden, meine Krankheit beherrscht jedes Interview (ich bin wirklich sehr froh, dass andere Menschen mit dieser Krankheit von diesem Aspekt verschont bleiben). Ja, ich habe vor zehn Monaten gesagt, dass ich PCA habe, ja, ich habe es immer noch, ja, es wäre mir lieber, ich hätte es nicht, und nein, es gibt keine Heilung.

Eigentlich kann ich nicht sehr viel dagegen ins Feld führen, aber es ist schon seltsam, dass eine Krankheit, die so viel Aufmerksamkeit, Scheu, Angst und Aberglaube auf sich vereint, bezüglich ihrer Behandlung und Erforschung so unterfinanziert ist.

Wir wissen nichts über ihre Ursachen, und soweit ich weiß, kann man ihr mit letzter Sicherheit nur dadurch entgehen, dass man jung stirbt.

Regelmäßiger Sport und vernünftige Ernährung sind keine schlechte Idee, aber eine Garantie bekommt man dafür im Gegenzug nicht. Es gibt kein Rezept dagegen.

Forscher reden über eine ganze Palette möglicher Behandlungen oder Verfahren, die demenzkranken Menschen helfen könnten, ein aktives und zufriedenstellendes Leben zu führen, indem die Krankheit permanent auf vertretbare Weise in Schach gehalten wird, ungefähr so, wie es heutzutage bei Behandlungen gegen HIV der Fall ist.

Das Ziel wäre also nicht so sehr ein Heilmittel, sondern ein – so hoffen wir zumindest – dauerhafter Aufschub. Und natürlich hoffen wir, dass es schon bald ein bezahlbares Medikament dagegen gibt.

Bis dahin bauen wir auf Aricept, das keineswegs ein Heilmittel ist, sondern eher eine Mauer aus Sandsäcken gegen die steigende Flut des Vergessens. Trotzdem ist dieses Mittel nur für diejenigen kostenfrei erhältlich, die sich in einem mittelschweren Stadium der Krankheit befinden. Alle anderen, so wie ich, müssen 1000 Pfund im Jahr dafür bezahlen.

Die Berechtigung wird durch den MMSE-Fragebogen ermittelt, und es wäre ein Leichtes für einen Patienten im sanften Anfangsstadium, seine Ergebnisse so zu beeinflussen, dass er in die Kostenloszone gerät. Daher ziehe ich den Hut vor allen, die zu stolz oder zu verantwortungsbewusst sind, um so zu handeln. Ich zahle.

NICE behauptet, die Wirkungen, die das Medikament in meinem Stadium haben kann, seien minimal, aber bei mir zu Hause denken wir ganz anders darüber, denn dort machen die minimalen Wirkungen den Unterschied zwischen einem trostlosen und einem schönen Tag.

Letztendlich geht es bei dieser Krankheit doch um die kleinen Veränderungen, und es könnte sein, dass Individuen tatsächlich individuell sind.

Mehr an Hoffnung gibt es momentan kaum.

In seinem letzten Lebensjahr sprach ich mit meinem Vater viel über den Tod. Ich kann mich noch sehr genau an seine Erleichterung darüber erinnern, dass ihm der Krebs, der ihn dahinraffte, wenigstens »alle Tassen im Schrank« beließ. Die Demenz in ihren unterschiedlichen Formen ist nicht wie Krebs.

Mein Vater betrachtete den Krebs in seiner Bauchspeicheldrüse als fiesen Eindringling. Alzheimer hingegen bin ich selbst, der sich langsam abwickelt, der sich selbst nicht mehr über den Weg traut, eine Zielscheibe meines eigenen Spottes. An schlechten Tagen kann ich mit mir selbst Fang-den-Hausschuh spielen, und ich verliere dabei jedes Mal.

Man kann nicht dagegen ankämpfen, man kann kein tapferer »Überlebender« sein. Man wird sich selbst Stück für Stück weggenommen.

Dabei bin ich erst sechzig – und angeblich ist sechzig das neue vierzig. Die geburtenstarken Nachkriegsjahrgänge werden immer älter, und sie bleiben immer länger alt.

Damit geraten sie direkt in die Schusslinie der Demenz. Wie geht man damit als Gesellschaft um?

Besonders als eine Gesellschaft, die sich nicht mehr so einfach auf die stabilen Familienstrukturen verlassen kann, die traditionell das Rückgrat der Betreuung gebildet haben.

Jetzt sind Wille und Entschlossenheit gefragt. Der erste Schritt besteht darin, offen über Demenz zu reden, denn es ist nun mal so, wie es uns Märchen und Sagen verlässlich überliefern: Wenn wir den Dämon besiegen wollen, müssen wir ihn zuallererst beim Namen nennen.

Sobald wir den Dämon erkannt haben, ohne Geheimnistuerei und falsche Scham, können wir seinen Schwachpunkt ausfindig machen.

Leider ist eines der schärfsten Schwerter, mit denen sich solche Dämonen töten lassen, aus Gold gemacht – sehr viel Gold.

Heutzutage nennen wir es Finanzierung. Ich glaube, dass der

Feldzug gegen Alzheimer schon bald eingeläutet wird, und sehr vieles, was ich von Experten, teilweise über offizielle Kanäle, erfahren habe, bestärkt mich in meiner Überzeugung.

Alzheimer ist eine organische Krankheit, kein geheimnisvoller Fluch; deshalb wird sie auch von entsprechenden Medikamenten besiegt werden. Noch ist Zeit, den Dämon zu töten, bevor er immer größer wird.

Steuerwelt

Was soll man als Autor tun, wenn man jedes zweite Wort für den Finanzminister schreibt?

Brief an *The Times*, 23. Mai 2009

Ich gehöre eindeutig zu den Steuerzahlern der oberen Kategorie, obwohl ich zu meiner Selbstverteidigung zugeben muss, dass ich dazu nur geworden bin, weil ich über sehr lange Zeit hinweg einen Haufen ziemlich harmloser Bücher geschrieben habe, und nicht, weil ich, nur so als Beispiel, unserem Finanzwesen mit ungezügelter Raffgier das Herz aus der Brust gerissen hätte.

Deshalb bin ich einigermaßen angefressen, nachdem ich herausgefunden habe, dass ich inzwischen etwas mehr als jedes zweite Wort, das ich schreibe, für den Finanzminister schreibe, der das Geld zweifellos für nichtfunktionierende Computer und die Entenhäuser anderer Leute ausgibt.

Andererseits hat es mir enormen Auftrieb gegeben, von Journalisten und anderen Fachleuten zu erfahren, dass »die Reichen ihre fünfzig Prozent Einkommenssteuer überhaupt nicht bezahlen, weil ihre gerissenen Steuerberater Mittel und Wege finden, sich davor zu drücken«. Als ich das meinem Steuerberater mitteilte, einem langjährigen Partner in einem angesehenen Londoner Steuerbüro, lachte er und sagte: »Wenn Sie nicht eine beträchtliche Zeit im Ausland leben, mit einigen äußerst unangenehmen Menschen Geschäfte machen oder in riskante Steuersparmodelle investieren wollen, dann lässt sich für jemanden wie Sie wirklich überhaupt nichts machen.«

Ich gehe davon aus, dass er weiß, was er tut, ebenso wie die Steuerbehörden – warum also, frage ich mich, wird diese nichtssagende Behauptung mit so stupender Regelmäßigkeit immer wieder vorgebracht?

Sir Terry Pratchett
Salisbury, Wiltshire

PS: Ich hege keinerlei Absichten, zu einer Firma mit zwielichtigen Beratern zu wechseln.

Zeigt mir den Weg in den Himmel, wenn das letzte Kapitel ansteht

***Mail on Sunday*, 2. August 2009**

Ich bin ganz entschieden für Sterbehilfe. Natürlich gibt es Menschen, die dagegen sind, aber sie führen die falschen Gründe dafür ins Feld, wie zum Beispiel »Gott will es nicht« und dergleichen. Ich persönlich glaube nicht, dass Gott sich allzu viele Gedanken darüber macht, aber ich könnte mir vorstellen, dass sich mein *Gott etwas intensiver mit der Frage beschäftigen würde, ob unnötiges Leid wirklich sein muss. Wer weiß?*

Wir sind wirklich dumm. In den vergangenen hundert Jahren sind wir in der Kunst, länger zu leben und am Leben zu bleiben, so erfolgreich geworden, dass wir vergessen haben, wie man stirbt. Nur allzu oft lernen wir es zu spät – und dann am eigenen Leib. Sobald die geburtenstarken Jahrgänge das Rentenalter erreicht haben, dürfte ihnen eine noch derbere Lektion erteilt werden. So habe ich zumindest noch bis letzte Woche gedacht.

Aber jetzt habe ich neue Hoffnung geschöpft. Die Hoffnung, dass ich, bevor meine Krankheit meinen Verstand restlos auslöscht, springen kann, ehe ich gestoßen werde, und auf diese Weise auch meine böse Nemesis mit ins Verderben reiße – wie

Sherlock Holmes und Moriarty, die im Zweikampf ineinander verkrallt den Wasserfall hinabstürzen.

Jedenfalls verleiht einem diese Vorstellung ein herrliches Gefühl der Macht. Der Feind mag zwar gewinnen, aber er wird nicht triumphieren.

Vergangene Woche ergab eine Umfrage, dass drei Viertel der Menschen in Großbritannien Sterbehilfe bei unheilbar Kranken befürworten.

Am Donnerstag sprachen die Lordrichter des Oberhauses ein bahnbrechendes Urteil in einem Fall, der von der an multipler Sklerose leidenden Debbie Purdy vorgelegt worden war. Sie befürchtete, ihr Mann würde strafrechtlich verfolgt, wenn er sie zum Sterben ins Ausland begleitete, und wollte, dass das Gesetz zur Sterbehilfe geklärt wird.

Die Lordrichter haben die Oberstaatsanwaltschaft jetzt angewiesen, eine entsprechende Richtlinie zu entwerfen. Es soll dargelegt werden, welche Fälle strafrechtlich verfolgt werden und welche Fälle nicht.

Es sieht so aus, als hätten in dieser Sache die geburtenstarken Jahrgänge gesprochen, von denen zumindest einige hoffen, dass sie sterben können, bevor sie alt – oder zu alt – werden. Manche haben miterlebt, wie es ihren Eltern oder Großeltern ergangen ist, und möchten nicht das gleiche Schicksal erleiden. Ich muss jeden Tag an den Tod meines Vaters denken. Das Pflegepersonal war sehr freundlich, trotzdem war an der gesamten Situation etwas ganz grundsätzlich falsch.

Das Umfrageergebnis lag ungefähr zur selben Zeit vor, als der Berufsverband für Pflegeberufe verkündete, seinen Widerstand gegen die Sterbehilfe aufgeben zu wollen. Andere Zeichen deuten darauf hin, dass die Ärzteschaft als Ganzes zumindest gewillt ist, sich mit diesem Thema zu beschäftigen.

Ich mag den Ausdruck »Beihilfe zum Selbstmord« nicht. Bei zwei Selbstmorden habe ich das Nachspiel persönlich miterlebt, und als Journalist war ich bei vielen gerichtsmedizinischen Untersuchungen dabei und staunte erschüttert über die mannigfaltigen Methoden, mit denen verzweifelte Menschen ihrem Leben ein Ende bereiten.

Selbstmord ist Angst, Scham, Verzweiflung und Leid. Er ist der pure Wahnsinn.

Im Gegensatz dazu werden, so kommt es mir vor, die mutigen Seelen, die seit einiger Zeit den Tod im Ausland suchen, von einer grimmigen und wütenden Vernunft geleitet. Sie haben ihre Zukunft gesehen und verzichten bewusst darauf, daran teilzuhaben.

Den größten Skandal sehe ich jedoch nicht darin, dass man unschuldigen Menschen für einen klaren Akt der Barmherzigkeit mit einem Mordprozess droht, sondern in der Tatsache, dass man zum Sterben in ein anderes Land reisen muss. Es sollte doch möglich sein, auch hier bei uns mit ein wenig gütiger Unterstützung sterben zu können.

Man muss nicht lange in der Sozialgeschichte herumlesen oder sich in Ärztekreisen bewegen, um zu dem Schluss zu kommen, dass es dieser Berufsstand schon lange als einen Teil seiner Aufgabe ansieht, den Sterbenden dabei zu helfen, besser zu sterben.

Die Menschen im 19. Jahrhundert erwarteten, zu Hause sterben zu können, und das fraglos mit der Unterstützung eines Arztes.

In jenen Tagen gab es so etwas wie Drogenbekämpfung noch nicht. Laudanum und Opiate waren weitverbreitet, jeder wusste, wie man an sie herankam. Sherlock Holmes war nur einer von vielen.

Als junger Journalist hörte ich einmal staunend zu, wie mir eine neunzigjährige ehemalige Krankenschwester erzählte, dass sie einem sterbenden Krebspatienten unter Zuhilfenahme eines Kissens ins Himmelreich hinübergeholfen hatte. In Ermangelung geeigneterer Mittel zu jener Zeit und an jenem Ort, und da seine Frau angesichts der Schmerzen, die er erleiden musste, immer hysterischer wurde, kam der Tod als Freund; es war das Leben, das Amok laufende Leben, das ihn umbrachte.

»Wir nannten es damals ›den Weg zum Himmel weisen‹«, erklärte sie mir.

Jahrzehnte später erwähnte ich es gegenüber einer anderen, jüngeren Krankenschwester, die mich groß ansah und sagte: »Wir haben dazu immer ›ihnen den Weg zeigen‹ gesagt.«

Dann ging sie rasch davon, wohl weil ihr klar wurde, dass sie sich damit auf sehr dünnes Eis begeben hatte.

Mir wurde gesagt, Ärzte möchten vermeiden, dass ihre Patienten sich Sorgen machen, dass ihr Hausarzt, zumindest theoretisch, über die Kompetenz verfügt, sie zu töten. Im Ernst?

Ich vermute mal, dass sogar mein Zahnarzt die entsprechenden Hilfsmittel zur Hand hätte, um mich umzubringen. Aber das ängstigt mich nicht im Geringsten. Ich stelle mir vor, dass ich, wie viele andere Menschen auch, sehr glücklich darüber wäre, wenn mir eines Tages ein Arzt über die Schwelle helfen würde.

Ich habe zu diesem Zweck eine Patientenverfügung aufgesetzt, und auch dieser Artikel in der *Mail on Sunday* dürfte ein Beweis meiner Entschlossenheit in der Sache sein. Ich kann keine Gesetze machen, aber Sie ahnen nicht, wie sehr ich hoffe, dass diejenigen, die das können, mir zuhören.

Im Lauf der vergangenen paar Jahre bin ich einigen liebenswerten Menschen begegnet, die behaupteten, sie würden andere nur allzu gerne pflegen, und ich habe keinen Grund, das anzuzweifeln. Aber können wiederum *sie* akzeptieren, dass es Menschen gibt, die sich nur allzu gerne dagegen verwahren würden, unter allen Umständen gepflegt zu werden?

Viele Leute, mit denen ich gesprochen habe, scheinen darauf zu vertrauen, dass sowohl die Ärzte als auch die Schwestern, zumindest im Krankenhaus, immer noch »das eine oder andere in der Hinterhand« haben, wenn der Patient sich in höchster Not befindet.

Ich hoffe wirklich, dass dem so ist, aber ich wünschte, wir könnten die Wolken wegpusten, die diese ganze Angelegenheit verschleiern, und die Vorstellung akzeptieren, dass das Leben eines unheilbar Kranken auf seinen ausdrücklichen Wunsch hin zu der Zeit und, wenn möglich, am Ort seiner Wahl beendet werden darf.

Ich schreibe diese Zeilen als jemand, der bedauerlicherweise dafür berühmt wurde, dass er an Alzheimer erkrankt ist. Obwohl heute jeder so ziemlich alles zu tun scheint, um berühmt zu werden, könnte ich auf diesen Ruhm durchaus verzichten.

Ich weiß genug über diese Krankheit, um mir im Klaren zu sein, dass es innerhalb meiner Lebenszeit kein Heilmittel mehr geben wird und dass die späten Phasen der Erkrankung sehr unangenehm sein können. Alzheimer ist tatsächlich die Krankheit, vor der die über Fünfundsechzigjährigen am meisten Angst haben.

Natürlich richte ich meine Aufmerksamkeit auf die Zukunft. Es gab einmal etwas, das als »Gnadentod« bezeichnet wurde. Ich kann nicht glauben, dass so etwas jemals geltendes Recht war, aber dieser Begriff war und ist im öffentlichen Bewusstsein immer noch präsent, und das öffentliche Bewusstsein liegt im Allgemeinen ziemlich richtig.

Wir würden niemanden im Stich lassen, der von einem Ungeheuer angegriffen wird. Wenn wir das gefräßige Monster nicht verjagen könnten, kämen wir wohl zu dem Schluss, dass ein weniger schmerzvoller Tod der Aussicht, von dem Ungeheuer lebendig gefressen zu werden, allemal vorzuziehen wäre.

Ganz gewiss aber würden wir das Biest nicht gemeinsam mit dem armen Betroffenen ins Bett stecken, um den Kampf von dort aus weiterzuführen. Dieses Bild passt leider ziemlich gut auf das, was wir heute praktizieren, besonders bei der »Oldtimer-Krankheit«. (Mein Spracherfassungsprogramm besteht hartnäckig auf dieser Umsetzung, wenn ich ihm »Alzheimer-Krankheit« diktiere. Allerdings habe ich schon viele Menschen gehört, die unbewusst denselben Ausdruck benutzen. Als Schriftsteller frage ich mich unwillkürlich, ob die Krankheit ohne ihren harsch klingenden germanischen Namen vielleicht ein bisschen nachsichtiger betrachtet würde.)

Mein Vater war ein Mann, der stets ein Ohr für die Stimmung in der Öffentlichkeit hatte. An dem Tag, als bei ihm Bauchspeicheldrüsenkrebs festgestellt wurde, sagte er zu mir: »Wenn du mich je in einem Krankenhausbett liegen siehst, voller Schläuche und Sonden und zu nichts mehr nütze, sag ihnen, sie sollen mich abschalten.«

Als der Medizin ein Jahr später sämtliche Mittel ausgegangen waren und sein Körper zum Schlachtfeld zwischen dem Krebs und dem Morphin geworden war, hatte ich keine Möglichkeit mehr, seinem Wunsch zu entsprechen.

Ich habe keine Ahnung, was in seinem Kopf vorgegangen sein mag, aber warum hat er das alles durchmachen müssen? Man hatte ihm gesagt, dass er noch ein Jahr zu leben habe, das Jahr war vorbei, und als sehr pragmatischer Mann wusste er, warum man ihn ins Hospiz gebracht hatte.

Warum war uns nicht das viktorianische Finale vergönnt – vielleicht nur eine Woche früher, mit genügend Zeit für liebevolle Worte und gute Ratschläge und Tränen vor dem Abschied?

Es hätte etwas, was am Ende ziemlich surreal wurde, menschlicher und begreifbarer gemacht. Den Mitarbeitern im Hospiz war überhaupt nichts vorzuwerfen, sie waren ebenso wie wir Gefangene des Systems.

Wenigstens waren die Schmerzen das Hauptproblem meines Vaters, denn Schmerzen können bis zum Ende unter Kontrolle gehalten werden.

Aber ich weiß nicht, wie man das Verlustgefühl und das langsame Entgleiten des Verstandes aus dem noch lebenden Körper, so wie es den Oldtimer-Patienten ergeht, kontrollieren könnte.

Mein Vater hat nie viel Aufhebens um sich gemacht, und wahrscheinlich wäre es bei mir nicht anders, ginge es lediglich um den Schmerz. Aber dem ist nicht so.

Ich genieße mein Leben in vollen Zügen und hoffe, dass es noch eine Weile so weitergeht. Aber ich habe vor, in meinem Sessel in meinem eigenen Garten zu sterben, und zwar rechtzeitig vor dem makabren Endspiel, mit einem Glas Brandy in der Hand und Thomas Tallis auf dem iPod – Letzteres, weil Tallis' Musik sogar einen Atheisten dem Himmel ein Stück näher bringt. Und vielleicht mit einem zweiten Brandy, wenn die Zeit dafür reicht.

Ach ja, und da wir uns in England befinden, sollte ich vielleicht hinzufügen: »Bei Regen in der Bibliothek.«

Wer könnte daran etwas auszusetzen haben? Was wäre so verwerflich daran?

Natürlich werden in dieser Debatte wichtige Argumente ins Feld geführt. Derzeit behaupten einige, sie sorgten sich darum, die alten Menschen könnten von habgierigen Angehörigen zu einem vorzeitigen Tod »gedrängt« werden.

Es würde mich schon sehr wundern, wenn wir keine Mittel und Wege finden würden, um so etwas festzustellen.

Auf jeden Fall ist es meiner Erfahrung nach so gut wie unmöglich, einen älteren Menschen dazu zu bringen, etwas zu tun, was er nicht tun will. Die Alten kennen ihren Verstand meist so gut wie ihre eigene Westentasche und würden sich gegen ein solches Ansinnen wahrscheinlich entschieden wehren.

Zur Sicherheit aller Beteiligten müsste es wohl so etwas wie eine einfühlsame Kommission geben, die sicherstellt, dass der Wunsch nach Sterbehilfe authentisch ist und nicht auf sanften Druck hin erfolgt.

Meiner Meinung nach kennen sich Gerichtsmediziner mit solchen Fragen sehr gut aus. Alle, deren Bekanntschaft ich gemacht habe, waren vorher Anwälte und haben ein gerüttelt Maß an Welterfahrung, auch was die menschliche Natur angeht. Ja, es sind durchaus Menschen mit einer gewissen Lebensweisheit, und das bedeutet, dass sie zumindest im mittleren Alter und damit alt genug waren, um ein gewisses Verständnis für die Realitäten der Welt entwickelt zu haben.

Ich habe nicht die geringste Ahnung, ob sich einer von ihnen dazu bereit erklären würde, bei so einem Gremium mitzumachen. Wir betreten hier Neuland. Aber nur, wenn wir etwas ausprobieren, können wir neue Erfahrungen machen.

In meinen Anfangsjahren als Journalist habe ich gesehen, mit welcher Ruhe und welchem Mitgefühl solche Fachleute mit dem Tod von Contergan-Babys oder mit den Folgen schrecklicher Unfälle umgingen. Wenn die heutigen Gerichtsmediziner ebenso umsichtig und bedächtig sind, könnte das meiner

Meinung nach die Einwände, die manche Menschen haben, ein gutes Stück weit entkräften.

Außerdem schlage ich vor, dass man die Sozialbehörden weitgehend außen vor lässt, denn ich glaube nicht, dass sie in dieser Frage viel beizutragen hätten.

Wir haben in diesem Land weitgehend das Vertrauen in die Lebensweisheit der ganz normalen Leute verloren, für die mein Vater noch ein leuchtendes Beispiel war. Aber letztendlich sind es die ganz normalen Leute, die solche Entscheidungen treffen müssen.

Einige widersprechen mir da und behaupten, dass die Pflegeindustrie mit der Situation schon klarkommt. Selbst wenn wir der Meinung sind, dass sie jetzt damit klarkommt, worauf die meisten von uns ungeprüft vertrauen, so wird sie in den kommenden Jahrzehnten ganz gewiss nicht mehr dazu in der Lage sein, wenn unsere Gesellschaft nicht im großen Stil neu geordnet wird.

So viel verraten allein die bloßen Zahlen. Schon jetzt müssen viele ältere Menschen zu Hause gepflegt werden, und zwar von Menschen, die selbst bereits im Rentenalter sind. Das System der Gesundheitsfürsorge wird immer chaotischer werden, und es wird dem NHS sehr schwerfallen, die Lage zu meistern.

Natürlich gibt es Pflegeheime, und diese Pflegeheime werden auch regelmäßig überprüft. Wir müssen darauf vertrauen, dass diese Überprüfungen gründlich vonstattengehen, aber wissen Sie, wie man so ein Heim auswählt? Wüssten Sie, welche Fragen Sie zu stellen hätten?

Wüssten Sie, wenn Sie selbst an Alzheimer erkrankt wären oder für jemanden sprechen müssten, der daran leidet, ob in dem Heim, für das Sie sich entschieden haben, die Ernährung per Magensonde praktiziert wird?

Dabei handelt es sich um die Zwangsernährung von Patienten, die die Nahrungsaufnahme verweigern. Ich bin erst vor Kurzem darauf gestoßen und fühlte mich daraufhin in meinen Ansichten noch einmal deutlich bestärkt. Obwohl es sich hier um unschuldige, dem Tode geweihte Menschen handelt, hält es jemand für richtig, sie einem derart entwürdigenden und schmerzhaften Prozess zu unterwerfen!

Die Alzheimer-Gesellschaft behauptet, Magensonden seien »nicht die vorherrschende Praxis«, eine ziemlich diplomatische Aussage. Einzelne Mitglieder, denen ich vertraue, haben mir gesagt, das Hauptproblem der Behandlung akuter Alzheimer-Fälle bestehe nicht im Mangel an Pflege und Fürsorge, sondern in der unzureichenden Anzahl an Menschen, die sich mit den besonderen Bedürfnissen von unheilbar kranken Alzheimer-Patienten auskennen.

Ich bin sicher, dass niemand absichtlich grausam handelt, aber die Behandlung unserer kranken Alten scheint keiner bestimmten Philosophie zu folgen.

Wir sollten als Gesellschaft klarstellen, ob wir eine Politik des »Lebens um jeden Preis« fahren wollen. Anscheinend gibt es bereits so etwas wie einen offiziellen »Lebensqualitäts-Index«, wobei ich mir nicht sicher bin, was einen mehr ängstigt: die Tatsache, dass wir so etwas haben, oder die Möglichkeit, dass wir so etwas nicht haben.

Im ersten Buch meiner Scheibenwelt-Reihe, das vor über sechsundzwanzig Jahren erschienen ist, habe ich Tod als handelnde Figur eingeführt. Die Idee war natürlich nicht gerade neu, denn seit dem Mittelalter tritt der Tod in Kunst und Literatur immer wieder in Erscheinung, der Sensenmann fasziniert uns seit vielen Jahrhunderten.

Der Tod auf der Scheibenwelt ist allerdings ein bisschen ungewöhnlicher, und er ist zu einer überaus beliebten Figur geworden. Geduldig erklärt er immer wieder, dass nicht er derjenige ist, der tötet. Schusswaffen und Messer und Hunger bringen die Menschen um. Erst danach tritt Tod auf den Plan, um die verwirrten Neuankömmlinge, die am Beginn ihrer Reise stehen, zu beruhigen.

Tod ist freundlich, denn er ist ja ein Engel. Und er ist sehr fasziniert von uns, unserem Streben und der Art und Weise, wie wir unser kleines Leben so verkomplizieren. Genau wie ich.

Ein oder zwei Jahre nach Erscheinen des Romans bekam ich immer mehr Briefe zu Tod. Sie kamen von Menschen aus Hospizen und von ihren Verwandten, von Hinterbliebenen und von Kindern in Leukämiestationen und von Eltern, deren Söhne mit dem Motorrad verunglückt waren.

Ich erinnere mich noch an einen Brief, dessen Verfasser mir schrieb, die Bücher seien seiner Mutter eine große Hilfe gewesen, als sie im Hospiz lag. Oftmals fragten die Hinterbliebenen, ob sie beim Gedenkgottesdienst etwas aus den Scheibenweltbüchern zitieren dürften.

Sie alle versuchten, irgendwie »Danke« zu sagen, und bis ich mich mit der Zeit daran gewöhnt hatte, wühlten mich solche Briefe immer so auf, dass ich an diesem Tag nicht mehr weiterschreiben konnte.

Der mutigste Mensch, der mir je begegnet ist, war ein kleiner Junge, der jede Menge Behandlungen über sich ergehen lassen musste, weil er an einer sehr seltenen, komplizierten und hässlichen Krankheit litt. Ich habe ihn zuletzt bei einer Scheibenwelt-Convention getroffen, wo er als Assassine an einem Spiel teilnahm. Nicht lange danach starb er, und ich wünschte, ich hätte seine Kraft und sein gutes Gespür für Stil.

Es würde mir gefallen, wenn meine Weigerung, mich am Ende meines Lebens in ein Pflegeheim zu begeben, Kapazitäten für Leute wie ihn freimachen würde.

Eins möchte ich noch klarstellen: Ich glaube nicht, dass es so etwas wie eine »Pflicht zu sterben« gibt. Wir sollten das hohe Alter als körperliche Präsenz der Vergangenheit schätzen und es in diesem Sinne ehren.

Im vergangenen September wurde Baroness Warnock zitiert, möglicherweise auch falsch, die angeblich gesagt hat, die kranken Alten hätten eine »Pflicht zu sterben«. Ich habe erlebt, wie Leute ihre Angst davor bekundet haben, die Existenz einer formalisierten Methode der Sterbehilfe könnte dazu führen, dass Sterbehilfe Teil der staatlichen Gesundheitspolitik wird.

Das würde ich doch sehr bezweifeln. Wir leben in einer Demokratie, und keine demokratische Regierung kann sich mit einer Politik zwangsweise verordneter oder auch nur empfohlener Euthanasie durchsetzen. Sollten wir je eine solche Regierung haben, dann hätten wir noch ganz andere Probleme als das der Altenpflege.

Andererseits glaube ich auch nicht an eine Pflicht, die schlimmsten Verheerungen einer unheilbaren Krankheit durchleiden zu müssen.

Als Autor kannte man mich immer nur in einem bestimmten – zugegebenermaßen einem ziemlich großen – Kreis von Menschen, nämlich denen, die Bücher lesen. Auf das, was geschah, nachdem ich im Dezember 2007 meine Alzheimer-Erkrankung öffentlich auch im Fernsehen publik gemacht habe, war ich überhaupt nicht vorbereitet.

Die Leute halten mich auf der Straße an und erzählen mir, ihre Mutter oder ihr Vater sei ebenfalls an Alzheimer erkrankt. Manchmal betrifft es sogar beide Eltern, und wenn ich diesen

Menschen in die Augen sehe, sehe ich die Angst darin aufflackern.

Neulich packte mich in London ein vierschrötiger Mann am Arm, lächelte mich an und sagte: »Vielen Dank für alles, was Sie tun, meine Mutter ist daran gestorben«, und schon war er wieder in der Menge verschwunden.

Außerdem habe ich natürlich unglaubliche Mengen an Briefen und E-Mails erhalten, von denen manche, wie ich zu meiner Schande gestehen muss, wahrscheinlich nie beantwortet werden.

Die Menschen haben Angst, und zwar nicht, weil diese Angst geschürt wird, sondern weil sie sich an einen unschönen Tod in der eigenen Familie erinnern.

Manchmal werde ich in seltsame Unterhaltungen verwickelt, weil ich so nett aussehe und die Leute glauben, dass sie mich kennen. Und, was noch wichtiger ist, weil ich keine Autoritätsperson bin – ganz im Gegenteil.

Ich habe von Alzheimer Betroffene kennengelernt, die hoffen, dass sie zuvor an einer anderen Krankheit sterben. Kleine alte Damen vertrauen sich mir an und sagen: »Mein Lieber, ich habe meine Tabletten gesammelt, für das Ende.«

Damit verschaffen sie sich nichts anderes als ein gewisses Gefühl von Kontrolle. Ich habe pensionierte Krankenschwestern kennengelernt, die sich mit etwas sachkundigerer Umsicht Vorräte für die eigene Zukunft beiseitegelegt haben.

Aus persönlicher Erfahrung weiß ich, dass die aktuellen Umfragen die Ansichten der Menschen in diesem Land widerspiegeln. Sie fürchten sich nicht vor dem Tod; nur das, was davor geschieht, bereitet ihnen große Sorgen.

Das Leben selbst entsteht leicht und auf einfache Weise. Aber auch die Dinge, die wir ihm hinzufügen, wie zum Beispiel Stolz,

Selbstachtung und Menschenwürde, sind es wert, erhalten zu bleiben, und genau sie könnten verloren gehen, wenn wir ein Leben um jeden Preis zum Fetisch machen.

Ich finde, wenn die Last zu schwer wird, sollten wir denjenigen, die es wünschen, erlauben, dass jemand sie bis an die Tür begleitet.

Wenn es in meinem Fall einmal so weit ist, so hoffe ich, dass sich die Tür in einem Garten unter einem englischen Himmel befindet. Oder, bei Regen, in der Bibliothek.

Die Richard-Dimbleby-Lecture: Dem Tod die Hand reichen

Royal Society of Medicine, 1. Februar 2010
Ausgestrahlt von der BBC, der Haupttext wurde von Tony Robinson verlesen

Zuallererst möchte ich der Familie Dimbleby meine tief empfundene Dankbarkeit dafür aussprechen, dass sie mich gebeten hat, heute diesen Vortrag zu halten.

Das, was meiner Vermutung nach zumindest einer der Gründe für diese Einladung war, weiß ich sehr wohl zu schätzen. Als Richard Dimbleby Ende Dezember 1965 an Krebs starb, arbeitete ich als junger Journalist bei einer Tageszeitung. Damals erschütterten zwei Nachrichten unser Land: die eine war die von Richard Dimblebys Tod, die andere war das öffentliche Bekenntnis seiner Familie, dass er an Krebs gestorben war. Damals war Krebs die Krankheit, deren Namen man nicht nannte. Man starb »nach langer schwerer Krankheit«, und wir Journalisten akzeptierten die stillschweigende Übereinkunft und übernahmen diese diskrete Terminologie. Jeder wusste, was damit gemeint war, auch wenn niemand das verbotene Wort verwendete. Doch plötzlich sprachen die Leute offen darüber, und mir schien, als hätte der Kampf gegen den Krebs erst zu diesem

Zeitpunkt ernsthaft begonnen. Bevor man das Ungeheuer töten kann, muss man es bei seinem Namen nennen.

Ein ferner Nachhall dieses mutigen Beispiels brachte mich vor zwei Jahren dazu, mich hinzustellen und öffentlich zu erklären, dass ich an einer Form von Alzheimer erkrankt war. Ich konnte mich noch gut an die verschämte Verzweiflung erinnern, mit der man den Krebs früher durch Verschweigen zu verstecken trachtete. Dies und die Entscheidung der Familie Dimbleby, so offen mit Richards Tod umzugehen, waren der eigentliche Auslöser für meine eigene Entscheidung. Jede andere Reaktion wäre mir allerdings auch unmöglich gewesen. Genau genommen war es gar keine Entscheidung. Es war ein Lagebericht und zugleich eine Abrechnung.

Ich heiße Terry Pratchett und bin der Autor zahlreicher und unerklärlicherweise überaus beliebter Fantasy-Romane.

Anders, als viele Leute glauben, geht es bei Fantasy keinesfalls darum, sich etwas auszudenken. Die Welt ist auch so schon mit viel zu viel Kram vollgestopft. Es ist fast unmöglich, sich noch mehr auszudenken. Nein, die Rolle der Fantasy besteht vielmehr darin, wie es G. K. Chesterton formuliert hat, sich das Normale, Alltägliche, Gewöhnliche und Unbeachtete vorzunehmen, es umzukrempeln und den Lesern aus einem anderen Blickwinkel zu zeigen, damit sie es mit anderen Augen betrachten können.

Heute Abend möchte ich über Alzheimer sprechen, eine Krankheit, die glücklicherweise aus der Grauzone herausgerückt ist, und ich werde auch über ein anderes ehemaliges Tabuthema reden, nämlich über unser Verhältnis zum Tod.

An dieser Stelle muss ich darauf hinweisen, dass meine Krankheit es mir womöglich nicht erlaubt, meinen Text bis zum

Ende vorzutragen. Für diesen Fall haben wir meinen Freund Tony Robinson, der selbst eine sehr bewegende Sendung über den Kampf seiner Mutter mit der Demenz gemacht hat, gebeten, einzuspringen und für den Rest des Abends Ihr Terry-Pratchett-Double zu geben.

Sie wissen höchstwahrscheinlich, dass ich inzwischen zu »Mr Alzheimer« geworden bin – vermutlich, um für meine Sünden zu büßen, an die ich mich schon gerne erinnern würde, denn sie müssen schlimm und wohl auch sehr interessant gewesen sein. Wie viele Interviews zu der Krankheit ich schon gegeben habe, weiß ich glücklicherweise auch nicht mehr. Es gibt noch andere Menschen, weniger bekannt als ich, die an unterschiedlichen Formen von Demenz leiden und als Botschafter der Alzheimer-Gesellschaft ebenfalls sehr aktiv den Kampf gegen diese hinterhältige Krankheit unterstützen. Ich bin bei Weitem nicht der Einzige, und ich möchte mich an dieser Stelle vor diesen im Stillen wirkenden Helden verneigen.

Als kleiner Junge sah ich, während ich im Wohnzimmer meiner Großmutter auf dem Fußboden spielte, im Fernseher den Tod, der sich mit einem Ritter unterhielt. Zu diesem Zeitpunkt wusste ich kaum etwas über den Tod, allenfalls, dass so etwas Wellensittichen und Goldhamstern passierte. Aber es war ganz eindeutig der Tod, mit einer Sense in der Hand und von recht liebenswürdigem Wesen. Damals wusste ich es natürlich nicht, aber ich hatte gerade einen Ausschnitt aus Bergmans Film *Das siebente Siegel* gesehen, in dem sich der Ritter auf ein langes Zwiegespräch und natürlich auf das berühmte Schachspiel mit dem, wie es mir schien, gar nicht mal so Furcht einflößenden Sensenmann einlässt.

Ich habe diesen Anblick nie vergessen, und schon in meinem allerersten Scheibenweltroman hatte Tod einen Auftritt.

Seither hat er sich zu einer der beliebtesten Figuren meiner Bücher entwickelt. Obwohl er von Berufs wegen eigentlich unerbittlich ist, scheint er insgeheim doch eine gewisse Achtung vor dieser eigenartigen Spezies zu haben, die ihm so kurzlebig wie Eintagsfliegen vorkommen muss, die aber trotzdem ihr kurzes Leben damit verbringt, Regeln für das Universum aufzustellen und die Sterne zu zählen. Er ist, kurz gesagt, ein gütiger, mitleidiger Tod, der das Durcheinander beseitigt, das dieses Leben hinterlässt, und das Tor zum nächsten Leben öffnet. In manchen Religionen ist er sogar ein Engel.

Zu dieser Figur habe ich Post aus Klöstern, Kirchenpalästen, Beerdigungsinstituten und nicht zuletzt aus Hospizen erhalten. Gelegentlich hatten diese Briefe aus der ganzen Welt zur Folge, dass ich an jenem Tag nichts mehr schreiben konnte und stattdessen einen langen Spaziergang machte. Es ist berührend und vielleicht auch beunruhigend, dass Menschen einem Autor, den sie nicht persönlich kennen, einen aufwendigen sechsseitigen Brief schreiben und ihm darin Empfindungen offenbaren, die sie höchstwahrscheinlich nicht einmal ihrem Arzt anvertrauen würden.

Ich kann mich nur sehr undeutlich an den Tod meiner Großeltern erinnern, aber mein Großvater väterlicherseits starb im Alter von sechsundneunzig Jahren in einem Krankenwagen auf dem Weg zum Krankenhaus, kurz nachdem er sich noch eigenhändig sein Abendessen zubereitet hatte. (Als wir seine Geburtsurkunde fanden, stellte sich heraus, dass er in Wirklichkeit erst vierundneunzig war, aber er war so stolz auf seine sechsundneunzig Jahre, deshalb hoffe ich, dass ihm kein himmlisches Wesen diese Illusion geraubt hat.)

Er hatte sich irgendwie komisch gefühlt und einen Nachbarn gebeten, den Arzt zu rufen, dann war er ganz aufgeräumt in den Krankenwagen gestiegen und hatte sich alsbald aus dieser Welt verabschiedet. Auf dem Weg zum Krankenhaus zu sterben – wenn das kein guter Tod ist! Nur dass mein Großvater sich, wenn man meinem Vater glauben will, noch darüber beschwert hat, dass ihm nicht genug Zeit für den Nachtisch geblieben war. Ich bin mir nicht ganz sicher, ob diese Geschichte stimmt, denn mein Vater besaß einen sehr feinen Humor, den er mir dankenswerterweise vererbt hat. Leider gehörten allerdings eine schwache Blase, die kleine Statur und frühe Glatzenbildung zum vererbten Gesamtpaket dazu.

Meines Vaters Tod hat sich länger hingezogen, seine Vorwarnzeit betrug ein Jahr. Bauchspeicheldrüsenkrebs. Die Technik hielt ihn noch eine Weile am Leben, er konnte relativ angenehm und halbwegs vergnügt zu Hause leben, und in diesem Jahr führten wir die Unterhaltungen, die man mit einem sterbenden Elternteil eben so führt. Wahrscheinlich lernt man seine Eltern erst dann richtig kennen, wenn einem bewusst wird, dass man jetzt nachrückt und selbst auf den grollenden Geschützdonner zumarschiert. Dann ist man bereit, ihre Ratschläge und Erinnerungen anzuhören, für die das Leben bis zu diesem Zeitpunkt immer viel zu hektisch war. Mein Vater gab noch einmal sämtliche Anekdoten aus seiner Zeit in Indien während des Zweiten Weltkriegs zum Besten, Geschichten, die ich schon x-mal gehört hatte, und einige, die ich noch nicht kannte. Wie vielen Männern seiner Generation war ihm seine Militärzeit stets sehr präsent. An einer Stelle sah er plötzlich auf und sagte: »Ich spüre die Sonne Indiens im Gesicht«, und er strahlte auf fast wundersame Weise, heller und glücklicher, als ich es in diesem ganzen Jahr gesehen habe, und wenn es im Universum so etwas wie Gerechtigkeit oder wenigstens das Gefühl für eine gut erzählte Geschichte gäbe, wäre er in diesem Augenblick gestorben, mit der Hand an der Stirn, um sich vor der Sonne Karatschis zu schützen.

Aber so war es nicht.

An dem Tag, an dem er seine Diagnose erhielt, sagte mir mein Vater, und ich zitiere wörtlich: »Wenn du mich je in einem Krankenhausbett siehst, voller Schläuche und Sonden und zu nichts mehr nütze, sag ihnen, sie sollen mich abschalten.«

Tatsächlich brauchte er schließlich fast vierzehn Tage, um in einem Hospiz zu sterben, und sein Tod war eher eine Art Kollateralschaden im Kampf zwischen dem Krebs und dem Morphin. In dieser Zeit hörte er auf, er selbst zu sein, und verwandelte sich nach und nach in einen Leichnam, obwohl er sich ab und zu noch ein kleines bisschen bewegte.

Ich konnte daran nicht viel ändern, und da die Schwestern in dem walisischen Hospiz hübsche, kräftige Mädels waren, war es womöglich sogar ganz in Ordnung so. Ich möchte ihnen hier und jetzt für die altersschwache Katze danken, die dort auf den Stationen herumstromern durfte und mir und meiner Mutter Gesellschaft leistete, während wir auf das unvermeidliche Ende warteten. Obwohl es nur eine Katze war, die obendrein ein bisschen roch und ab und zu herummaulte, so sorgte sie doch für ein bisschen Menschlichkeit in den langen Nachtstunden.

Nachdem mein Vater gestorben war, schrammte ich auf dem Heimweg in Hay-on-Wye mit meinem Jaguar an einer Steinmauer entlang. Zugegeben, es ist wohl so gut wie unmöglich, mit einem Jaguar in Hay-on-Wye *nicht* an irgendwelche Mauern zu schrammen, auch wenn man die Augen nicht gerade voller Tränen hat, aber was ich damals nicht wusste, inzwischen aber sehr stark vermute, ist, dass meine eigene Krankheit bei diesem kleinen Unfall eine Rolle spielte und sich auf diese Weise schon mal ganz subtil bemerkbar machte. Alzheimer schleicht sich leise an, über lange Zeit, womöglich sogar über Jahrzehnte, und da Nachkriegskinder wie ich wissen, dass wir niemals sterben werden, haben wir für die kleinen Unregelmäßigkeiten des Lebens immer eine Erklärung parat. Wir sagen: »Jetzt geht's bei mir auch schon los, ha-ha-ha!« Wir sagen: »Jeder vergisst mal seine Autoschlüssel.« Wir sagen: »Ach, das passiert mir auch manchmal. Ich gehe nach oben, und dann weiß ich nicht mehr, was ich da eigentlich wollte!« Wir sagen: »Ich vergesse auch oft mal mitten im Satz einen Namen.« Und dank dieser gegenseitigen Selbstvergewisserung sind wir alle mitschuldig an dem Gefühl unserer Generation, unsterblich zu sein. Wir glauben einfach fest daran, dass, wenn wir alle alt werden, keiner von uns alt wird.

Schon mit dreizehn konnte ich blind Schreibmaschine schreiben, aber auf einmal klappte es nicht mehr richtig. Ich besorgte mir eine neue Brille. Ich kaufte mir eine bessere Tastatur, was keine schlechte Idee war, denn die alte war voller Barthaare und Kaffee. Aber erst, als ich mir selbst wirklich nichts mehr vormachen konnte, suchte ich meine Hausärztin auf. Sie entschuldigte sich fast, als sie mir den üblichen Alzheimer-Test vorlegte, bei dem man so knifflige Fragen wie »Welcher Wochentag ist heute?« beantworten muss, und dann schickte sie mich zu einem Kollegen, um einen Scan machen zu lassen. Das Ergebnis? Ich hatte keinen Alzheimer. Es handelte sich einfach nur um den üblichen Verschleiß des Gehirns, wie er im Lauf der Zeit »jedem passiert«. Kurz gesagt: das Alter. Tja, dachte ich mir, ich bin ja noch nie neunundfünfzig gewesen, wahrscheinlich ist es einfach so, wenn man neunundfünfzig ist.

Also ging ich wieder beruhigt meinem Alltag nach. Ich machte eine Lesereise nach Russland, eine Lesereise durch die USA, zu der auch ein Frühstück im Weißen Haus gehörte (es waren noch jede Menge andere Leute da, nicht dass Sie denken, ich hätte Mrs Bush die Cornflakes rübergereicht oder so), und dann fuhr ich auf Lesereise nach Italien, wo die Frau unseres Botschafters mich sehr diplomatisch darauf hinwies, dass ich mein Hemd ein wenig unkonventionell zugeknöpft hatte. Gut, ich war wegen des Flugs sehr früh aufgestanden und hatte mich im Dunkeln angezogen, also haben wir ein bisschen darüber gelacht, anschließend wurde gegessen, und ich hoffte, dass alle außer mir die Sache bald vergessen würden.

Wieder zu Hause, stellte ich fest, dass ich inzwischen so fehlerhaft tippte, dass es einfacher war, alles gleich meinem persönlichen Assistenten zu diktieren. Ich suchte erneut meine Hausärztin auf, die mich ins Addenbrooke's Hospital nach Cambridge überwies. Ich habe den Besuch dort nie mit ihr besprochen, aber letztendlich stand ich, ob nun durch Glück oder Vorsehung, vor Dr. Peter Nestor, einem der wenigen Spezialisten in unserem Land oder vielleicht sogar auf der ganzen Welt, die eine posteriore kortikale Atrophie, die seltene Spielart meiner Krankheit, erkennen können. Er und seine Kollegen unterzogen mich einer ganzen Reihe von Tests, und dann sah er sich meine Scans noch einmal an, und diesmal, ganz wichtig, an einer anderen Stelle. Als er mir eröffnete, dass ich an einer seltenen Form von Alzheimer litt, sah ich ihn allen Ernstes von einem Rechteck aus flammenden roten Linien eingerahmt. Wir unterhielten uns noch eine Weile, dann ging ich, weil die Einrichtung allmählich Feierabend machte, nach Hause. Dabei kam ich an einem anderen Arzt vorbei, der gerade seine Fahrradklammern an der Hose befestigte – wir waren schließlich in Cambridge! –, und ich war in einer derartigen Verfassung, dass ich auch ihn von rotem Feuer eingefasst sah. Die ganze Welt hatte sich verändert.

Ich hatte in mehrerlei Hinsicht Glück. PCA unterscheidet sich immerhin so sehr vom »klassischen« Alzheimer, dass ich Mitbetroffenen begegnet bin, die mit einer Krankheit dieses Namens überhaupt nicht in Verbindung gebracht werden wollen, auch wenn die Entwicklung und das Endstadium im Prinzip aufs Gleiche hinauslaufen. Allerdings ist die Reise dorthin eine andere. PCA manifestiert sich durch Sehprobleme und Schwierigkeiten bei Aufgaben, die eine bestimmte Reihenfolge erfordern, beispielsweise das Zuknöpfen eines Hemdes. Man könnte sagen, dass ich über das Gegenteil einer übernatürlichen Fähigkeit verfüge: Manchmal kann ich Dinge nicht sehen, die da sind. Ich sehe die Teetasse mit den Augen, aber mein Gehirn weigert sich, mir die Teetassen-Info zu übermitteln. Es hat ein bisschen etwas von Zen. Erst ist keine Teetasse da, und dann, weil ich weiß, dass da eine Teetasse ist, ist sie plötzlich da, wenn ich das nächste Mal hinsehe. Ich habe kleine Behelfslösungen entwickelt, um mit derlei Problemen umzugehen – Menschen mit PCA leben in einer Welt voller Behelfslösungen. Eine Drehtür aus Glas ist ein potenzielles Waterloo; inzwischen habe ich auch dafür eine Behelfslösung. Kurz gesagt: Wer nicht weiß, dass mit mir etwas nicht stimmt, merkt eigentlich nicht, dass mit mir etwas nicht stimmt. Leute, die sich eine halbe Stunde mit mir unterhalten haben, fragen mich, ob ich wirklich sicher bin, dass ich diese Krankheit habe. Ja, sie ist ganz bestimmt da, aber mit List und Tücke mogle ich mich ganz gut durch. Auch Geld ist dabei ziemlich hilfreich. Die erste Fassung dieser Rede wurde mittels TalkingPoint in meinen Computer diktiert, was ein zwar nicht perfektes, aber doch sehr viel besseres Ergebnis hervorbringt, als wenn ich es mit der Tastatur versucht hätte. Von innen her fühlt sich die Krankheit so an, als würde ich von einem unsichtbaren Trottel begleitet, der permanent Sachen verlegt, klaut und versteckt, die ich vor einer Sekunde genau dort hingestellt habe, und der mich manchmal vor Verzweiflung laut schreien lässt. Wissen Sie, diese Krankheit entwickelt sich sehr langsam, aber man weiß, dass sie da ist. Stellen Sie sich vor, Sie würden einen Autounfall in extremer Zeitlupe erleben. Es scheint nicht viel zu passieren. Ab und zu ein kleiner Knall, ein Knirschen, eine Schraube springt heraus und trudelt quer über das Armaturenbrett, so wie bei Apollo 13. Aber das Radio spielt noch, die Heizung ist an, und es kommt einem alles gar nicht so schlimm vor. Nur dass man mit absoluter Sicherheit weiß, dass man früher oder später gnadenlos mit dem Kopf voran durch die Windschutzscheibe geht.

Als ich aus Cambridge zurückkam, galt mein erster Anruf meiner Hausärztin. Ich wollte wissen, was nun als Nächstes passiert. Mir wurde rasch klar, dass als Nächstes überhaupt nichts passieren würde, es sei denn, wir kümmerten uns selbst darum. Nirgendwo in meiner Nähe gab es einen Spezialisten, der sich mit Patienten mit einer so früh einsetzenden Form von PCA auskannte. Deshalb gab es auch niemanden, der dazu berechtigt war, mir ein Rezept für das einzige palliative Alzheimer-Medikament auf dem Markt zu verschreiben. Als ich das erfuhr, wurde ich richtig sauer, und diese Wut brodelt immer noch in mir, nur dass ich sie gezügelt und in nützliche Bahnen umgelenkt habe. Ich fühlte mich alleingelassen. Wenn jemand erfährt, dass er Krebs hat, bekommt er wenigstens einen Plan, der ihm aufzeigt, in welche Richtung sich, mit etwas Glück, seine Zukunft entwickelt. Ich möchte keinesfalls den Anschein erwecken, den Schrecken einer Krebserkrankung herunterspielen zu wollen, aber es gibt Termine, es gibt Spezialisten, es gibt Untersuchungen. Man darf auf das Mitgefühl anderer hoffen und kann hoffentlich auch selbst bald wieder neue Hoffnung schöpfen.

Dem Alzheimer-Patienten hingegen sagt man zu diesem Zeitpunkt mehr oder weniger, dass er nach Hause gehen soll. Ich habe Patienten kennengelernt, denen man genau das gesagt hat, ohne ihnen auch nur Möglichkeiten zum Gespräch aufzuzeigen, zum Beispiel sich mit der Alzheimer-Gesellschaft in Verbindung zu setzen. Nebenbei gesagt bin ich selbst niemand, der zu irgendwelchen Gruppen geht. Erst viel später wurde ich dazu überredet, eine PCA-Gruppe in London zu besuchen, die von dem Neurologen Professor Rosser vom National Hospital for Neurology and Neurosurgery geleitet wurde. Ich erinnere mich noch an das Lächeln ringsum, als ich anfing, von meinen Symptomen zu sprechen, und es war ungemein wohltuend, unter Menschen zu sein, die mich verstanden, ohne dass ich viel erklären musste. Aber ich hatte die brennenden Fahrradklammern gesehen; ich hätte wohl sogar in dunkler Nacht einen Stein durch das Schaufenster einer Apotheke geworfen, um an das benötigte Medikament heranzukommen – wenn ich es mir so recht überlege, wäre das sogar ein verdammt guter Fototermin gewesen. Aber Freunde und Bekannte, die sich um meine Bewegungsfreiheit sorgten, halfen mir dabei, die Situation so zu bewältigen, wie man das in beschränkten, engstirnigen Bürokratien tut. Wir drehten einfach ein kleines bisschen am System. Was nicht heißt, dass ich etwas gestohlen hätte, nein, ich musste für das verflixte Medikament immer noch bezahlen.

Dann war es an der Zeit, mich zu entscheiden, wem ich davon erzählen wollte, und aus den zuvor bereits genannten Gründen beschloss ich, es allen zu sagen. Seitdem gehört mein Leben nicht mehr mir. Ich habe so viel Post bekommen, dass ich sie zeitlebens nicht mehr beantworten kann, ich habe wer weiß wie viele Interviews gegeben – die Zahl dürfte locker dreistellig sein. Wir haben einen Dokumentarfilm gedreht, der mit dem britischen Fernsehpreis ausgezeichnet wurde und in dem ich der Welt vorgeführt habe, wie unfähig ich inzwischen bin, einen Schlips zu binden (komischerweise kann ich die Schnürsenkel noch binden, vermutlich deshalb, weil ich diese Technik schon viel länger beherrsche). Ich konnte sogar noch zwei weitere Bücher schreiben, die – mein Assistent besteht darauf, dass ich es hier erwähne – Bestseller wurden, ich ließ eine Steinbrücke über den Bach in meinem Garten bauen, wurde von Joanna Lumley geküsst, und als ich zu meinem großen Erstaunen auch noch zum Ritter geschlagen wurde, habe ich, unter Mithilfe sachkundiger Freunde, ein Schwert geschmiedet – und zwar auf die harte Tour, indem ich zuerst Eisenerz aus dem Boden gegraben und es dann im Garten geschmolzen habe. Selbstverständlich darf ich es nicht offen auf der Straße spazieren führen, denn unsere Gesellschaft ist inzwischen dermaßen auf den Hund gekommen, dass nicht mal mehr echte Ritter ihre Schwerter in der Öffentlichkeit tragen dürfen. Was könnte ich mir jetzt noch wünschen? Außer vielleicht noch einen Kuss von Joanna Lumley.

Hauptsächlich habe ich in den vergangenen Jahren jedoch zugehört. Als Journalist habe ich das Zuhören gelernt. Es ist erstaunlich, was einem die Leute so alles erzählen, wenn man auf die richtige Art und Weise zuhört. Rob, mein persönlicher Assistent, behauptet, ich könne zuhören wie ein Staubsauger. Ich kann nur sagen: Hüten Sie sich vor guten Zuhörern.

Man hat mir erzählt, dass manche Leute von anderen gemieden werden, sobald sich herumgesprochen hat, dass sie Alzheimer haben. Bei mir war es genau umgekehrt. Die Menschen wollen mit mir reden, auf der Straße, in der Schlange vor dem Theater, im Flugzeug über dem Atlantik, sogar beim Spazierengehen auf dem Land. Sie wollen mir von ihrer Mutter, ihrem

Ehemann oder ihrer Großmutter erzählen. Manchmal kann ich erkennen, dass sie große Angst haben. Und immer mehr Menschen möchten über das reden, was ich vorzugsweise »Sterbehilfe« (assisted death) nenne, was aber meistens noch – meiner Meinung nach fälschlicherweise – »Beihilfe zur Selbsttötung« (assisted suicide) genannt wird.

An dieser Stelle will ich ein kleines bisschen abschweifen und über den Ballast reden, den Worte mit sich herumtragen. Fangen wir mit Selbsttötung an. Als frischgebackener, nervöser junger Journalist habe ich so einiges darüber erfahren. Mehr als mir lieb war. Damals gehörte es zu meinen Aufgaben, regelmäßig beim Untersuchungsgericht vorbeizuschauen, wo ich von den vielfältigen Todesarten erfuhr, die der verwirrte menschliche Verstand zu ersinnen imstande ist. Hohe Brücken und Eisenbahnen dürften für alle Beteiligten so ziemlich die hässlichsten Methoden sein, besonders für diejenigen, die sich im Nachhinein damit beschäftigen müssen. Damals waren die Zeitungen noch ein wenig rücksichtsvoller, wir vermieden es, allzu sehr ins Detail zu gehen, aber ich selbst musste mir das alles anhören. Und ich erinnere mich daran, dass beim Untersuchungsgericht niemals das Wort »Geisteskrankheit« fiel. Man zog die barmherzigere Feststellung vor, die betreffende Person habe »sich das Leben genommen, weil sie ihr seelisches Gleichgewicht verloren« hatte. Der Formulierung haftet eine gewisse Ambivalenz an, ein Hinweis auf die Stürme des Schicksals und die erdrückenden Umstände. Da musste ich nicht näher auf die scheußlichen Einzelheiten eingehen, die mir die zuständigen Beamten, ausnahmslos Polizisten, nach der abschließenden Beurteilung des Falles aufgetischt hatten. Inzwischen bin ich zu dem Schluss gekommen, dass jemand sich durchaus auch zum Sterben entschließen kann, gerade weil sich seine Seele im Gleichgewicht befindet, gerade weil er realistisch, pragmatisch, besonnen und glasklar darüber nachgedacht hat. Und deshalb missfällt es mir, wenn man einen sorgfältig überlegten und abgewogenen Ablauf, durch den man das eigene Leben unter Zuhilfenahme sanfter medizinischer Unterstützung beenden möchte, als »Beihilfe zur Selbsttötung« bezeichnet.

Die Menschen, die die entsetzliche Reise zu Dignitas in die Schweiz unternommen haben, um dort zu sterben, kamen mir sehr entschlossen und zielgerichtet vor. Es waren Menschen, die durchaus glaubhaft machen konnten, dass sie lediglich ihren Tod nach ihren eigenen Bedingungen gestalten wollten. Kurz gesagt, ihr Verstand erschien mir weniger aus den Fugen geraten als die Welt um sie herum.

Ich komme noch einmal auf die Bitte meines Vaters zurück, die ich ihm nicht erfüllen konnte. Im Laufe des letzten Jahres habe ich mit allen möglichen Menschen offen über Sterbehilfe geredet, nachdem sie das Thema angeschnitten hatten. Viele von ihnen ereifern sich über das, was man als aktive Sterbehilfe bezeichnet, und noch mehr über die sogenannte Beihilfe zur Selbsttötung, aber wenn ich das Mantra meines Vaters erwähne, der nicht abhängig von Schläuchen und Sonden weiterleben wollte, hellen sich ihre Mienen auf, und sie sagen: »Ja, stimmt, damit habe ich überhaupt kein Problem.« Es ging also darum, das Problem von einem sterilen Schlagwort auf die Wünsche einer realen Person herunterzubrechen, in der sie sich womöglich wiedererkennen konnten.

Als ich mich daranmachte, diese Rede aufzusetzen, war die sogenannte Debatte über Sterbehilfe eine Art Schneeballschlacht im Dunkeln. Heute scheint sie in den Medien so viel Platz einzunehmen, dass ich mich frage, ob die Idee irgendwie in der Luft liegt, ob ihre Zeit nun wirklich gekommen ist. Erst neulich forderte Martin Amis in einem Interview mit der *Sunday Times* in einem leidenschaftlichen Gefühlsausbruch Euthanasie-Kabinen an jeder Straßenecke. Ich bin der festen Überzeugung, dass er damit die ironieresistenten Leser treffen wollte, und ich stelle fest, dass ihm das gelungen ist – schließlich sprach er als Romanautor über sein neues Buch. Ist sein Vorschlag in der Öffentlichkeit wahrgenommen worden? Allerdings. Abgesehen von ihrer Geschmacklosigkeit ist die Idee völlig unpraktisch, besonders dann, wenn sich gleich nebenan eine Kabine mit Fotoautomat befindet. Aber sein Zorn und sein Kummer über die Art und Weise, wie ältere Verwandte, Freunde und Kollegen gestorben waren, sind tief empfunden und werden von sehr vielen Menschen geteilt. Die Nachkriegsgeneration hat mitangesehen, was mit ihren Eltern passiert ist, und sie ist fest entschlossen, dass es ihr nicht genauso ergehen soll.

Erst neulich haben britische Meinungsforscher herausgefunden, dass 71 Prozent der gläubigen und 92 Prozent der nichtgläubigen Menschen sich für medizinische Sterbehilfe bei Patienten mit unheilbaren Krankheiten aussprechen – so sie denn von den Betroffenen verlangt wird.

Die unterschiedlichen Positionen in dieser Debatte polarisieren sich um die Organisation »Dignity in Dying« (Sterben in Würde), die sich für Sterbehilfe unter bestimmten Umständen ausspricht, und die »Care Not Killing Alliance«, die »Helfen statt Töten« propagiert und meint, dass es Fürsorge und Betreuung schon richten werden.

Wieder muss ich an meinen Vater denken. Er wollte nicht als lebender Leichnam in den Tod gehen. So etwas passte einfach nicht zu ihm. Er wollte sich von mir verabschieden können, und so wie ich ihn kenne, wäre er wahrscheinlich mit einem Witz abgetreten. Und wenn die Schwestern die entsprechende

Spritze in die Kanüle gesteckt hätten, hätte ich draufgedrückt, und zwar in dem Gefühl, meine Pflicht zu tun. Es wären Tränen geflossen, selbstverständlich: Tränen sind da durchaus angebracht und müssen nicht unterdrückt werden.

Aber so geschah es natürlich nicht, weil mein Vater, die Schwestern und ich im Morast der gesetzlichen Vorschriften feststeckten. Letztendlich war ihm ein guter Tod in den Armen Morphiums vergönnt, worum ich ihn beneide.

Ich wurde eher zufällig in die Debatte um die aktive Sterbehilfe hineingezogen, nachdem ich einen langen und inzwischen durchaus sachkundigen Blick auf meine Zukunft als Alzheimerpatient geworfen und anschließend einen Artikel über meine daraus gezogenen Schlüsse verfasst hatte. Mein Coming-out als Alzheimerpatient hat mir Kontakte zur medizinischen Forschung in der ganzen Welt beschert, und ich habe keinen Grund zu der Annahme, dass schon bald mit einem Heilmittel zu rechnen ist. Man hat mir jedoch mitgeteilt, dass es diesbezüglich in den kommenden Jahren einige sehr interessante Entwicklungen geben könnte, und ich bin nicht der Einzige, der auf so etwas wie einen Rettungsring hofft – eine Behandlung, die mich lange genug über Wasser hält, bis man eine bessere Behandlungsmethode entwickelt hat.

Ich habe vorhin gesagt, dass PCA letztendlich auf dasselbe hinausläuft wie Alzheimer, und das ist die gefürchtetste Krankheit bei älteren Menschen. Ich habe meine Diagnose im Alter von neunundfünfzig bekommen, aber PCA hat auch schon Erwachsene unter vierzig erwischt. Ich freue mich meines Lebens und möchte es gerne fortsetzen, solange ich noch ich selbst bin, solange ich noch weiß, wer ich bin, und solange ich meine Lieben noch erkenne. Aber ich kenne das, was mir bevorsteht, gut genug, um mich davor zu fürchten, und das trotz der Tatsache, dass ich mich als wohlhabender Mann wahrscheinlich vor dem Allerschlimmsten schützen kann. Sogar die Wohlhabenden, ganz egal, was sie dagegen unternehmen mögen, haben ihre Verabredung in Samarra. Jüngeren Zuhörern sollte ich vielleicht erklären, dass die Fabel »Verabredung in Samarra« wohl eine der ältesten Geschichten der Welt ist und schon viele Male umgedichtet wurde; im Grunde dreht sie sich darum, dass man zwar davonlaufen und sich verstecken kann, dass aber jeder Mensch seine unvermeidliche Verabredung mit dem Tod hat. Es lohnt sich, das mal zu googeln.

Damals, als ich noch als Reporter unterwegs war, hat man mir etwas gesagt, was mich zunächst verwundert hat: Niemand muss tun, was der Arzt sagt. Niemand muss gegen seinen Willen im Krankenhaus bleiben, wenn er entlassen werden möchte. Denn obwohl das Krankenhauspersonal einen gerne in dem Glauben lässt, man dürfe erst dann wieder zur Tür rausspazieren, wenn sie es einem erlauben, kann man es verdammt nochmal jederzeit tun. Auch wenn es selbstverständlich nicht ratsam ist, mit einer mobilen Herz-Lungen-Maschine die Treppen runterzupoltern. George Topley, der Chefreporter, der mich auf diesen Umstand hinwies, war ein außerordentlicher Journalist, der als feuriger junger Mann im Spanischen Bürgerkrieg gegen die Faschisten gekämpft hätte, wenn er sich nicht als blinder Passagier auf das falsche Schiff geschlichen hätte und in Hull gelandet wäre.

Nun fiel mir wieder ein, was George mir damals gesagt hatte, und ich nahm mir vor, dass ich mich nicht vom Alzheimer unterkriegen lassen würde – eher würde ich ihn unterkriegen. Ich würde mein Leben wie bisher in vollen Zügen genießen und dann sterben, bevor die Krankheit zum letzten Angriff blasen konnte, und zwar in meinem eigenen Haus, in einem Sessel auf dem Rasen, mit einem Brandy in der Hand, mit dem ich die dann angesagte Version des »Brompton Cocktail« (eine kräftige Mischung aus Schmerzmittel und Brandy) runterspüle, die ein hilfreicher Arzt für mich bereithält. Und dann, mit der Musik von Thomas Tallis auf meinem iPod, reiche ich dem Tod die Hand.

Ich habe meinen Standpunkt öffentlich klargemacht. Mir kommt es sehr vernünftig und nachvollziehbar vor, dass jemand, der an einer schweren und unheilbaren Krankheit leidet, die ihm zunehmend alle Fähigkeiten raubt, sich für einen medizinisch begleiteten Tod auf Verabredung entscheidet.

Heutzutage finden nichttraumatische Tode – kein besonders schöner Ausdruck, aber Sie wissen, was ich damit meine: Todesarten, bei denen nicht (nur so als Beispiel) mehrere Autos, ein Tanklaster und ein vereister Autobahnabschnitt beteiligt sind – hauptsächlich in Krankenhäusern und Hospizen statt. Es ist noch nicht allzu lange her, dass einen der Tod üblicherweise im eigenen Bett aufsuchte. Die Menschen des 19. Jahrhunderts wussten noch, wie man starb, sie hatten den Tod stets vor Augen. Noch bis ins 20. Jahrhundert hinein kursierte in London eine Unmenge von dem, was wir heute als Freizeitdrogen bezeichnen, Hilfsmittel, die man als Segen und Wohltat für alle betrachtete. Eine fahrplanmäßige Abreise mit Unterstützung eines freundlichen Arztes war nicht unüblich, und es besteht aller Grund zu der Annahme, dass es die Ärzteschaft als Teil ihrer Pflicht ansah, dem leidenden Patienten auf den Weg zu helfen.

Gilt das heute auch noch? Es scheint so. Hatten die Menschen damals Angst vor dem Tod? Wie es der Tod in einem meiner Bücher ausdrückt, haben die meisten Menschen keine Angst vor dem Tod an sich, sie fürchten eher das, was dem Augenblick des Todes vorausgeht – das Messer, der Schiffbruch, die Krankheit, die Bombe. Wenn man Glück hat, handelt es sich dabei nur um Sekundenbruchteile, wenn nicht, sind es viele Jahre.

Was uns zu der Argumentation der Sterbehilfe-Gegner bringt.

Die Care not Killing Alliance (Helfen statt Töten) versichert uns, dass niemand sich für einen wie auch immer gestalteten selbstgewählten Tod entscheiden muss, da immer und überall ausreichend Möglichkeiten zur Pflege bereitstehen würden. Das wage ich zu bezweifeln. Die Medizin erhält immer mehr Menschen immer länger am Leben, Menschen, die immer mehr Pflege brauchen. Alzheimer und andere Demenzerkrankungen bürden dem Land eine immense Pflegelast auf, die vor allem die nächsten Angehörigen zu tragen haben – Menschen, die womöglich selbst schon alt oder bereits selbst pflegebedürftig sind. Die Zahlen steigen sogar noch, wenn jetzt die geburtenstarken Jahrgänge der Nachkriegszeit alt werden. Dazu kommt, dass der Prozentsatz der Demenzfälle in der Bevölkerung ebenfalls zunimmt. Wir müssen uns also über die Qualität der angebotenen Pflege Gedanken machen, und zwar nicht nur für die Demenzkranken, sondern für alle Langzeiterkrankten. Ich möchte an dieser Stelle keine Horrorgeschichten erzählen, das ist nicht der richtige Ort dafür, und vielleicht sollte ich dieses Feld Sir Michael Parkinson überlassen, der von der Regierung zum »Dignity Ambassador« ernannt wurde, zum nationalen Botschafter für würdevolle Pflege. Er beschreibt Zustände, die, ich zitiere, »absolut erbärmlich und unvorstellbar grausam sind«, und berichtet von Pflegeheimen, die wenig mehr sind als »Wartesäle des Todes«.

Es hat den Anschein, als wären Hilfe und Pflege das reinste Glücksspiel, und aus diesem Grund gibt es Menschen, die nicht gepflegt werden möchten, die ihre Zeit nicht in irgendeinem

Wartesaal verbringen möchten, die für sich das Recht in Anspruch nehmen, einem Arzt nicht zu gehorchen und nicht das zu tun, was ihnen eine Pflegekraft vorschreibt. In meinem Fall ist es das Recht, hier und jetzt die Vollmacht über das Schicksal des Terry Pratchett, der ich irgendwann in der Zukunft sein werde, für mich zu beanspruchen. Die Leute machen sich Gedanken darüber, wie es ihre lieben Verwandten wohl am liebsten hätten. Ich kann nur sagen, meine lieben Verwandten wissen es. Und *Sie* wissen es jetzt auch.

Als ein wesentliches Argument führen Gegner der Sterbehilfe immer wieder an, ältere Menschen könnten widerrechtlich dazu überredet werden, um aktive Sterbehilfe zu bitten. Das wäre durchaus denkbar, aber das *Journal of Medical Ethics* berichtete 2007, dass es im amerikanischen Bundesstaat Oregon, wo Sterbehilfe derzeit legalisiert ist, keinerlei Hinweise auf Missbrauch bei wehrlosen Patienten gibt. Ich wüsste nicht, weshalb es in unserem Land anders sein sollte. Ich bin mir sicher, dass niemand leichtfertig mit dem Tod umgeht; die Vorstellung, dass die Menschen sich fürs Sterben begeistern, nur weil irgendein hypothetischer 08/15-Rundum-sorglos-Sterbe-Shop an der Straßenecke aufgemacht hat, ist schlichtweg an den Haaren herbeigezogen. Dagegen kann ich mir durchaus vorstellen, dass ein Mensch, ob nun alt oder nicht, der mit schwersten gesundheitlichen Problemen kämpft und deshalb verständlicherweise Angst vor der Zukunft hat und auch vor dem, was man so hoffnungsvoll Pflege nennt, dass so jemand den Tod wie anno dazumal, bei dem man zu Hause auf die Hilfe eines ausgewiesenen Mediziners zurückgreifen kann, als die würdigere Art und Weise des Abschieds ansieht.

Im vergangenen Jahr hat die Regierung nun endlich Richtlinien zum Umgang mit dem Thema Sterbehilfe herausgegeben, die offenbar niemanden zufriedenstellen. Es scheint, dass diejenigen, die einem Freund oder Verwandten beim Sterben helfen wollen, eine ganze Reihe von Kriterien erfüllen müssen, wenn sie einer nachträglichen Strafverfolgung wegen Mordes entgehen möchten. Wir sollten natürlich dankbar sein, dass zumindest theoretisch die Möglichkeit besteht, ungeschoren davonzukommen, aber so, wie das Gesetz momentan angelegt ist, hält man sich lieber weiterhin schön an die Regeln und hofft das Beste.

Deshalb habe ich zusammen mit einigen anderen die Einrichtung einer strikt neutralen Kommission vorgeschlagen, die sich, schon lange bevor Sterbehilfe stattfinden soll, mit den Umständen des jeweiligen Falles beschäftigt. Einigen Leuten, darunter auch mir, könnte es bei einem solchen Vorgehen durchaus mulmig werden, denn damit gäbe man der Regierung die Macht, darüber zu bestimmen, ob ein Mensch leben oder sterben darf. Gleichwohl darf sich die Regierung nicht aus der Verantwortung stehlen, sie muss Hilfsbedürftigen ihren Schutz gewähren, und das müssen wir respektieren. Es betrübt mich sehr, dass die Gegner der Sterbehilfe ganz selbstverständlich davon ausgehen, wir Befürworter würden uns überhaupt keine Gedanken zu genau diesem Aspekt machen und wären uns über seine fundamentale Wichtigkeit nicht im Klaren. Denn genau diese Überlegung steht im Mittelpunkt meiner Argumentation.

Die Mitglieder einer solchen Kommission würden ebenso im Sinne des Allgemeinwohls wie im Sinne des Antragstellers handeln – schon wieder so ein grässliches Wort –, wenn sie sich vergewissern, dass er oder sie bei gesundem Verstand und ausreichend informiert ist, dass der Entschluss feststeht, dass es sich um eine lebensbedrohende und unheilbare Krankheit handelt und dass die Person nicht von Dritten unter Druck gesetzt wird. Wie nun genau eine solche Kommission zusammengesetzt sein sollte, darüber sollen sich klügere Köpfe als ich Gedanken machen, aber passende Mitglieder dürften sich nicht allzu schwer finden lassen. Mein Vorschlag wäre, dass ein Anwalt mit Erfahrung in Familienangelegenheiten dazugehören müsste, der gut beurteilen kann, was jemand wirklich möchte, und, ja durchaus, ob irgendeine Beeinflussung von außen vorliegt. Außerdem bräuchte es auch einen praktischen Arzt oder einen anderen Mediziner mit ausreichend Erfahrung im Umgang mit den komplexen Problemen bei Langzeiterkrankungen.

Die Gegner der Sterbehilfe sagen, die Schutzbedürftigen müssten geschützt werden, als wäre außer ihnen noch niemand auf diesen Gedanken gekommen. Dabei gibt es keinerlei Hinweis darauf – und es wurde penibel nach Hinweisen gesucht –, dass die Kranken oder Alten irgendwo auf der Welt, wo Sterbehilfe praktiziert wird, von ihren Angehörigen in die Arme der Sterbehilfe getrieben würden. Ich wüsste nicht, weshalb es hier bei uns anders sein sollte. Im Gegenteil, ich habe mir von Ärzten sagen lassen, dass die Familienmitglieder sie viel häufiger anflehten, Oma doch bitte am Leben zu erhalten, obwohl Oma nach allen Regeln der medizinischen Kunst schon längst am Ende ihres natürlichen Lebens angekommen ist. Selbstverständlich müsste unsere Kommission alles Menschenmögliche unternehmen, um jede Art von Missbrauch zu verhindern.

Außerdem würde ich vorschlagen, dass Kommissionsmitglieder grundsätzlich über fünfundvierzig Jahre alt sein müssen, also in einem Alter, in dem ihnen hoffentlich die seltene Gabe der Lebensweisheit zuteilwurde, denn Weisheit und Mitleid sollten in dieser Kommission Seite an Seite mit dem Gesetz stehen. Die Kommission müsste auch all denjenigen als Kontrollinstanz dienen, die den Tod aus Gründen suchen, die vernünftigen Menschen möglicherweise als oberflächlich oder als vorübergehende Verzweiflung erscheinen.

Ich wage zu behaupten, dass so mancher schon aus Gründen an den Tod gedacht hat, die ihm später als recht unbedeutend erschienen sind. Wenn wir in einer Welt leben wollen, in der ein gesellschaftlich anerkannter früher Tod erlaubt werden kann, so darf dies nur als Ergebnis sorgfältiger Überlegungen geschehen.

Ich selbst möchte hier noch einmal als praktisches Beispiel dienen. Wie bereits gesagt würde ich gerne friedlich mit Thomas Tallis auf meinem iPod sterben, bevor die Krankheit die Oberhand über mich gewinnt, auch wenn ich hoffe, dass es bis dahin noch eine ganze Weile hin ist. Wenn ich wüsste, dass ich zu dem von mir gewünschten Zeitpunkt sterben kann, dann wäre mir ganz plötzlich jeder noch verbleibende Tag wertvoller als eine Million Pfund. Wüsste ich, dass ich sterben darf, dann würde ich leben. Mein Leben, mein Tod, meine Entscheidung.

In den Ländern, in denen Sterbehilfe derzeit praktiziert wird, hat es keinerlei Hinweise darauf gegeben, dass diese Praxis in irgendeiner Weise auf eine schiefe Bahn führen würde. Für diejenigen, die sich gegen Sterbehilfe wehren, scheint es ein Glaubensgrundsatz zu sein, dass damit Tür und Tor für allerlei Missbrauch geöffnet wird, bis hin zur Keulung der kranken Alten. Diese Vorstellung ist natürlich ein Alptraum – aber sie ist wirklich nur ein Alptraum. Derlei kann man sich in einer Demokratie nicht vorstellen, es sei denn, wir befänden uns in einer Tyrannei, jedenfalls in einer weitaus aggressiveren Tyrannei als der unseres öffentlichen Gesundheitsdienstes. Der Einwand ist, offen gesagt, ein aufgeblasenes Schreckgespenst.

Es wurde behauptet, die Menschen würden ihrem Hausarzt nicht mehr vertrauen, wenn sie wüssten, dass er oder sie über die Macht verfügt, sie zu töten. Wieso das denn? Für einen Arzt, der einen Patienten tötet, steht sehr viel auf dem Spiel. Ist es nicht eher so, dass man einem Mediziner, dem die Situation seines Patienten umfassend bewusst ist und den man gerade deshalb darum bittet, dem eigenen Leben ein Ende zu setzen, das allergrößte Vertrauen entgegenbringt?

Der Spruch »Du sollst nicht töten; du sollst aber auch nicht mit allen Mitteln versuchen, Leben zu erhalten« ist nie eine offizielle Empfehlung für Mediziner gewesen. Bedenkt man, dass er von Arthur Hugh Clough stammt, der einem ähnlichen Beruf nachging wie ich, wundert einen das nicht. Aber seit der Geburtsstunde der Medizin wussten die Ärzte um seine Bedeutung. Sie haben sich bemüht, ja, sie haben es mit allen Mitteln versucht. In den vergangenen beiden Jahrhunderten haben wir die Spanne unseres Lebens dermaßen verlängert, seine Qualität so weit verbessert, dass es uns schon merkwürdig vorkommt, wenn jemand bereits im biblischen Alter von siebzig Jahren stirbt. Aber an einem gewissen Punkt überholt die Technologie den gesunden Menschenverstand, und dann verwechselt man das Piepen des Oszilloskops mit dem Leben selbst, und von der menschlichen Existenz bleibt nur noch ein Zustand bloßen Existierens.

Beobachtungen, Gespräche und einige sorgfältige Schlussfolgerungen haben mich zu der Überzeugung gebracht, dass die Mehrzahl der Ärzte, die sich für das Recht auf Sterben einsetzen, diejenigen sind, die jeden Tag mit Patienten zu tun haben, wohingegen die Befürworter immer seltener werden, je höher man sich in die luftigen Höhen begibt, wo sich Politik und Medizin vermengen. Es wäre interessant zu wissen, wie viele Ärzte sich outen würden, gäbe es nicht den vernichtenden Blick des Ärzteverbands. Wer Freunde oder Bekannte in der Ärzteschaft hat oder berufliche Beziehungen zu Medizinern unterhält, ganz zu schweigen von denen, die sich ein wenig in der Sozialgeschichte der Medizin auskennen, weiß sehr gut, dass Ärzte und Pflegekräfte es zu allen Zeiten als ihre Pflicht angesehen haben, den Kranken jenseits aller Hoffnung und medizinischen Möglichkeit einen friedvollen Abschied zu gewähren. Ich rufe die Metaphern in Erinnerung, die sie dafür benutzten: »jemandem über die Schwelle helfen«, »ihm den Weg zeigen«, »ihm den Weg zur Tür weisen«, »ihm den Weg zum Himmel zeigen«. Niemals war davon die Rede, den Kranken »umzubringen«, weil ihrer Ansicht nach dabei niemand umgebracht wurde, sondern sie auf diese Weise das Richtige taten.

Tatsächlich konnte ich von dort, wo Sterbehilfe erlaubt ist, keine verlässlichen Hinweise darauf erhalten, dass diese Praxis irgendwelche schädlichen Auswirkungen auf das Gemeinwesen hat. Ich erwarte keineswegs, dass jeder Allgemeinarzt, jede Fachärztin im Krankenhaus bereit sein muss, bei einem solchen »Tod auf Verabredung« (death by arrangement) zu assistieren, nicht einmal angesichts erdrückender medizinischer Befunde. Es bleibt allein seine oder ihre Entscheidung. Die Möglichkeit, sich entscheiden zu können, ist in dieser Sache das Allerwichtigste. Aber es wird einige geben, womöglich unter den älteren und vielleicht klügeren, die Verständnis dafür haben. Die Ärzteschaft hilft uns seit Jahrhunderten dabei, länger und dabei gesünder zu leben. Deshalb erscheint es mir jetzt vernünftig, wenn wir uns mit der Bitte an sie wenden, uns dabei zu helfen, im Kreise unserer Lieben und in unserer gewohnten Umgebung friedlich und ohne langen Aufenthalt im Wartesaal Gottes sterben zu können.

Zu guter Letzt gibt es noch das Gottesargument. Heutzutage scheint es in die Sorge um die Unschuldigen einzufließen, die womöglich unter der erlaubten Sterbehilfe zu leiden haben. Das Problem mit dem Gottesargument besteht darin, dass es nur funktioniert, wenn man an Gott oder, genauer gesagt, an Jehova glaubt – was bei mir nicht der Fall ist. Spinoza, Darwin und Carl Sagan nehmen in meiner Vorstellung Plätze ein, die Gott nie einnehmen konnte. Deshalb bin ich Humanist und glaube daran, dass wir eher aufstrebende Affen als gefallene Engel sind. Trotzdem hege ich insgeheim Respekt für die anglikanische Kirche und diejenigen, die nicht meiner Meinung sind. Über die Ideen, die uns im Grunde unseres Menschseins berühren, sollten wir immer diskutieren. Ideen und Vorschläge müssen geprüft werden. Ich glaube, dass man nur schwer etwas gegen einvernehmliche Sterbehilfe für jene einwenden kann, die darum bitten, und das gilt insbesondere für Menschen, die zu Mitleid fähig sind. Aber wir brauchen in dieser Welt immer auch jemanden, der uns daran erinnert, dass wir alle Menschen sind und dass unsere Menschlichkeit etwas Kostbares ist.

Letztendlich geht es um diese eine vielbeschworene Sache – unsere Lebensqualität. Wie man sein Leben lebt, was man aus ihm macht, was man hineinsteckt und was man schließlich zurücklässt. Wir sollten uns um ein gutes und erfülltes Leben bemühen und am Ende dieses Lebens, in unserer vertrauten Umgebung und im Kreise unserer Lieben, um einen Tod, für den es sich zu sterben lohnt.

Endlich wahre Barmherzigkeit bei den Richtlinien für Sterbehilfe

Die neuen Richtlinien des Generalstaatsanwalts sind gut. Nicht die Krankheiten, sondern Menschen sollten über unser Schicksal bestimmen

***The Times*, 26. Februar 2010**

Es ist wie eine Szene aus dem Film *Die Glücksritter*: Wir warten alle auf die Ernteprognose, um schnell reich zu werden. Diese Vorstellung entspringt allerdings eher meiner überhitzten Fantasie, da ich letzte Nacht nicht viel geschlafen habe.

Den Blick auf die Uhr gerichtet, warten wir darauf, dass Keir Starmer, der Generalstaatsanwalt, die neuen Richtlinien zum Thema Sterbehilfe offiziell bekannt gibt. Und dann ist es plötzlich elf Uhr, und wir sind in Millbank, wo man nicht mit dem Arm ausholen kann, ohne zwei Reporter zu treffen, oder auch drei, wenn man Glück hat.

Für Debbie Purdy und für mich hat damit das Rennen begonnen, ständig begegnen wir einander in Aufzügen und Korridoren. Es geht zu wie bei einer Hightech-Sklavenauktion: Man taumelt von einem Fernsehinterview zum nächsten, und am Ende kann man sich an überhaupt nichts mehr erinnern.

Wir reden über Sterbehilfe. Ich finde heraus, was ich darüber denke, indem ich mir selbst zuhöre. Und es kommt mir so vor, als wären die vorgestellten Richtlinien ungefähr das, was man im Rahmen der bestehenden Gesetze bestenfalls erwarten konnte. Die provisorischen Richtlinien, die im September letzten Jahres veröffentlicht wurden, haben überhaupt nichts getaugt. Sie waren eher wie ein seelenloses Abhaken, als ginge es bei der Sterbehilfe bloß um einen bürokratischen Akt.

Dieses Mal springt mir das Wort »Barmherzigkeit« ins Auge. Und während ich weiterlese, kommt es mir vor, als ginge es bei diesem optimierten Regelwerk eher darum, was in den Herzen und Köpfen der Menschen vorgeht als um die Frage, durch welche Reifen man springen muss. Man könnte fast annehmen, dass jemand, der aus Mitgefühl oder aus Liebe einem Mitmenschen, der körperlich nicht mehr selbst dazu in der Lage ist, dabei hilft, ein unerträgliches Leben hinter sich zu lassen, von Seiten der Behörden schon bald nicht mehr viel zu befürchten hat.

Trotzdem glaube ich, dass ein Tribunal, ein Gremium, eine Kommission, wie sie von mir und anderen vorgeschlagen wurde, bei einer Gesetzesänderung unbedingt geschaffen werden sollte. Eine solche Kommission würde den jeweiligen Fall genau prüfen, und zwar lange, bevor die Sterbehilfe stattfindet. Nicht minder wichtig wäre, dass die begrenzten Freiheiten, die diese Richtlinien ermöglichen, nicht zur Verschleierung von Missbrauch benutzt werden. Meiner Meinung nach ist es für die Sicherheit aller Betroffenen von größter Wichtigkeit, dass die vorgeschlagenen Möglichkeiten und die Gründe dafür in der geschützten Atmosphäre der erwähnten Kommission diskutiert werden, die von Fall zu Fall zurät, warnt oder, falls sie misstrauisch sein sollte, auch ablehnen kann.

Der aufgeklärte US-Bundesstaat Oregon ist einer von dreien, die momentan Beihilfe zur Selbsttötung erlauben. In Oregon bekommt der unheilbar Kranke, nachdem er sich mit zwei Ärzten beraten hat, das Rezept für ein Mittel, mit dem er sein Leben beenden kann.

Und jetzt wird's interessant: Vierzig Prozent derjenigen, die das Rezept ausgehändigt bekamen, sterben, ohne es benutzt zu haben. Sie wussten, dass sie es jederzeit tun könnten, haben sich aber Tag für Tag dagegen entschieden. Diese Leute wissen eines: Wenn sie sich dafür entscheiden, behalten *sie selbst* die Kontrolle – nicht die Krankheit. Es ist ein Gefühl von Macht. Es ist ein Gefühl des Triumphs. Genau so sollte ein Mensch sterben dürfen.

Sterbehilfe: Die Regierung sollte uns das Recht geben, unser Leben zu beenden

***New Humanist*, Juli/August 2011**

Vor nicht allzu langer Zeit musste ich gegenüber einem nicht mehr ganz jungen Journalisten darauf beharren, dass noch in meiner Jugend jeder, der einen Selbstmordversuch unternahm und dabei scheiterte, angeklagt und ins Gefängnis gesteckt wurde, vermutlich, um ihm zu zeigen, wie herrlich und rundum lebenswert das Leben doch ist.

Es wäre eine schöne Vorstellung, wenn einen die Leute in der nicht allzu fernen Zukunft ungläubig ansehen würden, wenn man ihnen erzählt, dass britische Bürger, die an einer schweren und letztendlich tödlich verlaufenden Krankheit litten, aber trotzdem noch voll zurechnungsfähig waren, zum Sterben ins Ausland fahren mussten. Diese Zuhörer würden nach einer Erklärung verlangen, aber ich könnte ihnen ums Verrecken keine liefern. Drei respektable, vernünftige und zivilisierte Länder in Europa erlauben bereits ärztliche Beihilfe zum Suizid, aber dennoch – und trotz der zahlreichen Hinweise, dass die britische Bevölkerung die Sache mit der Sterbehilfe verstanden und, so sie korrekt vonstattengeht, sich dafür ausgesprochen hat – lehnt die Regierung es immer wieder ab. Vor einem Jahr sagte mir ein Kabinettsmitglied, so etwas werde es in Großbritannien niemals geben. Ich erwiderte, dass sich solche Worte in einer Demokratie sehr merkwürdig anhörten, und erntete dafür einen finsteren Blick.

Anfangs dachte ich noch, die starke Abwehr dagegen verdanke sich in erster Linie einem gewissen Maß an verstocktem Christentum. Trotz der Tatsache, dass sich in der Bibel keine Einwände gegen die Selbsttötung finden lassen, entstand das Verbot im 14. Jahrhundert. Damals brachten sich die Leute wegen der Glaubenskriege und aus Angst vor der Pest um, weil sie sich dachten: Wenn diese Welt so grauenhaft und unangenehm ist, dann wäre es doch eine gute Idee, es mal mit dem Himmel zu versuchen. Die Obrigkeit war anderer Meinung und erhob Einspruch. Wer sollte dann die Kühe melken? Wer in den Kriegen kämpfen? Man durfte den Leuten nicht erlauben, sich einfach aus dem Staub zu machen. Sie hatten gefälligst hierzubleiben und ihre gerechte Strafe dafür, dass sie auf die Welt gekommen waren, auf sich zu nehmen

Noch heute vernehme ich einen Nachhall dieses Denkens: dass Elend und Krankheit gewissermaßen die Buße für ein unbekanntes Vergehen sind. Zum Teufel damit! Jedes Mal, wenn in diesem Land die Frage der Sterbehilfe angesprochen wird, ertönt ein einstudierter Aufschrei, der einem unterschwellig finstere Nazimethoden und natürlich auch den Mord an den armen Großmüttern um ihres Geldes willen unterstellt. Und jedes Mal setzen sich die Urheber damit durch, weil es in Großbritannien eine gewisse Tradition des Tretens von oben nach unten gibt. »Die einfachen Leute sind dumm, deshalb müssen wir, die es besser wissen, die Entscheidungen für sie treffen.«

Die einfachen Leute sind nicht dumm. Ja, sie konsumieren gotterbärmlich mieses Reality-TV, veranstalten auf den Fußballplätzen jede Menge Lärm und verstehen wahrscheinlich auch nicht viel von der Strategie der britischen Atom-U-Boot-Politik, aber das normale Volk versteht sehr viel von der Politik von Schmerz und Leid, der Politik von Fleisch und Blut. Die Leute verstehen auch etwas von Barmherzigkeit, und sie gehen, wie mein Vater, vollkommen pragmatisch mit solchen Dingen um. Mein Vater war unheilbar krank und sah, nachdem keine Hoffnung auf Heilung mehr bestand, keinen Grund, warum er nicht auf noch mehr Leid und Schmerzen verzichten und direkt und ohne weitere Umwege den Ausgang nehmen sollte.

Die einfachen Leute haben auch begriffen, dass Langzeitpflege in Großbritannien, besonders, wenn man nicht viel Geld hat, bestenfalls eine problematische Angelegenheit ist. Trotzdem hockt die Regierung da wie ein steinalter Papst und hofft darauf, dass sich die ganze Angelegenheit einfach in Luft auflöst.

Der Tod klopfte an, und wir ließen ihn ein

Sunday Times, 12. Juni 2011

[Terry hatte diesem Artikel den Titel »Ein Besuch in der Schweiz« gegeben.]

Kurz vor Weihnachten habe ich einen Mann sterben sehen. Peter Smedley und seine Ehefrau Christine suchten die Dignitas-Klinik in der Schweiz auf, weil Peter der Meinung war, dass er nur dort das finden konnte, was er sich wünschte, nämlich einen ordentlichen, sauberen Tod zur rechten Zeit. Ich begleitete sie, um dabei zuzusehen. Natürlich sträubt sich einem bei einer solchen Vorstellung der Verstand. Ich habe einmal gelesen, man solle die Länge einer Reise nach dem bemessen, was man unterwegs gelernt hat. Wenn das stimmt, dann war mein Weg in die Schweiz und wieder zurück ein wahrer Marathon.

Nachdem die BBC im vergangenen Jahr meinen Vortrag zum Thema Sterbehilfe im Rahmen der *Dimbleby Lectures* übertragen hatte, bat man mich, etwas darüber in Erfahrung zu bringen, wie Sterbehilfe anderswo in Europa praktiziert wird. Dazu sollte ich mit britischen Staatsbürgern reden, die sich bei Dignitas angemeldet haben, also bei der Schweizer Organisation, die

die letzte Zuflucht ist, wenn man in Europa lebt und das eigene Land einem so etwas wie Sterbehilfe nicht gestattet. Ich habe natürlich zugesagt.

Bei mir selbst wurde vor drei Jahren die Alzheimer-Krankheit diagnostiziert. Ich möchte an dieser Stelle nicht näher begründen, weshalb ich die Möglichkeit haben möchte, meinem Leben ein Ende zu setzen, ehe die Krankheit vollends Besitz von mir ergreift – über das Thema Demenz habe ich bereits des Öfteren ausführlich gesprochen. Die hyperaktive Fantasie eines Schriftstellers ist in dieser Hinsicht Segen und Fluch zugleich.

Aber würde ich es immer noch für eine so gute Idee halten, nachdem ich es aus nächster Nähe miterlebt habe?

Im Vereinigten Königreich ist Sterbehilfe illegal, und jeder, der es wagt, einem Freund oder Angehörigen in Not auf dessen Wunsch hin zu helfen, findet sich höchstwahrscheinlich vor einem Gericht wieder, möglicherweise mit einer Anklage wegen Mordes. Dabei sind die Details der Vorschriften sehr interessant: Es scheint, als könnte man bei jenen, die aus Barmherzigkeit oder Liebe handeln, eine gewisse Nachsicht walten lassen, weshalb die Richter sich bisher äußerst verständnisvoll gezeigt haben. Kurz gesagt: Hier in Großbritannien dürfen Amateure anderen Amateuren beim Sterben helfen. Das ist zwar Unsinn, aber etwas anderes haben wir nicht.

In Belgien, Holland und der Schweiz können an unheilbaren Krankheiten leidende Bürger selbst entscheiden, ob sie durch die Hand eines freundlichen Arztes sterben möchten, auf dessen fachliches Können und den dazu nötigen rechtlichen Schutz sie sich verlassen können. Bei diesen Ländern handelt es sich um freundliche, anständige Demokratien, die weder für besondere Nervosität noch ausgesprochene Dummheit bekannt sind. Zwar sind die Kirchen dort über diese Praxis durchaus bestürzt, aber im Allgemeinen vertritt man die Meinung, so etwas habe letztendlich der oder die Betroffene allein mit sich und seinem oder ihrem Gewissen auszumachen.

Ich habe zwei Menschen zu Dignitas begleitet, Peter Smedley und Andrew Colgan, zwei sehr unterschiedliche Männer völlig unterschiedlicher Herkunft mit ganz verschiedenen Krankheiten. Aber beide hatten die gleiche unumstößliche Absicht, nicht noch mehr Zeit im Rachen des Untiers zu verbringen, sondern stattdessen gleich zum letzten Akt überzugehen.

Peter Smedley und seine Frau Christine habe ich in ihrem großen und schönen Haus kennengelernt. Die Smedleys verfügen über das wunderbare Talent, auf eine sehr englische Art mit jedem, dem sie begegnen, gut auszukommen. Christine wäre es lieber gewesen, Peter hätte sich weiterhin zu Hause pflegen lassen, zumal die beiden sich die allerbeste Pflege auch hätten leisten können. Aber in der kleinen Welt dieser Ehe war man letztendlich zu einer Übereinkunft gekommen. Christine stand fest an der Seite ihres Mannes, ganz egal, was das Gesetz dazu sagen mochte.

Ich muss zugeben, dass ich mir kurz vorgestellt habe, was wohl passieren würde, falls Christine Smedley ins Gefängnis gesteckt würde, weil sie sich des schrecklichen Verbrechens schuldig gemacht hatte, ihrem Mann bei der Reise in ein anderes Land zu helfen. Vermutlich hätte sie den Laden dermaßen aufgemischt, bis sich dort alles zum Besseren verändert hätte, und am Schluss hätte sie wahrscheinlich fröhlich plaudernd mit den Aufseherinnen Tee getrunken. So aber machten sie und Peter vor Weihnachten Urlaub in der Schweiz, um alte Freunde zu besuchen.

Später lernte ich bei scheußlichem Frühwinterwetter Andrew Colgan kennen, einen Zweiundvierzigjährigen mit multipler

Sklerose. Genau wie Peter hatte er kein Interesse mehr an immer noch mehr Pflege. An dieser Stelle muss ich berichten, dass keiner von beiden auch nur ein böses Wort über die Pflege schwerkranker Menschen in diesem Land zu sagen hatte. Eigentlich sagten sie überhaupt sehr wenig zum Thema Pflege, nur dass sie fest entschlossen seien, sich nicht weiter pflegen zu lassen.

Andrew war drahtig und sehnig und sah jünger aus, als er war, sodass man zuerst dachte: »Also, was soll denn mit ihm nicht stimmen?«, bis man die Anspannung in seinem Gesicht bemerkte. Da er ein großer Science-Fiction-Fan war, musste uns der Regisseur mehrmals rügen, weil wir immer wieder vom eigentlichen Interviewthema abwichen und uns in gewichtigen Gesprächen darüber ergingen, ob *Blake's 7* wirklich so mies war, wie wir es in Erinnerung hatten. Als wir wieder auf Kurs waren, spürte ich Zorn in mir aufsteigen. Andrew würde in der Schweiz sterben, und zwar früher, als es eigentlich nötig war, weil er, genau wie Peter, keinen seiner Angehörigen in rechtliche Schwierigkeiten bringen wollte, nur weil dieser ihm bei seiner Reise behilflich war. Tatsächlich fragte ich mich, ob seine diesbezüglichen Ängste nicht eigentlich unbegründet waren, und da der Generalstaatsanwalt mit Sicherheit kein rachsüchtiger oder grausamer Mann ist und die Justiz in solchen Fällen bemerkenswert vernünftig handelt, könnte ich damit sogar recht haben.

Trotzdem, manchmal steigt den Behörden das Blut in den Kopf, dann neigen sie dazu, das umherirrende Schaf härter zu bestrafen als den reißenden Wolf. Abgesehen davon möchte wohl niemand seine Mutter auf der Anklagebank sehen, ganz egal, wie nachsichtig und wohlwollend die Richter auch sein mögen. Also machte Andrew sich allein auf die Reise, und ich dachte mir: Warum ist ihm bloß kein von einem Arzt begleiteter Tod hier in England vergönnt? Und wer weiß, hätte er gewusst, dass er zu einem von ihm selbst bestimmten Zeitpunkt sterben kann, hätte er vielleicht noch länger durchgehalten; wenn man von den Erfahrungen anderswo ausgeht, deutet so einiges auf diese Möglichkeit hin.

Aber in unseren Gesprächen zeigte er sich unerschütterlich. Er nahm meine zögerlichen Gegenvorschläge zur Kenntnis und entlarvte sie mit der Geschwindigkeit eines russischen Überhorizontradars als das, was sie waren. All das hatte er bereits durchgemacht, er wollte nicht noch mehr Pflege, und er wollte, genau wie Sherlock Holmes, seinen Feind mit in den Abgrund reißen.

Wir trafen uns mit Andrew in einem Lokal in der Schweiz, und ich glaube, dass es mir zu diesem Zeitpunkt bereits ein wenig schwummerig wurde. Ich habe schon an dem einen oder anderen Leichenschmaus teilgenommen, aber noch an keinem, bei dem die Hauptperson selbst das Glas erhob. Einer solchen Situation begegnet man am besten mit Humor, also lachten wir und machten Witze und befanden uns eine begnadete Zeit lang an einem glücklichen Ort. Ich weiß es, weil ich das Glück hatte, mit meinem Vater in den Monaten vor seinem Tod jene Unterhaltungen zu führen, die man unter diesen Umständen mit seinen Eltern führen möchte, und wir haben festgestellt, dass Humor immer weiterhilft.

Einmal hörte ich einen Gegner von Sterbehilfe im Allgemeinen und Dignitas im Besonderen sagen: »Dort werden Menschen in einem Industriegebiet umgebracht!«, womit er sicherlich Bilder unaufhaltsam voranschreitender, roboterhafter Cybermen aus *Dr. Who* heraufbeschwören wollte. Tatsächlich befindet sich das kleine blaue Haus mit seinem kleinen Garten, bei dem sich jemand wirklich große Mühe gegeben hat, in einem Industriegebiet. Es musste ein Industriegebiet sein, weil eine solche Einrichtung in einem Wohngebiet nicht zulässig gewesen wäre. Auf der anderen Seite der schmalen Straße war ein Kürbisfeld, es gab keinen nennenswerten Autoverkehr, und aus den anderen Gebäuden drangen keinerlei Geräusche. Es wirkte ziemlich friedlich; vielleicht hatten die Cybermen gerade Urlaub.

Ich wusste, dass Christine Smedley bei ihrem Mann bleiben wollte, und da ich mir dachte, dass mein Ritterschlag doch zu irgendetwas nützlich sein müsste, hatte ich sie zuvor gefragt, ob sie einen britischen Mitbürger dabeihaben wolle, und sie hatte das Angebot dankbar angenommen. Peter wünschte sich, dass sein Sterben Teil des Dokumentarfilms werden sollte, weil er mit seinem Tod etwas bewirken wollte. Ich habe auch schon vorher Leichen gesehen, darunter eine, die auf eine außerordentlich grässliche Weise tot war, und ich dachte mir, der Tod eines schwer leidenden Mannes, der sich nichts sehnlicher wünscht, als zu sterben, würde wohl nicht allzu belastend sein. Damit sollte ich mich täuschen, aber aus den falschen Gründen.

Meiner Uhr zufolge dauerte sein Tod ungefähr fünfundzwanzig Minuten. Während die Organe und Hohlräume in seinem Körper sich ergaben, hörte ich ab und zu Geräusche, die mich an das erinnerten, was mein Vater von sich gab, als er nach und nach dem Bauchspeicheldrüsenkrebs und dem Morphin erlag. Meine Mutter glaubte, er wollte noch etwas sagen. Ich nicht. Von äußerer Gewalteinwirkung einmal abgesehen, dauert es ziemlich lange, bis ein Körper aufgibt, und auch wenn der Verstand etwas ganz anderes will, klammert er sich sehr hartnäckig am Leben fest.

Peters Frau hielt ihm die Hand, und als Beobachter kann ich ehrlicherweise nicht mit Sicherheit sagen, wann genau er sich von einer Welt in die nächste verabschiedete. Eine freundliche Schweizer Dame namens Erika, die keineswegs so etwas wie eine offizielle Uniform trug, aber trotzdem alles mit sanfter Hand im Griff hatte, kniete neben ihm, während draußen vor dem Panoramafenster des kleinen Hauses, in dem wir uns versammelt hatten, leise der Schnee fiel. Alles war still, und draußen auf der Veranda rauchte Erikas Mann Horst, der wie ein typischer Großvater aussah, seine – im Ernst! – unglaublich große und gebogene Pfeife, deren Rauch sich ganz sachte mit dem fallenden Schnee mischte. Er stand da draußen, weil in der Schweiz zwar Sterbehilfe legal sein mag, das Rauchen in geschlossenen Räumen aber offensichtlich zu den allerletzten Tabus gehört. Kein Wunder, dass dieses Erlebnis für mich so denkwürdig surreal war.

Und Christine? Sie beugte sich zu mir und erkundigte sich, ob mit mir alles in Ordnung sei. Ich umarme Leute weder häufig noch leichtfertig, aber an jenem Tag habe ich umarmt.

Kurz darauf traf die Polizei ein, um zu überprüfen, ob alles den gesetzlichen Vorschriften entsprechend abgelaufen war. Die Beamten waren nicht unangenehm, aber sie waren auch nicht freundlich; sie waren einfach nur … Polizisten, die ihre Arbeit machten. Während wir warteten, kam einer auf uns zu, fragte nur: »BBC?«, und glaubte unserem bejahenden Murmeln, denn die BBC ist international bekannt als *die* Institution, die sich nicht für irgendeinen faulen Hokuspokus hergibt. Ich schwenkte innerlich einen großen Union Jack.

Ich zweifle nicht im Geringsten daran, dass die BBC Kritik dafür einstecken muss, dass sie den Tod des guten Peter Smedley zeigt, eines Mannes, der im Beisein seiner Frau und einer fürsorglichen Krankenschwester starb, während draußen sanft der Schnee fiel. Nach der *Dimbleby Lecture,* die ich im vergangenen Jahr gehalten habe und in der ich meine Unterstützung für die Sterbehilfe zum ersten Mal öffentlich kundgetan habe, stellte eine parteiübergreifende Gruppe von Abgeordneten einen Zensurantrag gegen die BBC. Es war ihnen dabei eindeutig nicht klar, dass es in einer Demokratie keineswegs gesetzeswidrig ist, friedlich für eine Gesetzesänderung einzutreten. Tatsache ist, dass Peter und Andrew sich in die Schweiz schleppen mussten, um dort so würdevoll zu sterben, wie sie es in Großbritannien ihrer Befürchtung nach nicht durften. Seither sind noch andere dorthin gereist, oft unter beträchtlichen Kosten.

Die Politiker, die sich vor einer Flut an Briefen vonseiten der Ultrareligiösen fürchten, murmeln Phrasen wie die von der »Unantastbarkeit des Lebens«, ohne genauer zu erläutern, was sie darunter verstehen oder warum sie so argumentieren. Sie murmeln: »Es ist alles nicht so einfach«, obwohl es eigentlich ganz einfach ist. Mein Vater hat es verstanden, und meine Mutter auch, und allem Anschein nach haben es auch die meisten Menschen in diesem Land verstanden.

Einzelne Bundesstaaten der USA und mehrere vernünftige, solide Länder hier in Europa haben eine sinnvolle Lösung gefunden, die denjenigen Sterbehilfe erlaubt, die danach verlangen, und zwar, ohne dass die Gesellschaft im Allgemeinen dadurch Schaden genommen hätte. Es gibt also brauchbare Vorlagen, die man meiner Meinung nach durchaus noch verbessern kann.

Vor einem Jahr kanzelte mich ein älterer Tory mit der Bemerkung ab: »So etwas sollte man den Ärzten überlassen.« Vielleicht weiß er inzwischen, dass die Sache in Holland, in Belgien, in der Schweiz und sogar in Teilen der USA den Ärzten überlassen wurde. In Frankreich und Italien gibt es kein offizielles Verfahren bezüglich Sterbehilfe, womöglich wegen zu viel Religion, wohingegen der Grund in Deutschland zu viel Geschichte sein dürfte. Warum aber nicht hier bei uns? Die Antwort darf gerne etwas durchdachter ausfallen als: »Gott möchte so was nicht« oder »Das Thema ist zu kompliziert« oder »Wie sollen wir die Bedürftigen schützen?«. Die Antwort darauf lautet: Ganz einfach, mit ein bisschen Nachdenken und etwas Bereitwilligkeit und einer gewissen Rücksicht auf ein Konzept namens »Freiheit des Individuums«, ein Konzept, das in Großbritannien in letzter Zeit ziemlich in Bedrängnis geraten ist. Von denjenigen, die immer wieder dieselben Fragen stellen, ohne sich je die Antworten anzuhören, werden immer wieder dieselben alten Argumente ins Feld geführt, und deshalb fürchte ich, dass sich Männer und Frauen in ihrer Not weiterhin mit beträchtlichem finanziellem Aufwand in die Schweiz aufmachen müssen, zur Beschämung der Schweizer und zur Schande der Briten.

Ob auch ich einer von ihnen sein werde? Ich hoffe nicht, denn mir geht es so wie vermutlich Ihnen allen, und wie auch Peter und Andrew: Ich wünsche mir, in Frieden zu Hause und im Kreise meiner Lieben sterben zu können. Ist das etwa zu viel verlangt? Ich glaube nicht.

Eine Woche im Sterben von Terry Pratchett

Der an Alzheimer erkrankte Bestseller-Autor über die Tage nach seinem sehr umstrittenen Dokumentarfilm »Recht auf ein selbstbestimmtes Lebensende«.

***Independent,* Samstag, 18. Juni 2011**

Montag

D-Day – das ist der Dokumentarfilm-Tag in unserem Bürokalender. Den Vormittag über wühlen wir uns wie üblich durch den nie abnehmenden Berg an Arbeit, bis es Zeit wird, zu unserem Regisseur Charlie Russell zu fahren, um uns mit ihm, seiner Familie und seinen Freunden den Film anzusehen.

Es reicht gerade noch für einen Drink und etwas zu knabbern, dann geht die Sendung los. Im Zimmer herrscht absolutes Schweigen, bis auf ein Schniefen hier und da, während die Geschichte von Peter und Andrew erzählt wird, und dann die Erlösung und die Diskussion. Ich bin froh, dass noch eine Diskussion gesendet wurde, denn es gab sehr viel zu diskutieren.

Nach einer kurzen Pause strahlte die BBC eine *Newsnight*-Sondersendung aus, mit Jeremy Paxman, David Aaronovitch, Liz Carr, der Kronanwältin Dinah Rose, Debbie Purdy, dem

Bischof von Exeter, Michael Langrish (der sich im Gegensatz zu anderen Bischöfen den Argumenten gegenüber zumindest offen zeigte), und außerdem, was mich sehr freute, Erika Preisig, die ich in der Schweiz kennen und schätzen gelernt hatte.

Ich staunte nicht schlecht, als Erika berichtete, ein katholischer Geistlicher habe Dignitas aufgesucht und mit ihr geredet. Er habe ihr zugestimmt und eingesehen, dass er noch nicht so weit sei, und ihr dann gesagt, dass sie etwas Gutes tue. Später sei er tatsächlich wiedergekommen und habe sich in den Tod begleiten lassen.

Ich habe sehr viel für Dr. Preisig übrig. Sie ist Christin, hat aber für jeden Verständnis, der um Sterbehilfe bittet. Sie war, genau wie ich, über die gelegentlich schrecklichen Folgen »traditioneller« Selbstmorde entsetzt.

Dienstag

Wir haben den Dokumentarfilm nicht gedreht, um die Leute zu ermutigen, zu verschrecken oder etwas zu entschuldigen. Wir haben ihn gedreht, damit man sieht, worum es geht. Außerdem hatte ich gehofft, dass er ein paar Diskussionen anstößt, und so ist es ja auch gekommen.

Mithilfe von Jeremy Paxmans taktvoller Moderation wurden in der Sendung unterschiedliche Ansichten präsentiert und auf vernünftige, zivilisierte Art und Weise diskutiert. Mit einem Seufzer der Erleichterung eilten mein Assistent Rob und ich in die Stadt, um uns noch ein wenig auszuruhen und, in meinem Fall, zwei Stunden zu schlafen, ehe es ins Studio auf das Sofa von BBC *Breakfast* ging. Rob saß neben mir im Taxi und versuchte, bei den Tweets auf dem Laufenden zu bleiben. Er berichtete mir, dass sie im Sekundentakt eintrafen, und zwar mit einer Tendenz von 99,9 Prozent Zustimmung. Eine Beschwerde richtete sich gegen Robs russische Marineoffiziersmütze, die er selbst für ziemlich schick hält, aber über Geschmack lässt sich bekanntlich streiten. Auch andere Online-Diskussionen schienen positiv zu verlaufen, wobei die Gegenargumente eher auf eine Einrichtung wie Dignitas selbst abzielten als auf die Frage, ob Sterbehilfe hier in Großbritannien ermöglicht werden sollte.

Ich muss wohl immer wieder betonen, dass ich mich keineswegs als Pressesprecher von Dignitas betrachte, aber die unglückliche Tatsache ist nun mal die, dass für einen britischen Staatsbürger, der Sterbehilfe in Anspruch nehmen möchte, Dignitas die einzige Möglichkeit darstellt. Seit unsere Dokumentation gedreht wurde, haben sich fünf weitere unserer Landsleute in aller Stille dorthin aufgemacht.

Dann geben wir noch ein paar weitere Interviews, ehe wir uns wieder mit dem Regisseur treffen, der uns berichtet, bei der BBC habe es 1219 Beschwerden und 301 Anrufe zu unseren Gunsten gegeben, was die Sendung zu einer der zehn am besten bewerteten Sendungen dieses Jahres mache. Wie es hieß, lägen bei den Beschwerden Hinweise auf Lobbyismus nahe, was mich nicht sonderlich verwunderte. Die guten Menschen von der Care Not Killing Alliance (Pflegen statt töten) wissen durchaus mit einem Telefon umzugehen.

Dann rasch nach Hause, um ein bisschen Schlaf nachzuholen und zu erfahren, dass Michael Nazir-Ali, der ehemalige Bischof von Rochester, mir sagen möchte, dass es im richtigen Leben nicht so zugehe wie in der Science-Fiction. Ehrlich gesagt, Herr Bischof: doch. Ich lebe in einer Science-Fiction-Welt, und Sie auch. Die Stents in meinem Herzen sind Science-Fiction, genau wie die kleinen Tabletten, die einiges dazu beitragen, dass mein Alzheimer erträglich bleibt.

Sehr viele Dinge, die wir für selbstverständlich halten, waren einmal Science-Fiction, weil nicht einmal Science-Fiction-Autoren sie sich hätten ausdenken können. Der Herr Bischof sollte der Science-Fiction ein wenig mehr Respekt entgegenbringen, denn er lebt mittendrin.

Obendrein kommt er schon wieder triumphierend mit der immer gleichen Frage: Wenn Sterbehilfe in Großbritannien erlaubt wird, wie will man dann die Gefährdeten schützen? Dieses Argument wird unweigerlich immer wieder von allen Sterbehilfegegnern aufgetischt, und immer so, als wäre es das absolute Totschlagargument.

Wie man im Film erfahren kann, gibt es in Europa vier Länder, die Sterbehilfe in irgendeiner Form praktizieren, und erst neulich haben die Schweizer sich in einer Volksabstimmung dafür ausgesprochen, diese Praxis beizubehalten. Sie haben sogar dafür gestimmt, den sogenannten Todestourismus all jener Unglücklichen, wie etwa der Briten, die ihren Weg zu Dignitas finden, weiterhin zu erlauben.

Das klingt jedenfalls nicht nach Menschen, die in einer Welt leben, in der unschuldige Bürger gegen ihren Willen umgebracht werden.

Mittwoch

Wir beginnen mit einem Fischzug durch die schier uferlose Menge an E-Mails, die eingetroffen sind, während wir schliefen. Wir erfahren, dass viele Fernsehzuschauer vom Bericht Veerle Claus-De Wits berührt und beeindruckt waren, deren Ehemann Hugo einen Antrag auf Sterbehilfe gestellt hat, der von einfühlsamen und fürsorglichen Ärzten bewilligt wurde. Er litt an derselben Krankheit wie ich, und mich jedenfalls hat das tief getroffen.

Es gibt immer welche, die das Konzept Sterbehilfe unter keinen Umständen akzeptieren würden, und doch sieht es, wenn ich mir die unablässig eintreffenden E-Mails so betrachte, ganz danach aus, als würde dieses Land, wenn schon nicht unsere Regierung, konstruktiv über das Thema nachdenken. Natürlich wird von vielen Zeitungen, die wir durchforsten, auch wieder aus dem Hinterhalt geschossen. Es gibt zwar durchaus nachdenkliche Kolumnen, aber ich muss schon sagen, dass Alex Hardys in der *Times* veröffentlichte rücksichtslose Verhöhnung von Christine Smedley, einer Frau, die sich bemüht hat, sich angesichts des Todes ihres Mannes gefasst zu zeigen, wirklich abscheulich war.

So etwas hätte ich nicht einmal von der *Daily Mail* erwartet.

Donnerstag

Wir sitzen gerade in meinem Arbeitszimmer in der Kapelle, wo sich Bücher stapeln, die signiert und schleunigst nach New Orleans geschickt werden müssen, und immer noch treffen E-Mails und Briefe ein. Wir erhalten Anfragen aus aller Herren Länder, um über den Dokumentarfilm zu sprechen.

Ich weiß nicht genau, was ich davon halten soll.

Ich wünsche mir sorgfältig kontrollierte Sterbehilfe in Großbritannien, deshalb habe ich bei der Finanzierung eines Komitees einflussreicher und verantwortungsvoller Männer und Frauen geholfen, die dem Thema unvoreingenommen gegenüberstehen und wissen, wie dieses Land tickt und welche Erwartungen die Leute umtreiben. Dieses Komitee soll herausfinden, ob man vernünftige Maßnahmen in die Wege leiten sollte, die beim Großteil der Bevölkerung auf Zustimmung stoßen würden, damit leidende Menschen, die nicht zu Gefangenen ihrer Krankheit werden wollen, irgendwann wenigstens in ihrem eigenen Land in Würde sterben können.

Sollte die britische Regierung für diese Bestrebungen unempfänglich sein, dann müssen eben weiterhin einzelne Bürger versuchen, die Sache voranzubringen. Wir schreiben jetzt erst einmal ein Buch, und zwar eines, in dem es nicht um den Tod geht.

Freitag

Gestern Abend wurde die BBC-Sendung *Question Time* aus Schottland ausgestrahlt. Selbstverständlich kam auch unser Thema zur Sprache. Ich erinnere mich an eine andere *Question Time* der BBC vor nicht allzu langer Zeit aus Schottland, in der das Thema angesprochen und sehr kurz abgefertigt wurde.

Diesmal debattierte das Forum, auch wenn nicht alle auf unserer Seite waren, gewissenhaft und sorgfältig vor einem sehr respektvollen Publikum, das dem Thema größtenteils aufgeschlossen gegenüberstand. Die Welt ändert sich, wenn auch nur langsam.

Und zum Schluss …

Terry Pratchetts frei flottierende Fußnoten zum Leben

Leertaste. Ein Wohltätigkeits-*Computermagazin*
Zusammengestellt von der *Octarine Science Fiction and Fantasy Humour Appreciation Society (Oktarinen Gesellschaft zur Förderung von Humor in Science-Fiction und Fantasy).*
Hull, 1. Juli 1990

***ANTI-PASTA* (*angeregt durch eine italienische Speisekarte*)**
Womöglich das großartigste, ganz sicher aber das teuerste Essen der Welt. Nur für einen einzigen Teller Anti-Pasta braucht man einen gewaltigen Partikelbeschleuniger und genug Strom, um damit ganz London und Umgebung zu versorgen, weil diese Pasta, wie alle Antimaterie, *rückwärts durch die Zeit reist.* Normale Pasta wird mehrere Stunden, bevor man sie isst, hergestellt, Anti-Pasta hingegen macht man mehrere Stunden, *nachdem* man sie gegessen hat. Bei korrektem Timing können beide zum gleichen Moment auf deiner Gabel erscheinen und kurz darauf die unvermeidliche Geschmacksexplosion auslösen. Genau genommen entsteht der Hauptteil der Kosten, die bei der Erschaffung von Anti-Pasta anfallen, dabei, hinterher die Tomatensoße wieder von den Wänden zu schrubben.

SIR THOMAS SCHEISSER

Jeder weiß, dass Sir Thomas Scheißer das erste zweckmäßige und praxistaugliche Wasserklosett (ganz groß bei der Weltausstellung 1851) erfunden und der Apparatur seinen Namen gegeben hat, zusammen mit einem passenden Verb und dem dazugehörigen Substantiv. Eigenartigerweise ist das, was jeder weiß, völlig falsch. »Scheiße« und die verschiedenen Ableitungen datieren zurück bis ins 16. Jahrhundert (damals wurde ein Plumpsklo gelegentlich auch als »Scheißhaus« bezeichnet). Daraus folgt, dass Thomas Scheißer, falls er überhaupt existiert hat, es in der Schule bestimmt nicht leicht hatte. Dann wurde ihm schließlich klar, dass ihm nichts anderes übrig blieb, als sich dem Sanitärbau zu widmen und wenigstens dafür zu sorgen, dass Scheißhäuser endlich verlässlich funktionieren. Merkwürdig, aber wahr.

STUTZERFALLE (umgangssprachlich, frühes 19. Jahrhundert, wahrscheinlich ursprünglich aus Bath)

Endlich haben wir ein Wort für etwas, was dringend einen Namen braucht. In diesen unseren Tagen des Thatcherismus gibt es in beinahe jeder Straße hier oder da einen Pflasterstein, der sich gelockert hat, sodass dort das Regenwasser ins Pflaster eindringen kann. Tritt man darauf, dann wippt der Stein zur Seite und spritzt einem ungefähr einen halben Liter Regenwasser auf die Hose. Genau das nennt man eine Stutzerfalle.

WAS MAN IN RESTAURANTS UNBEDINGT LAUT BESTELLEN SOLLTE

1) Leber mit ganz dicken Adern drin
2) Weißfische mit extra vielen Augen
3) Smörgåsbord als Klappbrot

BARRY NORMALS HANDBUCH DER MERKWÜRDIGEN BERUFE IN HOLLYWOOD

1. Der Mann, der bei den großen Autoverfolgungsjagden mit riesigen Lastwagen rückwärts aus Seitenstraßen herausstößt (kennt jeder … normalerweise kann der Held gerade noch vorbeilenken, die Bösewichte kriegen lustigerweise die Köpfe abrasiert, weil ihr Auto voll unter den Laster brettert).

Erst 1988 fiel jemandem auf, dass es sich dabei nicht nur stets um denselben Lastwagen, sondern auch immer um denselben Fahrer auf derselben Zustellrunde handelt.

»Ich kann nix dafür«, kommentiert Hiram Kaputnik, 47. »An manchen Stellen, wo ich ausliefern soll, kann man schon mal nicht in drei Zügen wenden. Außerdem krieg ich 'ne Belobigung, wenn ich vorsichtig fahre. Aber wenn ich rückwärts da rausfahre und zwei Autos kommen mit 150 Sachen aus der Seitenstraße gekachelt, was soll ich da machen? Hätte ich den Unterbodenschutz irgendwann mal machen lassen, hätte ich ihn jetzt schon fünfzig Mal erneuern müssen.«

Interessanterweise haben Mr Kaputniks Vater und Onkel in den 1920er Jahren in Hollywood viel Zeit damit verbracht, eine große Glasscheibe zu ihren Kunden zu tragen. Warum auch nicht?

Autor

Terry Pratchett, geboren 1948, war einer der erfolgreichsten Autoren der Gegenwart. Von seinen Romanen wurden weltweit über 80 Millionen Exemplare verkauft. Seine Werke sind in 38 Sprachen übersetzt. Für seine Verdienste um die englische Literatur wurde ihm sogar die Ritterwürde verliehen. Terry Pratchett starb im März 2015. Mehr zum Autor unter www.pratchett-buecher.de und www.pratchett-fanclub.de.

Terry Pratchett bei Goldmann und Manhattan:

Die Scheibenwelt-Romane: Voll im Bilde · Alles Sense! · Total verhext · Einfach göttlich · Lords und Ladies · Helle Barden · Rollende Steine · Echt zauberhaft · Mummenschanz · Hohle Köpfe · Schweinsgalopp · Fliegende Fetzen · Heiße Hüpfer · Ruhig Blut! · Der fünfte Elefant · Die volle Wahrheit · Der Zeitdieb · Die Nachtwächter · Weiberregiment · Ab die Post · Klonk! · Schöne Scheine · Der Club der unsichtbaren Gelehrten · Steife Prise · Toller Dampf voraus

Märchen von der Scheibenwelt: Maurice, der Kater · Kleine freie Männer · Ein Hut voller Sterne · Der Winterschmied · Das Mitternachtskleid · Die Krone des Schäfers

Von der Scheibenwelt außerdem erschienen: Wahre Helden. Ein illustrierter Scheibenwelt-Roman · Die Kunst der Scheibenwelt · Nanny Oggs Kochbuch · Die Straßen von Ankh-Morpork. Eine Scheibenwelt-Karte · Die Scheibenwelt von A–Z · Mythen und Legenden der Scheibenwelt · Witz und Weisheit der Scheibenwelt · Narren, Diebe und Vampire. Die besten Geschichten aus zehn Jahren Scheibenwelt-Kalender · Vollsthändiger und unentbehrlicher Stadtführer von gesammt Ankh-Morpork · Mrs. Bradshaws Handbuch Vollsthändiger und unentbehrlicher Atlas der Scheibenwelt

Außerdem ist erschienen: Die gemeine Hauskatze. Illustriert von Gray Jolliffe · Eine Insel. Roman · Dem Tod die Hand reichen

Die Lange-Erde-Romane gemeinsam mit Stephen Baxter: Die Lange Erde · Der Lange Krieg · Der Lange Mars · Das Lange Utopia · Der Lange Kosmos

Dazu sind erschienen Terry Pratchetts Johnny-Maxwell-Romane: Nur du kannst die Menschheit retten/Nur du kannst sie verstehen/Nur du hast den Schlüssel. Drei Romane in einem Band

Die Titel sind teilweise auch als E-Book erhältlich.

GOLDMANN
Lesen erleben